Er hat die berühmteste Nase Italiens: Federico da Montefeltro. Viele kennen sie aus dem ebenso berühmten Porträt Piero della Francescas in den Uffizien.Wenige wissen, wie Federico zu dieser Nase kam und wie es ihm gelang, zwischen 1444 und 1482 aus Urbino, einem Bergnest am Rande der Marken, ein schon von Jacob Burckhardt bewundertes Zentrum der Renaissancearchitektur zu machen: Er zog die namhaftesten Künstler nach Urbino, seine Bibliothek war eine der bedeutendsten der Epoche, sein Palast wurde die maßgebliche Fürstenresidenz der beginnenden Neuzeit.

Zwei Fachleute, der Historiker Roeck und der Kunsthistoriker Tönnesmann, haben sich zusammengetan, um diesen bekanntesten Condottiere Italiens zu porträtieren, seinen Palast, seine Feldzüge, sein Mäzenatentum – einen ›Renaissancemenschen‹ und seine Zeit.

Angesichts des Heiligen beugt auch Federico da Montefeltro das Knie: Piero della Francesca rückt auf der ›Pala Montefeltro‹ die Figur des Herzogs nicht nur in den Vordergrund, sondern gestaltet sie als beredte Analogie zur Madonnengruppe (um 1472/73; Mailand, Brera).

Bernd Roeck
Andreas Tönnesmann

DIE NASE ITALIENS

Federico da Montefeltro
Herzog von Urbino

Verlag Klaus Wagenbach Berlin

Aus einem über lange Zeit verfolgten, auf gemeinsamen Reisen fortgesponnenen Projekt wäre ohne die Beharrlicheit und den Enthusiasmus Klaus Wagenbachs kein Buch geworden. Ihm und dem Verlagsteam danken wir herzlich, ebenso Julia Burckhardt, Janina Gruner, Thomas Manetsch und Lothar Schmitt.

BERND ROECK UND ANDREAS TÖNNESMANN

1. Auflage im März 2005

Einbandgestaltung Julie August unter Verwendung des Porträts Federico da Montefeltros von Piero della Francesca (um 1472) © Giraudon/Bridgeman Art Library. Einband- und Vorsatzmaterial von Peyer + Co. Abbildungsnachweis: Alinari 179; Anderson 103, 160 l., 164; Atlantis 45; Dagli Orti 131, 138 l., 154 r., 169, 172; Electa 138 r., 144; Hirmer 47, 59, 117; Koninklijk Instituut voor het Kunstpatrimonium Brüssel 188; Poeschke 93 r., 98 r., 150; Silvana 107; alle übrigen Rechte bei den genannten Sammlungen respective den Autoren. Gedruckt auf chlor- und säurefreiem Papier (Schleipen) und gebunden bei Kösel, Krugzell.
Printed in Germany.

ISBN 3 8031 3616 4

INHALT

FE · DVX ·

DIE NASE ITALIENS

Eine gemalte Medaille

Berühmt, wirklich berühmt ist er wahrscheinlich wegen seiner Nase. Genauer gesagt: wegen eines Stückchens, das fehlt. Die übrige Nase zeigt nichts Auffälliges. Weder ragt sie aristokratisch-ephemer in die Welt, noch irgendwie grob oder knollig. Wofür sie steht, ist goldene Mitte, *mediocritas*. Der Nasenrücken verrät sogar einen edlen Zug, in gerader Linie strebt er der Stirn entgegen. Aber hier, wo sich andere Nasen ohne viel Aufhebens sanft verlieren, ist kein Übergang, keine Wurzel, sondern: Luft. Ein scharfer Schnitt, eine eingekerbte Stufe unterbricht jäh die Architektur der Gesichtszüge, schafft Raum für ein buchstäbliches Nichts – das aber, wer wollte es leugnen, das Sein des Rests erst wirklich zu Bewußtsein bringt. Niemand anders hat je eine solche Nase besessen. Sie ist die Nase Italiens geworden.

Überliefert hat die Nase Italiens ein berühmtes Bild, zu bewundern im Quattrocento-Saal der Uffizien in Florenz. Modell saß vor fünf Jahrhunderten Federico da Montefeltro, der Herzog von Urbino; gemalt hat es Piero della Francesca aus Borgo Sansepolcro, einer der großen Künstler seiner Zeit. Das Porträt ist Teil eines Diptychons, das den Herrn von Urbino und seine Frau, Battista Sforza, zeigt; aber es ist der Fürst mit rotem Hut und eben der Nase, der die Blicke auf sich zieht. Bei genauem Hinsehen offenbaren sich zahlreiche Einzelheiten: die dunkle, gegerbte Haut, das schwarze Haargestrüpp, das in einzelnen Locken unter dem Barett hervorquillt; feine Brauen und Wimpern, Falten um Auge und Mund.

Das Porträt ist um 1472 entstanden. Es entwirft ein unvergeßliches Bild von Federico, aber es berichtet auch von den Ambitionen Piero della Francescas. Der Maler verschweigt nicht einmal vier kleine Warzen auf der Wange seines Modells, Spuren einer Hautkrankheit, unter der Federico als junger Mann gelitten hat, wie sein Biograph Bernardino Baldi berichtet. Piero will genau sein. Er will ins Detail gehen, sozusagen bis in die Hautporen vordringen, ähnlich wie die niederländischen Maler jener Zeit es meisterhaft verstanden. Ihr Realismus hat Piero herausgefordert. Der mikroskopische Blick der Flamen, ihre Kunst, Menschen und Dinge zu zeigen, als wären sie wirklich, rief auch in Italien höchste Bewunderung hervor. Die Kunst der van Eyck oder Hans Memlings muß auf die Menschen einer Epoche, die von Foto und Film nichts wußte, sensationell gewirkt haben.

Indes war Piero della Francesca keineswegs nur so etwas wie ein toskanischer Flame. Seine Darstellung des Herzogs von Urbino orientiert sich zwar in vielem an der Kunst des Nordens, weist aber doch zugleich ganz eigene und sehr italienische Züge auf. Die leuchtende Farbigkeit etwa, das kaum abgetönte Scharlachrot von Mantel und Hut. Vor dem lichten Blau des Himmels ist es das kanten- und kurvenreiche, in strenger Seitenansicht gegebene Profil, das dem Kopf Prägnanz verleiht und nicht zuletzt die Nase so prominent zur Wirkung bringt. Die Linien sind wichtiger als die Flächen, und untereinander stehen diese Linien in geometrischem Bezug, als seien sie in ein unsichtbares Quadratnetz eingespannt. Das Profilporträt dürfte gebildete Betracher an Herrscherdarstellungen der Antike erinnert haben, wie sie auf Münzbildern oder Medaillen begegneten.

Eine Neuerung in der Porträtmalerei waren die Landschaften. Sie sind bei Piero nicht so penibel ausgearbeitet wie bei vielen Meistern des Nordens, auch schaffen sie – vom Maler in große Distanz gerückt – keinen kontinuierlichen Raum um die nahsichtig gegebenen Personen. Aber sie erweitern eindrucksvoll den Wirkungsradius der Porträts, verleihen dem gemalten Fürstenpaar eine Geltung für die Welt, wie sie subtiler kaum hätte geschildert werden können.

Der Ritter der Marken

Seine konkreteste Referenz zur Wirklichkeit des Herzogs findet Piero in der Tat beim Einschnitt der Nase. Vor dem Bild stand ein sehr konkreter und vermutlich äußerst schmerzhafter Stoß.

Giovanni Santi berichtet von dem Unfall in seiner Reimchronik. Seine Erzählung deckt nebenbei Spuren einer späten ritterlichen Kultur auf, deren Formen gar nicht in das populäre Bild von ›Renaissance‹ passen. Ihr altertümliches Gepränge erinnert erneut an kulturelle Leitbilder des Nordens, insbesondere an die höfische Welt Burgunds: es zeigt die Gleichzeitigkeit des Ungleichzeitigen und erinnert daran, wie falsch

Piero della Francesca malte das Montefeltro-Diptychon vermutlich 1472 (Florenz, Uffizien). Federicos Profil vor der entrückten Landschaft findet sein Pendant im Bildnis der verstorbenen Gräfin (vgl. Seite 193 und 194).

es wäre, ein absterbendes, ›herbstliches‹ Mittelalter des Nordens in scharfen Gegensatz zur ›jugendfrischen‹ Frührenaissance Italiens zu rücken.

Das Turnier, in dessen Verlauf Federico da Montefeltro sein Auge verlor, fand 1451 statt. Der Herr von Urbino hatte es zu Ehren des Francesco Sforza ausgerichtet, der gerade zum Herzog von Mailand aufgestiegen war. Vorzeichen, die drohendes Unheil andeuteten, soll er beiseite gewischt haben, unbekümmert stieg er in den Sattel. Als Gegner wählte er Guidangelo de' Ranieri, einen vornehmen jungen Mann aus Urbino, der als großer Turnierkämpfer galt. Gerade hatte er in Florenz einen Preis davongetragen. Zur Begrüßung ehrte Federico seinen Gegner mit einer goldenen Kette.

Ein erster Ritt verlief glimpflich. Bei einem weiteren Zusammenstoß aber prallte die Lanze Guidangelos von der Rüstung des Grafen ab und glitt durch das Visier des Helms; der furchtbare Stoß traf den Montefeltro zwischen den Brauen, zerschmetterte das Nasenbein und drang ins rechte Auge. Der damals 28jährige soll erstaunliche Tapferkeit an den Tag gelegt haben. Er werde schnell wieder geheilt werden, meinte er, kaum, daß der Schock überwunden war. Mit dem verbliebenen Auge werde er besser sehen als mit hundert anderen. Er konnte sich damit trösten, sein Schicksal nun mit Hannibal, einem der größten Feldherrn der Antike, zu teilen. Auch der hatte ein Auge verloren, auf einem seiner Feldzüge in Mittelitalien. Federico wird uns als einer der fähigsten Heerführer seiner Zeit begegnen, zugleich als Staatsmann, der Scharfblick auch im übertragenen Sinne bewies. Papst Pius II. bemerkte über den Herzog, er sehe mit seinem einen Auge mehr als andere Fürsten mit zweien.

Nicht zuletzt wird sich der Signore von Urbino als wahrer Augenmensch auch auf anderem Gebiet erweisen, dem von Kunst und Architektur. Federico da Montefeltro wurde der exemplarische Auftraggeber seiner Zeit. Nicht nur, daß er Geld hatte im Überfluß – er war einer der reichsten Männer seiner Epoche –, der Herzog hatte etwas, worauf es auf dem Feld der Kunstpatronage nicht weniger ankommt: ein souveränes Urteil, das sich auf umfassende Kenntnis des zeitgenössischen Kunstgeschehens stützte. Unter den Mäzenen des 15. Jahrhunderts gab es nur wenige, die ihm das Wasser reichen konnten. In den Jahrzehnten seiner Herrschaft, zwischen 1444 und 1482, wurde aus Urbino, einem Bergnest am Rande der Marken, ein Zentrum der Kultur der Renaissance. Seine Bibliothek war eine der bedeutendsten der Epoche, nicht nur ein Wissensspeicher, sondern zugleich eine Sammlung kostbarer Buchkunstwerke: herrlich illuminierter Manuskripte in karmesinroten, silberbeschlagenen Einbänden. Sein Palast wurde die maßgebliche Fürstenresidenz der beginnenden Neuzeit – in großer Geste auf den höchsten Punkt der Stadt gesetzt und von Plätzen umgeben, innen luftig und hell, ohne den leisesten Anklang an die beengten Zwingburgen, in denen andere Stadt- und Landesherrn jener Zeit Hof hielten.

Bis heute ist Urbino die Stadt des Mannes mit der Nase. Tausendfach glänzt er von Buchcovern, Postkarten und Plakaten; überall verkünden seine Wappen, Embleme und Monogramme, wer der Schöpfer dieser Welt ist. *FC* steht für *Federicus Comes*, Graf Federico, das Kürzel *FED VX* meint den Herzog, ist mithin auf die Zeit nach seiner Standeserhöhung – 1474 – zu datieren.

Die Zeichen verdichten sich im Palast. Sie markieren das Zentrum eines glücklichen Territoriums, beinahe einer Utopie: reich geworden durch Krieg, aber selbst ein Hort des Friedens. Wieder und wieder erinnern sie an Federico, den Erbauer dieser Wunderwelt. Sie machen das augenfällig, was man »Übersemiotisierung« der frühneuzeitlichen Öffentlichkeit nannte. Auf Kaminsimsen, über Portalen, geschnitten in Marmor oder edles Holz, prägen sie dem Besucher den Namen des Herzogs ins Gedächtnis. Dies ist das Gebäude seiner Macht, sagen sie.

Zu Lebzeiten scharte Federico in seinem Palast Gelehrte und Künstler um sich. Nicht irgendwelche lokalen Kräfte errichteten ihm den Bau und lieferten Ausstattungsstücke, sondern Meister ersten Ranges, die der Herzog von weit her anreisen ließ: Architekten wie Luciano Laurana aus Dalmatien oder Francesco di Giorgio aus Siena; der spanische Maler Pedro Berruguete und der Florentiner Paolo Uccello. Joos van Wassenhove, genannt Justus van Gent, war noch einer der weniger bedeutenden unter ihnen; als Flame erschien er allerdings prädestiniert dafür, mit seinen Bildern Versatzstücke eines modernen höfischen Habitus zu liefern, wie er in Burgund geprägt worden war, aber in Italien noch kaum existierte. Auch hier, im Engagement fremder Künstler, wurde etwas von der eigentümlichen Welthaltigkeit einer Herrschaft spürbar, die sich doch tatsächlich auf ein kleines Territorium im Appenin beschränkte.

Schließlich war es Piero della Francesca, der zum mit Abstand wichtigsten Konstrukteur von Federicos Image avancierte – durch das Porträt in den Uffizien. In gewisser Weise ist alles andere, was wir über den Herzog von Urbino aus Briefen, Chroniken und Geschichtswerken

Ein Bildnis des jungen Federico? Die Figur wäre dann wohl zwischen 1444 und 1451 in die schon vorhandene Ausmalung des Oratorio San Giovanni in Urbino eingefügt worden.

wissen, nur Passepartout dieses einen Bildes. Die Texte sind längst Teil des Porträts geworden, haben sich mit dem Reden über Federico und Piero zu einem beständigen Firnis verbunden. Sie mehren den Ruhm des Bildes, aber es ist zuallererst das Bild, das den Montefeltro der Aufmerksamkeit der Nachwelt empfiehlt.

Antigonos oder die Einäugigen in der Kunst

Die wahrscheinlich einzige Darstellung, die den Herzog von Urbino vor seinem fatalen Turnierunfall zeigt, findet sich an der linken Wand des Oratoriums von S. Giovanni in Urbino. Das Antonio Alberti da Ferrara zugeschriebene Fresko zeigt einen jungen Mann mit rotem Barett, rotem Mantel und Rüstung. Die Identifizierung ist nicht ganz sicher; vor allem irritiert das blonde Haar des Dargestellten. Andererseits wurde schon früh versucht, die Physiognomie des Dargestellten zu ›aktualisieren‹: Offenbar hat man das Gesicht später mit der charakteristischen Einkerbung übermalt. Das Detail wurde bei einer Restaurierung in jüngerer Zeit wieder entfernt.

Die Künstler, denen die Aufgabe gestellt wurde, den Herrn von Urbino zu porträtieren, fanden sich nach 1451 in einer ambivalenten Situation. Einerseits sollten sie die Natur nachahmen, Federico also in seiner

Individualität vorführen. Sie durften die Verletzung nicht verschweigen. Aber: wenn sich der Charakter eines Mannes in seiner Physiognomie spiegelt – was schon Aristoteles behauptet –, was war dann mit einem Gesicht wie dem, das der Herzog seit seinem Unfall vor sich hertrug, anzufangen? Piero della Francesca kam jedenfalls die zeitgenössische Übereinkunft, daß Profilporträts Würde und herrscherliche Magnifizenz ausdrückten, entgegen. Ermöglichte sie es doch zwanglos, die verletzte Gesichtshälfte des Herzogs zu verbergen, ohne durch ›Reparatur‹ der Nase die Erinnerung daran völlig auszulöschen. Allerdings erzwang diese Maßnahme malerischen Taktgefühls eine Umkehrung der üblichen Nachbarschaft im Ehebildnis: Eigentlich hätte die Frau auf dem rechten, der Mann auf dem linken Flügel des Diptychons zu erscheinen. Dem versierten Betrachter bot sich also in dieser Abwei-

Zwei Herren am Fenster: Herzog Federico unterbricht seine Lektüre, sein barhäuptiger Gesprächspartner ist unbekannt. Die Miniatur, wohl zu Unrecht Francesco di Giorgio zugeschrieben, stammt aus einem inzwischen verlorenen Codex der Urbinater Bibliothek; sie wurde später einem anderen Band eingeklebt (Biblioteca Apostolica Vaticana, Cod. Urb. lat. 508).

Das stürmisch bewegte Bronzerelief der Kreuzabnahme aus dem Oratorium der Compagnia di S. Croce in Urbino – wohl ein Werk des Francesco di Giorgio – stellt den Herzog neben seinem kleinen Sohn Guidobaldo als andächtigen Stifter dar (heute Venedig, S. Maria del Carmine).

chung vom etablierten Typus ein weiterer Fingerzeig darauf, was im Bild *nicht* dargestellt war. Tatsächlich gibt es nur wenige Porträts, die Federico da Montefeltro von rechts zeigen. Eine Francesco di Giorgio zugeschriebene Miniatur etwa; sie verkehrt aber die ›gute Seite‹ des Herzogs spiegelbildlich. Auf dem Bronzerelief der Kreuzabnahme, das ursprünglich aus dem Oratorio Santa Croce in Urbino stammt und heute in Santa Maria del Carmine in Venedig zu sehen ist, wählte Francesco di Giorgio dann wieder das strenge linksseitige Profil, was um so mehr auffällt, als andere Figuren in lebhaftem Wechsel der Ansichten agieren. Eine Darstellung von rechts findet sich auf der Rückseite von Pieros Porträt. Oberhalb einer scheinbar gemeißelten Inschrift und umgeben von den Kardinaltugenden thront der Herzog auf einem Wagen und wird von Fama mit einem Lorbeerkranz bekrönt. Hier, wo es überzeitlichen Triumph zu gestalten galt und neben dem physischen der zweite, symbolische Körper des Herrschers in Bild tritt, bleibt sein Antlitz unversehrt.

Die Erzählung in Pieros Porträts ist besonders aufschlußreich, wo sie keine Worte macht. Allein die leere Stelle dort, wo bei anderen eine Nasenwurzel ist, durchbricht die Verhehlung: Hätte Piero della Francesca hier geschwindelt und Federicos Entstellung geleugnet – jeder hätte die Lüge erkannt. So lobte der Karmelitermönch Ferabòs den Maler durchaus zu Recht, wenn er in die Rolle des Bildes schlüpfte und schrieb: »Piero hat mir Nerven und Fleisch und Knochen gegeben ...«.

Tatsächlich sieht man den Herzog so, wie er vermutlich war, wenngleich eben nur von links. Piero arrangierte die Wirklichkeit, weil sie der Konstruktion von Federicos Image entgegenstand. Mag sein, daß er dabei an eine berühmte Geschichte dachte, die Plinius erzählt. Danach habe der Maler Apelles die Einäugigkeit des Königs Antigonos verschwiegen, damit die Schönheit des Charakters nicht durch diesen Mangel beeinträchtigt erscheine. Piero könnte sie aus dem Malereitraktat des Zeitgenossen Leon Battista Alberti gekannt haben, den Herzog Federico zu seinen engen Freunden zählte.

Die Maler haben sich oft an das Vorbild ihres Urvaters Apelles gehalten. Porträts einäugiger Leute, die das Gebrechen der Abgebildeten offen vorführen, sind in der europäischen Kunst äußerst selten. Pieros Federico da Montefeltro ist allein wegen der Andeutung des Mangels weltbekannt geworden: Er ist für alle Zeiten der Mann mit der Nase. Kaum weniger berühmt ist das drastische Bildnis des Oswald von Wolkenstein von etwa 1432, das als Titelblatt eine Innsbrucker Handschrift

Ein anderer Einäugiger: Oswald von Wolkenstein, Sänger, auf einer Miniatur des 15. Jahrhunderts (Innsbruck, Universitätsbibliothek).

ziert. Der unbekannte Miniaturist – manche ordnen ihn dem Umkreis des Pisanello zu – gibt den Ritter ungeniert *en face*. Oswald tritt hier gleichsam als der Moshe Dayan seines Jahrhunderts auf. Und doch wirkt die Darstellung keineswegs martialisch, sondern so, als zwinkere der Sänger und Abenteurer den Nachgeborenen zu.

Was Federico da Montefeltro betrifft, gibt es einerseits eine Fülle von Darstellungen, die den Porträttypus, den Piero della Francesca geprägt hatte, aufgreifen. Federico hatte offensichtlich nichts dagegen, so gezeigt zu werden: vielleicht sah er in den angedeuteten Spuren der Turnierverletzung ein Zeugnis seiner Tapferkeit. Andererseits haben einige Porträtisten dann doch das ›Antigonos-Prinzip‹ angewandt und den Herzog eingreifenden Schönheitsoperationen unterzogen. Am besten gelang das einem Maler, der Federico zeigt, wie er zusammen mit seinem Sohn Guidobaldo und Angehörigen des Hofstaates einer Vorlesung lauscht. Auf dem heute in Hampton Court befindlichen Bild – einem der frühesten Gruppenporträts überhaupt – ist Federicos Nase zwar etwas knollig; sie hat nicht die edle Geradlinigkeit, die Piero ihr zuvor verlieh, zeigt aber ansonsten keine Auffälligkeiten.

Wohl derselbe Maler – Pedro Berruguete – veredelte die Nase auf einem einst in Berlin befindlichen, im Zweiten Weltkrieg zerstörten Bild noch weiter. Der Herzog erhält von einer allegorischen Gestalt, vielleicht der Dialektik, ein Buch überreicht. Es ist das letzte große Porträt, das noch zu Lebzeiten Federicos entstand, und wird gewöhnlich auf die Zeit um 1479/80 datiert; möglicherweise stammt es aus dem Montefeltro-Palast in Gubbio (siehe rechts).

Nun hat Federico endlich die Nase, die dem tugendhaften Mann gebührt. Makellos ragt sie aus dem Antlitz, gesammelt und voll stiller Demut nimmt der *condottiere* die Gabe der Wissenschaft entgegen. Der Entrückung des Mäzens und *homme de lettre* in platonische Sphären, die der Maler vollzieht, entspricht eine Nase wie nur irgendeine; weit auffälliger ist das rote Kreuz des Georgsordens, den der Herzog auf dem Mantel trägt. Im imaginären Museum des Bildungsbürgers bleibt indessen nur Piero della Francescas Federico zurück, nicht jener von Hampton Court oder Berlin.

Burckhardts Federico, Bisticcis Patron

Wenn der Historiker Robert de la Sizeranne bemerkte, Federicos Nase auf Pieros Gemälde gleiche einem Wasserhahn, so blieb dies die einzige Despektierlichkeit, die sich jemand angesichts eines Meisterwerks erlaubte, das von vielen als ein Emblem der Renaissance gefeiert wurde. Schon Jacob Burckhardt hatte in seinem späten Aufsatz *Das Porträt* bemerkt, über der Hakennase und der steilen Oberlippe übersehe man leicht die wundervolle Kraft und den Geist dieser Physiognomie.

Was Burckhardt hier schreibt, verdankt sich nicht allein der Anschauung. Es ist von der Kenntnis der Schriftquellen inspiriert. Der Historiker projizierte, was er über die historische Figur zu wissen glaubte, in Pieros Porträt. Als er sein Buch *Die Cultur der Renaissance in Italien* schrieb – es erschien 1860 –, war ihm das Diptychon in den Uffizien noch nicht weiter aufgefallen; erst bei einem späteren Aufenthalt in Florenz scheint ihm klargeworden zu sein, daß er hier einer Zentralfigur seines Buches gegenüberstand. In Pieros Bild fand er genau den Federico wieder, dem er in einer bis heute berühmten Passage seines Hauptwerkes ein literarisches Porträt gewidmet hatte. Federico da Montefel-

Federico, ein Buch entgegennehmend, beugt das Knie vor einer der Sieben Freien Künste – der Dialektik? Das Gemälde von Pedro Berruguete, um 1479 entstanden, fiel 1945 dem Brand des Berliner Kaiser-Friedrich-Museums zum Opfer.

tro – der »große Federico« sagt Burckhardt bisweilen – wird hier als idealer Herrscher gezeichnet: als Herr eines Musterstaats, in dem es keine Armut gibt und ein wohlgeordneter, sittsamer Hof die Mitte bildet. So wird Urbino zum Exempel für eine zentrale These in Burckhardts Buch, zum Schlüssel für seine Konzeption des Renaissancestaats als Kunstwerk, als bewußte, rationale Schöpfung, die sich älteren, chaotisch gewachsenen Naturgebilden als überlegen erweist.

In Burckhardts Urbino gibt es Szenerien, die in den ewigen Bestand an Renaissance-Idyllen Eingang gefunden haben. So, wenn der Autor beschreibt, wie Federico unbewaffnet, ohne Gefolge, durch seine Gärten spaziert, im Saal seines Palasts öffentlich ein frugales Mal einnimmt, während aus Livius gelesen wird. »An demselben Nachmittag hörte er eine Vorlesung aus dem Gebiet des Altertums und ging dann in das Kloster der Clarissen, um mit der Oberin am Sprachgitter von heiligen Dingen zu reden. Abends leitete er gerne die Leibesübungen der jungen Leute seines Hofes auf der Wiese bei S. Francesco mit der herrlichen Aussicht, sah genau zu, daß sie sich bei den Fang- und Laufspielen vollkommen bewegen lernten. Sein Streben ging beständig auf die höchste Leutseligkeit und Zugänglichkeit ...«

Quelle dieser schönen Bilder ist ein Autor, der jahrelang am Hof von Urbino ein- und ausgegangen war und seine Gründe hatte, das Andenken des Herzogs in Ehren zu halten: der Florentiner Buchhändler Vespasiano da Bisticci, der mit dem Aufbau von Federicos Bibliothek betraut gewesen war und dabei ein Vermögen verdient hatte. Unter Bisticcis *Vite*, Lebensbeschreibungen berühmter Zeitgenossen, ist die Biographie Federicos eines der eindrucksvollsten Stücke; sie diente Burckhardts Text als direkte Vorlage. Bisticci steigert seine Huldigungen zu überschwenglicher Panegyrik. Der Herzog erscheint bei ihm als »erster« aller großen Männer, in dem sich alle Tugenden vereint gefunden hätten; als *uomo universale*, Gelehrter und Architekt, Staatsmann und Feldherr, dem allein die großen Heerführer der Antike an die Seite gestellt werden können. Der schillernde Begriff *virtù*, ein Schlüsselwort der Renaissance, wenn es Menschen zu beschreiben galt, ist bei Bisticci tatsächlich am besten mit »Tugend« zu übersetzen. Bisticcis Federico ist überaus fromm und maßvoll, selbst dem Wein spricht der Herzog nur zu, wenn er aus Granatäpfeln, Kirschen oder Äpfeln gekeltert ist. Die notorische und nicht folgenlose Schwäche des *condottiere* für das weibliche Geschlecht wird mit Schweigen übergangen.

Bei Bisticci und Burckhardt erscheint der gelehrte, fromme und weise Humanistenfürst als Verkörperung einer ›apollinischen‹ Renaissance. In einem winzigen Nebensatz gibt Burckhardt wenigstens zu, daß Federico da Montefeltro als *condottiere* auch die »politische Moralität« der *condottieres* besessen habe, schränkt die Einschränkung aber gleich nochmals ein: daran seien diese »nur zur Hälfte schuld«. Noch am Ende seines Lebens, 1895, resümiert er: »Ich würde in der ›Cultur der Renaissance‹ dem Montefeltro als einer durch Literatur, Malerei und Bauten so hoch repräsentirten Persönlichkeit allerersten Ranges ein viel umständlicheres Capitel widmen müssen.«

Ein Renaissancemensch

Sitzen wir also einer Konstruktion des 19. Jahrhunderts auf, wenn wir an Federico da Montefeltro nur als eine Gestalt denken können, auf die kein Schatten fällt, einen der wenigen in der Geschichte, der Reichtum mit Milde, Macht mit Bildung vereinte? Oder war es nicht vielmehr Federico selbst, der diese Konstruktion zielbewußt und nachhaltig in das Gedächtnis der Nachwelt einzugraben verstand? Man muß zugeben, daß zwischen dem Montefeltro, den Jacob Burckhardt aus seiner Bisticci-Lektüre destillierte, und dem gemalten Herzog Piero della Francescas ein unverkennbarer Bezug besteht. Piero gibt ihn als scharfsinnige, vielleicht etwas skeptische Persönlichkeit. Mit seinem Barett und dem roten Gewand könnte man ihn auf den ersten Blick für einen Gelehrten halten. Wie es seine Art auch bei Bildern von Engeln und Heiligen ist, hat der Maler dem Porträtierten den Mundwinkel ganz leicht nach unten gezogen. Das bewirkt einen Ausdruck von Ernst, fast Entrücktheit, der durch den gelassenen Blick unter den etwas hochgezogenen Brauen verstärkt wird; über dem weiten Land im Hintergrund liegt das Licht eines stillen Abends oder vielleicht – die Entscheidung fällt schwer – milder Morgenglanz. Als Gelehrter erscheint der Herzog auch in seinem *studiolo*, dem kleinsten, aber besonders prunkvoll ausgestatteten Raum des Palastes. Geöffnete Schränke, scheinbar mit Büchern und Instrumenten gefüllt, in Wirklichkeit aber nichts als flache, kunstvolle Einlegearbeit, bedecken die Wände des Studierzimmers, Geisteshelden der Geschichte blicken in Gestalt gemalter Porträts auf den Besucher herab. In dieser Umgebung zeigt sich der Herzog nicht in klirrender Rüstung, die man eigens in einem der Schränke verstaut sieht; statt dessen erscheint er barhäuptig und in eine Humanistentoga gehüllt, um der illustren Nachbarschaft ebenbürtig zu werden.

Die Nähe der Schilderung von Burckhardts Souffleur Bisticci zu den zeitgenössischen Bilderzählungen liegt darin, daß in beiden derselbe Diskurs wirksam wird. Beide handeln von ihrem Auftraggeber. Darin besteht der Quellenrang der Vita wie der Bilder. All diese Zeugnisse zeigen, wie Federico da Montefeltro gesehen werden wollte, sie bewahren Spuren seines Habitus'.

Nun repräsentierte der gelassene Humanistenfürst in Burckhardts Epochenwerk zwar jene Seite der Renaissance, der die Sympathie des Autors gehörte; doch hatte die Epoche eben auch ein anderes Gesicht. Derselbe Burckhardt hat es nicht verschwiegen. Er zeigt brutale Tyrannen und Heerführer auf der Jagd nach Macht und Ruhm, schildert ruchlose Männer, die sich zu Herren ihres Schicksals machen. Die italienische Renaissance erscheint als Geburtszeit der Moderne, als Epoche jugendlichen Aufbruchs, in der sich aber auch die dunklen Züge eines entfesselten Individualismus bemerkbar machen: Mord, Gewalt, Intrige.

Es waren diese Passagen von Burckhardts Buch, die auf viele Leser besonders faszinierend wirkten. Sie lieferten das Material, aus dem sich Generationen ein Retortenwesen bildeten, den *Renaissancemenschen*. Berühmtester Geburtshelfer dieses Golem ist Nietzsche. In *Menschliches, Allzumenschliches* schreibt er, die Kultur der Renaissance habe alle positiven Gewalten geborgen, welche die Moderne hervorgebracht hätten: »Befreiung des Gedankens, Mißachtung der Autoritäten, Sieg der Bildung über den Dünkel der Abkunft, Begeisterung der Wissenschaft und die wissenschaftliche Vergangenheit der Menschen, Entfesselung des Individuums, eine Gluth der Wahrhaftigkeit und Abneigung gegen Schein und blosen Effect.« Es war *diese* Renaissance, welche die Historiker und Literaten fortan suchten, nicht die sublime Humanistenrenaissance Bisticcis oder Piero della Francescas.

Aus dem physiognomischen Repertoire, das die Kunst des 15. Jahrhunderts bereitstellte, identifizierte man Verrocchios grimmigen Colleoni mit dem Renaissancemenschen schlechthin (Abb. S. 179). Im Wettbewerb um Nachruhm hat der Bergamaske, anders als im wirklichen Leben, zumindest für begrenzte Zeit den Sieg über den Rivalen aus Urbino davongetragen. Mit seinem provozierend ausgereckten Ellbogen und dem wilden Blick läßt dieser Erz-Mann keinen Zweifel daran, daß er notfalls zum Rendezvous mit Tod und Teufel reiten wird. Pieros Federico ist ganz anders. Nur die Nase – wieder einmal – formuliert eine, wenngleich mächtige, Fußnote zur Rede des Porträts: Allein die Verletzung erinnert daran, daß der Dargestellte eine Geschichte hat, in der Gewalt vorkommt.

Ungeachtet seiner zivilen Humanistenerscheinung erfuhr auch Piero della Francescas Federico eine signifikante Umdeutung. Er wurde in die Nähe des Kunstprodukts gerückt, das sich die Leser Burckhardts und Nietzsches konstruiert hatten. Der historische Rang des Herzogs von Urbino resultierte für spätere Historiker letztlich daraus, daß er als einer jener Protagonisten der Moderne erschien, denen Nietzsches Bewunderung und Burckhardts Skepsis gegolten hatte.

Am prägnantesten wird die seltsame Inversion in Kommentaren zu Piero della Francescas Bild vor Augen geführt. Der Kunsthistoriker Mario Salmi zum Beispiel deutet Piero della Francescas Federico als Individuum, das sich als Herr seines Schicksals auf Erden wisse, und Walter Tommasoli, Federicos Biograph, glaubt einen Ausdruck »äußerster Entschlossenheit« registrieren zu können. Er identifiziert das Porträt als »Symbol des Willens zu irdischem Ruhm«. Voilà, da ist er wieder, der Renaissancemensch.

Ein Bauer am Morgen der Moderne

Die literarisch bemerkenswerteste Biographie Federico da Montefeltros stammt von dem bereits erwähnten Robert de la Sizeranne (1866–1932). Der aus altem Adel stammende Franzose wurde vor allem durch einen Essay über Ruskin bekannt, *Ruskin et la Religion de la Beauté*, der 1897 erschien. Über der Beschäftigung mit der Malerei der italienischen Frührenaissance war er zum Historiker geworden. Man merkt seinem Buch an, daß er mit den Augen zu denken verstand.

Seine Lebensbeschreibung Federico da Montefeltros wurde zuerst 1923 und 1924 in der *Revue des Deux Mondes* publiziert. 1927 erschien sie in Buchform: *Le vertueux condottière – Federigo de Montefeltro, duc d'Urbino* in der Reihe *Les Masques et les Visages*. Der Herzog erscheint bei ihm als Antithese zu den Verfallserscheinungen seiner Gegenwart und, im Sinn von Burckhardts Renaissance-Interpretament, als Wegbereiter der Moderne zugleich. In Federicos Leben findet der Autor, wie er schreibt, Ordnung und Maß, lebhaften Sinn für *grandeur*, auch Eleganz in Gestus und Ton. Der Mann aus Urbino zeige Großherzigkeit ohne Hochmut (so schon Bisticci).

Vor allem bewundert de la Sizeranne an ihm die »Entfaltung des ganzen menschlichen Wesens, das glücklich ist, unter einem reinen Himmel wachsen und sich ausdehnen zu dürfen.« Er meint damit jenen Himmel, den Piero über seinen Herzog gebreitet hatte. Das Bild wird einer eingehenden psychologisierenden Interpretation unterzogen. Es enthält den *ganzen* Federico, wird für de la Sizeranne gemalte Geschichtsschreibung. Er erkennt in der Darstellung nicht nur Monumentalität und Maß, sondern findet auch burleske Züge. »Mit seinem roten Barett, das sich bis zu den Ohren senkt, mit dem väterlichen Auge und dem schlauen Mund macht er auf uns den Eindruck eines schlauen Bauern, der Kanoniker geworden ist, oder eines gelehrten Doktors.«

Nun, de la Sizeranne dürfte sich vor Pieros Bild daran erinnert haben, daß sein Held tatsächlich bäuerlicher Abkunft war, jedenfalls was die mütterliche Seite betrifft. Um so glänzender nahm sich vor diesem Hintergrund der Aufstieg Federicos zu einem der mächtigen Männer des Jahrhunderts aus.

Wie man sieht, läßt sich aus dem Bild eines Fürsten mit Hakennase leicht ein pfiffiges Bäuerchen machen; ebenso wie ein sonnengebräunter Mann mit schwarzgelocktem Haar zur blonden Bestie werden kann. Man muß nur reden und kommentieren, dann mutiert der Übermensch wiederum zum feinsinnigen Humanisten und gütigen Landesvater, dessen eines Auge über ein weites Land wacht. Je näher man dem Gemälde in den Uffizien zu kommen meint, desto mehr verflüchtigt sich der Porträtierte zu einem irisierenden Phantasma. Um sein Bild vielleicht doch etwas schärfer fassen zu können, müssen wir noch hinter den Lanzenstoß von 1451 zurückgehen, den eigentlichen Anfang unserer Geschichte.

GRAF VON URBINO

Mutmaßungen über Federico

Federico da Montefeltro, der spätere Herzog von Urbino, wurde am 7. Juni 1422 in der umbrischen Stadt Gubbio geboren. Soviel wenigstens ist sicher; im übrigen aber liegt Dunkelheit über der Abstammung des späteren Herzogs. Schon 1851 benannte der Historiker James Dennistoun nicht weniger als acht Hypothesen über Federicos Herkunft. Die größte Wahrscheinlichkeit kann heute seine Mutmaßung Nr. 7 beanspruchen.

Sie lautet in ihrer durch die neuere Forschung präzisierten Form etwa folgendermaßen: Rengarda Malatesta, die Ehefrau des Grafen Guidantonio von Montefeltro, war 1423 gestorben, ohne daß dem Paar Nachwuchs beschieden gewesen wäre. Schon sieben Monate nach ihrem Tod, im Januar des folgenden Jahres, ging der Witwer mit einer Nichte Papst Martins V., Caterina Colonna, eine zweite Ehe ein. Guidantonio war damals 42 Jahre alt. Das war im Empfinden jener Epoche kein geringes Alter: es schien höchste Zeit, die Erbfolge zu regeln. Andernfalls drohte das Ende des Hauses Montefeltro. Als sich am Jahresende 1424 noch immer keine Zeichen einer Schwangerschaft bemerkbar machten, verfiel der Graf auf die Idee, einen unehelichen Enkel als eigenen Sohn auszugeben – Federico, der 1422 auf die Welt gekommen war. Mutter des Kindes war Guidantonios (ebenfalls uneheliche) Tochter Aura; der Herr von Urbino hatte sie an Bernardino Ubaldini della Carda, einen Unterführer seines Heeres, verheiratet. Der päpstliche Schwiegervater, Martin V., war rasch gewonnen, die Transaktion zu sanktionieren. Eine Bulle, die auf den 22. Dezember 1424 datiert ist, erklärte Federico zum Sohn Guidantonios und eines ledigen Mädchens aus Urbino. Die Signatur des Papstes setzte eine Fiktion in die Welt, die den Anspruch des Kindes auf Urbino bekräftigte. Daß dieses Kind noch zu Lebzeiten von Guidantonios Ehefrau Rengarda gezeugt worden sein mußte, erschien offenbar als ein zu vernachlässigender Umstand.

Ein schwerwiegendes Argument für die These, Federico sei nicht Sohn, sondern ein Enkel Guidantonios, ist die Erwähnung der Geschichte in der wichtigsten Biographie Federico da Montefeltros, Pierangelo Paltronis »Kommentaren zum Leben und zu den Taten des hochberühmten Federico, Herzogs von Urbino«. Der Autor war einer von Federicos engsten Vertrauten. Schon zur Zeit Guidantonios erscheint der Sproß einer alten Juristenfamilie als Mitglied der urbinatischen Kanzlei; später betraute Federico ihn mit diplomatischen Missionen, und er begleitete den Herzog auf Feldzügen. Am Ende begegnet uns Paltroni – Pierantonio da Ser Andrea – als »vornehmster Kanzler«, als *principale cancelliere* des Fürsten. Er scheint bis zu seinem Tod (um 1477/78) in der Gunst seines Herrn gestanden zu sein.

Paltroni referiert die Affäre als unter »vielen« verbreitetes Gerücht. Bernardino Ubaldini della Carda, den Vater, überhäuft er mit einem Stakkato an Superlativen, mit einem Schwall prunkender Adjektive. *Magnifico* sei er gewesen, herrlich, und *strenuosissimo*, äußerst tapfer – dazu *grande*, *magnanimo*, *notabile* und *virtuosissimo*; ein Edelmann von großem Ruhm und Ansehen, kurz, ein großer Herr. »Was nun die richtige Meinung sein mag, ist nicht sicher«, schließt Paltroni seine Erwägungen über Federicos Abstammung. »In jedem Fall ist offenkundig, daß der besagte Graf Federico aus einem hochberühmten Geschlecht gebürtig ist und von edelstem Blut, weil das Haus Ubaldini gleichermaßen uralt ist und viele Edelleute und große Heerführer hervorgebracht hat.«

Einen Grund, Dinge zu berichten, die Schatten auf seinen Helden hätten werfen können, gab es nicht. Umso bemerkenswerter ist die Offenheit, mit der Paltroni sich der heiklen Angelegenheit annimmt. Es ist kaum vorstellbar, daß er seine Erwägungen über die Abstammung Federicos ohne dessen Billigung niederschrieb: Noch zu Lebzeiten des Herzogs waren die Aufzeichnungen anderen Geschichtsschreibern zugänglich, ja, man kann sie als eine Art offiziöse Darstellung der urbinatischen Geschichte bezeichnen. Sicher gab sie die Dinge so wieder, wie der Herzog wollte, daß sie gesehen wurden. Schilderte sein Kanzler den Herrn Ubaldini della Carda nicht so, daß er als der wahre Vater des »hochberühmten« Federico erscheinen mußte? *Magnifico*, *magnanimo*: das waren Eigenschaften, die man sonst nur den ganz Großen des Jahrhunderts, Lorenzo de' Medici, Alfonso von Aragon etwa, konzedierte – und die Federico sich mit Freude selbst anheften wird.

Vielleicht ist damit ein tieferes Motiv für jene überbordende Patronage, die der Fürst einmal pflegen würde, berührt. Sollte die Kunst das Dunkel, aus dem der Herr von Urbino kam, überblenden? War sie Mittel der Sublimation? Es gibt nicht wenige Indizien, die für eine solche These sprechen.

Eigentlich könnte hier eine Renaissancenovelle beginnen. Von einem »Drama« spricht selbst Walter Tommasoli, der sonst so trockene Biograph Federicos. Eine Geschichte, an deren Beginn die Liebe zwischen dem Grafen von Montefeltro und einem einfachen Mädchen aus Urbino stünde, und die geheimnisumwitterte Geburt eines Kindes, das – aus kalter Staatsräson – bald nach der Geburt den Eltern entzogen wurde. Mit Bernardino Ubaldini della Carda hätte das Stück einen strahlenden Helden, mit Aura Montefeltro die tragische Gestalt. Die Quellen verraten kaum mehr als ihren Namen. Der allerdings ist überaus vielsagend. Er erinnert wohl an eine flüchtige Liebesnacht – an jenen Moment, dessen Frucht Aura gewesen war: das Wort bedeutet »Lüftchen«, »Hauch«, aber auch »Gunst«. Im 15. Jahrhundert war das ein Name wie ein Brandzeichen, und Paltroni tat gut daran, den Makel zu mildern, indem er Aura als *nobilissima et virtuosissima Madonna* rühmte, als sehr vornehme und tugendhafte Frau.

Netzwerke

Kaum, daß Aura und Bernardino die Hauptbühne verlassen, hat eine weitere klassische Figur des historischen Dramas ihren Auftritt: die böse Stiefmutter. Den Part übernimmt eben jene Caterina Colonna, die Graf Guidantonio nach dem Tod seiner ersten Frau geheiratet hat. In Paltronis Chronik wird sie totgeschwiegen. Und Federico da Montefeltro wird seine zahlreichen Töchter gerne nach Frauen nennen, die ihm lieb und teuer waren – eine Caterina ist nicht darunter.

Als die Dame aus römischem Uradel in Urbino Einzug hielt, wurde der kleine Bastard diskret in das nahegelegene Kloster Gaifa abgeschoben. Erst einige Monate später holte man ihn an den Hof zurück. Als sich bei Caterina Colonna Anzeichen einer Schwangerschaft zeigten, brachte man Federico nach Sant' Angelo in Vado, einem gottverlassenen Nest im Tal des Metauro. Dort wurde er in die Obhut der Giovanna Alidosi aus dem Haus der Signori von Imola gegeben, der Witwe des Bartolomeo Brancaleoni, Herrn der Massa Trabaria (der Begriff *Massa* bezeichnete ausgedehnten Feudalbesitz). Die offenbar intelligente und energische Frau sorgte nun für die Erziehung des Jungen.

Die Historiker sahen natürlich Machinationen der Stiefmutter hinter

Federicos Umzug ins Metaurotal. Während ihr erstes Kind, Raffaele, den Tag seiner Geburt nicht überlebt hatte, kam 1427 endlich der erhoffte Erbe zur Welt: Oddantonio. Er war nun der erste Anwärter auf die Nachfolge in Urbino. Federico stand nach dem Testament, das Guidantonio aufsetzen ließ, an zweiter Stelle, für den Fall, daß kein anderer legitimer, leiblicher Sohn vorhanden sei.

Die Quellen geben keine Hinweise darauf, daß Caterina eine Art italienische Lady Macbeth gewesen wäre. Der kleine Federico wurde ordentlich erzogen. Vermutlich unterwies man ihn schon in Sant' Angelo in all jenen Fertigkeiten, die ihm als Soldaten und Feldherrn einmal nützlich sein würden: im Reiten, Fechten, Bogenschießen und anderen ritterlichen Künsten. Sant' Angelo war ein guter Ort, Krieger zu werden. Man wird dem Kleinen davon erzählt haben, daß der Fluß, an dessen Ufer er aufwuchs, eines der berühmtesten Gefechte der Antike erlebt hatte: das Treffen am Metaurus, in der Hamilkar gegen ein römisches Heer Schlacht und Leben verloren hatte. Merkwürdig, daß gerade dieser Karthager, einer der namhaftesten Feldherrn der alten Welt, ein Auge verloren hatte. Federico wird sich an diesem *lieu de mémoire* des tragischen Helden als eines Schicksalsgenossen erinnert haben, als ihm dasselbe Unglück widerfuhr.

Daß Guidantonio da Montefeltro seinen Enkel nach Sant' Angelo in Vado zu Giovanna Alidosi ins Haus gab, folgte einer politischen Strategie. Paltroni sagt es offen. »Sie war die einzige Tochter und so Erbin des Vaters und durch Erbschaft Herrin von Sant' Angelo in Vado und Mercatello, großer und ansehnlicher Besitzungen, und so hatte sie noch andere Ländereien und Burgen, etwa zwanzig an der Zahl. Und deshalb wurde Graf Federico vom Vater dorthin geschickt, um bei der besagten Madonna Giovanna zu sein ...« Kurz, das Kind wurde zur Figur im gewohnten Spiel um Land und Einfluß. In einer Partie, die auf das Glück des Erbens setzte, auf überraschende, wenngleich nicht immer ganz zufällig eintretende Todesfälle und Geflechte von Verwandtschaft und Verschwägerung. In naher oder ferner Zukunft mochten sich die glänzendsten Möglichkeiten ergeben: Es war ein Spiel, in dem spekuliert und kombiniert werden mußte, in dem gelassenes Abwarten und Lauern gefragt waren oder auch Entschlossenheit, wenn die Dame Fortuna vorübereilte. Die Künstler der Renaissance zeigten sie mit langem Haar über der Stirn; der Schopf mußte rasch ergriffen werden, wollte man sie aufhalten: denn ihr Hinterkopf war kahlgeschoren.

Venezianisches Intermezzo

Als der Nachfolger des 1431 gestorbenen Papstes Martin, Eugen IV., gegen Mailand in den Krieg zog, stand Guidantonio da Montefeltro vor einer schweren Entscheidung. Der neue Pontifex war Venezianer, auch deshalb erschien die Allianz mit der Republik als naheliegende Option für ihn. Guidantonio aber stand nicht nur im Sold Mailands, sondern war wie immer auf gute Beziehungen zu Rom angewiesen. Dazu kam, daß Eugen entschlossen war, die Netzwerke der Colonna-Sippe zu zerschneiden. Das bedeutete erneut Krieg im Kirchenstaat. Der Papst mußte bald aus Rom fliehen und in Florenz Asyl nehmen; die guten Verbindungen der Montefeltro zur Kurie waren indes fürs erste gekappt.

Der Graf von Urbino reagierte auf die verzwickte Situation, indem er sich aktiv um die Vermittlung eines Friedens bemühte. Zunächst bereinigte er die eigenen Konflikte mit dem Heiligen Stuhl, die sich gleich zu Anfang von Eugens Pontifikat entsponnen hatten: Er verzichtete auf den Versuch, Città di Castello seinem Staat einzuverleiben. Und er gab sowohl Filippo Maria Visconti als auch den Venezianern Unterpfänder, die seine Zuverlässigkeit unter Beweis stellen sollten. Ottaviano Ubaldini della Carda, der neunjährige Sohn seines fähigsten Heerführers, wurde im Sommer 1433 als Geisel an den Mailänder Hof geschickt. Einige Monate zuvor hatte er den jungen Federico, also Ottavianos Bruder, der Obhut eines venezianischen Botschafters anvertraut, der ihn aus dem Nest Sant' Angelo direkt in die Weltstadt Venedig brachte.

Die fünfzehn Monate, die Federico am Rialto blieb, waren keineswegs eine Zeit der Gefangenschaft. So war er Mitglied einer *fratellanza*, einer jener Vereinigungen, in denen sich Venedigs *jeunesse dorée* zusammentat. Das Zeichen jener *Compagnia degli accesi*, der »Entflammten«, könnte sich in einer Devise Federicos, die Flammen – *fiammelle* – zeigt, wiederfinden.

Im Herbst 1434, in Venedig war eine Seuche ausgebrochen, gab man den zwölfjährigen Federico dem Markgrafen von Mantua, Gian Francesco Gonzaga, in Obhut. Dort schickte man ihn in die Schule des Humanisten Vittorino da Feltre, eine zu jener Zeit in ganz Italien berühmte Bildungsanstalt. Der Markgraf hatte Vittorino dafür ein weitläufiges Gebäude zur Verfügung gestellt. Der Lehrer nannte es *Casa giocosa*, »fröhliches Haus«; in den Erzählungen der Zeitgenossen erscheint es als idealer, schöner Ort, als *locus amoenus*. Das mit Fresken und Gobelins reich ausgestattete Gebäude lag am Ufer des Mincio, der damals Mantua wie ein See umschloß, nicht weit vom Palast der Gonzaga, und war von Wiesen und von schattigen Bäumen umgeben. Bis zu 70 Zöglinge wurden hier unterrichtet, auch Mädchen waren unter ihnen und einige arme Schüler, die Vittorino kostenfrei aufnahm. Insgesamt hatte die *Casa giocosa* aber ein aristokratisches Gepräge.

Im Haus der Freude oder Die Kunst der Mitte

Vittorinos Programm lag ein außerordentlich vielschichtiger Bildungsbegriff zugrunde. Die wissenschaftliche Unterweisung folgte dem traditionellen Schema der ›Freien Künste‹, dem *Trivium*, das Grammatik, Rhetorik und Dialektik umfaßte, und dem *Quadrivium* von Arithmetik, Geometrie, Musik und Astronomie. Bemerkenswert war indes, daß man einem Erziehungskonzept folgte, das man heute als »ganzheitlich« bezeichnen würde. Es schloß Leibesübungen und gesunde Ernährung ebenso ein wie die Lektüre antiker Autoren, Mathematik oder Musik; nicht weniger wichtig war offenbar Charakterbildung im weitesten Sinne. Dabei wurden die Zöglinge, wie es scheint, nicht zu sturem Abarbeiten des Fächerkanons gezwungen, vielmehr förderte der Lehrer individuelle Fähigkeiten und richtete die Ausbildung nach den Neigungen der jungen Leute ein.

Das »fröhliche Haus« läßt Züge der damals wichtigsten Agentur des Zivilisationsprozesses, des Klosters, erkennen. Doch blieb Vittorinos Konvikt zur Welt hin offen. Man speiste offenbar gut und reichlich, Spiel und Sport sorgten nach anstrengender Lektüre, nach Grammatikübungen und Rechenstunden für Abwechslung. »Ausgleich«, »Harmonie«, das sind Ideale, die den Erziehungsstil in der *Casa giocosa* bestimmt zu haben scheinen. Dürfen wir den Berichten der Zeitgenossen glauben, achtete Vittorino in allem auf Maß und auf Zurückhaltung. Man kann geradezu Begriffspaare bilden, mit denen gegensätzliche Pole bezeichnet sind, die das Erziehungskonzept zu integrieren suchte: Geist und Körper, Wissenschaft und Glaube, Disziplin und freie Entfaltung der Persönlichkeit, Aktivität und Kontemplation, Demut und Eleganz ...

Es ist allerdings nicht ganz einfach, hinter dem Weihrauch, mit dem viele Lobredner die Aktivitäten des großen Pädagogen umnebelten, historische Wirklichkeit zu erkennen. Die Eigenschaften, die dem Meister

Das Brustbild des Vittorino da Feltre gehört in die Serie der ursprünglich 28 Gelehrtenporträts, die Federicos Studiolo des Palazzo Ducale in Urbino schmückten. Die Tafel des Joos van Gent befindet sich mit einem Teil dieser Bilder heute im Louvre.

zugeschrieben wurden, folgen einem im *Quattrocento* traditionellen Kanon positiver Qualitäten. Man muß nur die Lebensbeschreibungen Vespasiano da Bisticcis lesen: da finden sich auf jeder Seite Männer, die Ernst und Milde miteinander paaren, ihre Leidenschaften zu bändigen wissen, die fromm sind und gleichermaßen den Wissenschaften zugetan. Sie mischen ihren Wein mit Wasser, sind keusch und wahren immer die Grenze des Schicklichen. Das Bild, das zum Beispiel Maffeo Vegio von Vittorino gibt – »streng, doch nicht finster, herablassend, ohne seiner Würde zu vergeben, ernst bei einer gewissen Freundlichkeit, freundlich bei einem gewissen Ernst« – entspricht perfekt dem zeitüblichen Ideal der *mediocritas*, wie es schon Petrarca formuliert: Es geht darum, die Mitte zu wahren.

Weitere Bauteile für ihr Persönlichkeitsbild entnehmen Vittorinos Anhänger antiken Autoren, insbesondere Cicero, der das Bild des *vir gravis*, des ernsten, gemessenen, im positiven Sinn »gravitätischen« Mannes am wirkungsvollsten konzipiert hat. Jener heiligmäßige, keusche, ernste und freundliche Asket, als den Vegio, Francesco Prendilacqua, Bartolomeo Platina oder Sassolo da Prato uns Vittorino da Feltre vorstellen, ist nichts anderes als eine Kunstfigur, hinter der sich der Mensch aus Fleisch und Blut kaum mehr erkennen läßt.

Die Sache ist deshalb etwas irritierend, weil sich zwischen dem Kunst-Vittorino und dem Bild, das wir von seinem berühmtesten Schüler Federico da Montefeltro haben, merkwürdige Ähnlichkeiten feststellen lassen. Auch Federico wird uns später als Mann der Mitte begegnen und als Heros des Gleichgewichts; als *vir gravis*, der Ernst, Milde und Freundlichkeit miteinander verbindet. Auch Federico wird nach dem Zeugnis seiner Bewunderer den Wein nicht pur trinken und seinen Zorn zu mäßigen verstehen. Selbst die robuste körperliche Konstitution teilt der Herr von Urbino mit seinem Lehrer, der nach der Aussage seines Biographen Sassolo »wie aus Eichenholz« geboren schien.

So kommt ein Verdacht auf. Ist der Federico da Montefeltro, den wir zu kennen meinen, nicht ebenfalls eine synthetische Gestalt – die nicht einmal nach dem »wirklichen« Vittorino gebildet ist, sondern vielmehr nach genau den gleichen literarischen Vorbildern wie die Kunstfigur des Lehrers? Die Ähnlichkeit der beiden *homunculi*, des idealen Vittorino und des synthetischen Fürsten, läßt vermuten, daß letzterer in Mantuas »fröhlichem Haus« eben vor allem mit den Grundzügen jener Muster von Menschlichkeit vertraut gemacht wurde, das der *Quattrocento*-Humanismus sich erschuf: mit einem verbreiteten Typus eben. So mag es sein, daß jener künstliche Federico, der uns in Bildern, Bauten und Büchern entgegentritt, eigentlich in Mantua, an den Ufern des Mincio, geboren wurde. Eine Gestalt aus Farbe, Stein und vor allem aus Pergament, die nach einem *disegno* gebildet ist, deren Grundlinien im »fröhlichen Haus« gezeichnet wurden.

Federico wird den Mann, der ihm half, sich selbst zu erfinden, hoch in Ehren halten. Vittorinos Porträt findet sich neben den Bildern von Philosophen, Kirchenfürsten und Gesetzgebern im Allerheiligsten seines Palastes, im *studiolo*. Er läßt dazu die Widmung setzen: »Seinem heiligen Lehrer Vittorino von Feltre, der ihn durch Unterricht und Beispiel menschliche Würde gelehrt hat.«

Erste Sporen

Zum Image ›großer Männer‹ gehört zwingend, daß sie schon in frühester Jugend Anzeichen ihrer Genialität erkennen lassen. Ihr Lebensweg erscheint so als gottgewollt, ihre geschichtliche Wirkung als Aspekt der Heilsgeschichte, als Teil eines ›großen Plans‹. Damit waren nicht nur ihre politischen Aktivitäten mit höherer Legitimität ausgestattet, sondern sie selbst handelten als Instrumente Gottes.

Beim jungen Federico verhält sich das nicht anders. Seine Lobredner wissen zu berichten, daß er schon als Elfjähriger geschliffene Ansprachen zu halten verstand und Venedigs Dogen zu der Bemerkung veranlaßte, er werde, wenn Gott ihm das Leben lasse, es weiter bringen als alle anderen Männer seines Hauses. Francesco Prendilacqua schildert Federico als einen aufgeweckten, intelligenten Jungen (soweit glauben wir ihm noch), der, kaum daß er von großen Taten, Kriegen oder Schlachten hörte, sich ganz ungeduldig betrug, so, als wolle er gleich selbst zu den Waffen greifen. Der vielleicht Dreizehnjährige soll sich beklagt haben, daß der junge Scipio bereits den Oberbefehl über ein römisches Heer erhalten habe, während er, nur wenig jünger, weder Soldaten noch ein Heerlager gesehen habe. Vittorino habe daraufhin den Kleinen getröstet: »Ich will nicht, daß Du Scipio wirst« – sei er doch vielmehr dazu bestimmt, ein zweiter Alexander zu werden; wie der Makedone habe er einen Fürsten zum Vater. Und dem Knaben übers Haar streichend, soll er begütigend gemeint haben: »Auch Du wirst einmal Caesar sein.« Gegenüber Herzog Guidantonio stapelte er kaum tiefer. »Das Wesen Deines Sohnes ist göttlich«, schrieb er, und prophezeite, Federico werde es einmal zum ersten Feldherrn Italiens bringen. Seine ersten Sporen erhielt er noch 1433, als ihn Kaiser Sigismund während eines kurzen Aufenthaltes in Mantua zum Ritter schlug.

Nach zweijährigem Aufenthalt in Mantua – wieviel Latein, Griechisch, Arithmetik und Geometrie er in dieser Zeit wohl gelernt hat? – wurde Federico nach Urbino zurückgeholt. Dort mußte mit der nun einundzwanzigjährigen Gentile Brancaleoni Hochzeit gefeiert werden.

Das Dasein als soignierter *landlord*, als Herr der Besitzungen, die ihm von der Braut als Mitgift zugeführt worden waren, genügte Federico aber nicht. Im Juni 1438 begann er seine militärische Laufbahn im Sold Filippo Maria Viscontis von Mailand. Guidantonio sorgte dafür, daß ihm der Befehl über 800 Reiter anvertraut wurde, die nach dem Tod seines Vaters Bernardino Ubaldini della Carda eines neuen *capitano* bedurften. Unter dem Oberbefehl Niccolò Piccininos führte der junge Montefeltro seine Truppe in den Krieg zwischen dem Visconti und Francesco Sforza, der seine wichtigsten Schauplätze in der Romagna und der Lombardei, am Ende auch in der Toskana hatte. Den Weg zum Frieden, (eher einem nicht sehr langen Waffenstillstand), bahnte der Sieg, den das mit dem Sforza verbündete Heer der Florentiner am 29. Juni 1440 in der Ebene bei Anghiari über Piccinino erfocht. Auch Federico dürfte damals unter den Kombattanten gewesen sein. Dank Leonardo da Vincis Wandgemälde, das ehemals den Hauptsaal des Palazzo Vecchio von Florenz schmückte, zählt das Treffen zu den berühmtesten Schlachten der Weltgeschichte, obwohl es kaum Verluste zu beklagen gab (Machiavellis bissige Behauptung, es habe nur einen Toten gegeben – einen Mann, der eigentlich einem Reitunfall zum Opfer gefallen sei – untertreibt allerdings auch wieder).

Venedig konnte bei dieser Gelegenheit seinen Festlandsbesitz bis zur Adda ausdehnen, Francesco Sforza aber erhielt die Hand von Filippo Maria Viscontis Tochter Bianca Maria, die zur Erbin des Mailänder Herzogtums ausersehen war. Der ehrgeizige *condottiere* gewann somit nicht nur eine Ehefrau, sondern auch einen wichtigen Rechtstitel, der seine eigenen Ambitionen auf den Mailänder Herzogsthron untermauerte. Doch war das Einvernehmen zwischen Francesco und seinem impulsiven Schwiegervater nicht von langer Dauer. Schon bald darauf werden die beiden in den Marken und im Mailändischen wieder die Klingen kreuzen.

San Leo oder die Säulen des Ruhmes

1441 gelangen Federico zwei spektakuläre Waffentaten, die den Montefeltro mit einem Schlag berühmt machten. Ende September geriet er bei Montelocco unweit von Sassocorvaro in einen Hinterhalt Sigismondo Malatestas. Durch entschlossenes Handeln und persönlichen Mut gelang es ihm, die Situation in den Griff zu bekommen und dem

So dramatisch wie in Leonardo da Vincis berühmter Bildkomposition (hier eine Nachzeichnung von Peter Paul Rubens; Paris, Louvre) dürfte es 1440 auf dem Schlachtfeld bei Anghiari kaum zugegangen sein.

Balancierend auf der Spitze einer Nadel und doch erobert: die Festung S. Leo an der Grenze zum Land der Malatesta (nach James Dennistoun, Memoirs of the Dukes of Urbino, 1851).

Gegner eine empfindliche Niederlage beizubringen. Danach, so meint Santi, habe sich sein hoher Name ruhmreich verbreitet: *Cum gloria poi l'alto nome poi s'espande.* Im Oktober dann gelang Federicos Truppe ein weiterer Coup: die Eroberung der als uneinnehmbar geltenden Festung San Leo, eines strategisch wichtigen Platzes an der Grenze zum Land der Malatesta. James Dennistoun zeigt uns San Leo auf einem seiner Geschichte der Herzöge von Urbino beigefügten Stahlstich: ein Nest, das auf steilen Felsen klebt und darüber, in den Wolken, eine unbezwingbar scheinende Festung.

Die Eroberung gelang durch eine List, die von einigen beherzten Leuten aus Federicos Truppe unter Führung eines seiner *capitani*, eines gewissen Matteo Grifoni aus S. Angelo in Vado, ins Werk gesetzt wurde;

Federico selbst scheint bei dem Kommandounternehmen nicht dabeigewesen zu sein. Grifoni führte seine 20 Mann in der dunklen Herbstnacht nach dem Ort San Leo und verschloß in aller Stille die Häuser der schlafenden Bewohner mit bereitliegenden Ketten. Tagsüber pflegten die Bauern, wenn sie zur Feldarbeit gingen, damit ihre Behausungen vor Dieben zu sichern. Im Morgengrauen veranstaltete Federico einen lärmenden Scheinangriff. Eilig stürmten die Söldner Malatestas von der Festung hinunter in den Ort, um den Bewohnern beizustehen. Doch die waren in ihren Häusern gefangen. Grifoni ließ die Tore verrammeln, seine Elitesoldaten entfalteten auf der Piazza die Banner mit den gelb-blauen Farben der Montefeltro. *Feltro! Feltro!* wurde gerufen; der überraschte Gegner war bald überwältigt, die wenigen Männer, die noch in der Rocca ausgeharrt hatten, ergaben sich.

Die Einnahme von San Leo hat in Federico da Montefeltros Vita, obwohl er selbst das geringste Verdienst daran hatte, große Bedeutung. Denn es waren Waffentaten wie diese, die den Marktwert einer Söldnertruppe bestimmten.

Niccolò Piccinino,
bei dem Federico das Kriegshandwerk lernte,
in einem Medaillenporträt des Pisanello.

Im Heer Piccininos, des »Kleinen«

Im selben Jahr 1441, am 20. Februar, stirbt Guidantonio da Montefeltro. Sein Sohn Oddantonio kann ohne weitere Umstände die Nachfolge antreten, ganz so, wie es im Testament festgelegt ist. Das Vikariat hatte ihm Papst Eugen IV. kurz vor dem Tod des Vaters bestätigt. Schon zwei Jahre später – das ist ungewöhnlich rasch – erhebt er ihn im Dom von Siena in feierlicher Form zum Herzog. Bei gleicher Gelegenheit erhält Federico da Montefeltro den erblichen Grafentitel für Sant' Angelo in

Vado, Mercatello und einige Orte in der Massa Trabaria. Doch nach wie vor ist er nicht der Mann, ein distinguiertes Leben mit reichlich bemessener Rente zu führen. Vielmehr verdingt er sich mit seiner *legione feltria* dem Niccolò Piccinino. Er nimmt an verschiedenen Feldzügen in Diensten Mailands, in Umbrien, im Süden des Kirchenstaats, in der Romagna und den Marken teil.

Immer wieder geht es gegen die Malatesta von Rimini, die ewigen Feinde der Montefeltro. Sigismondo Pandolfo Malatesta ist damals Generalkapitän Francesco Sforzas; dessen Tochter Polissena teilt seit 1441 sein Ehebett. Federico führt Krieg für die eigensten Interessen seines Hauses, wenn es den politischen Konstellationen gemäß ist. So fügt es sich, daß Malatesta gerade für Venedig, Florenz und Francesco Sforza im Feld steht, während Piccinino für die Gegenseite kämpft: für Mailand, für den Papst und für Neapel.

Als Alfonso von Aragón im September 1443 unversehens die Belagerung Fanos, wo sich Sforza verschanzt hat, abbricht und sich mit einem großen Teil seines Heeres nach Süden zurückzieht, steht Piccinino plötzlich ohne Verbündete da. Selbst sein eigener Auftraggeber, Filippo Maria Visconti, gibt den »Kleinen« preis. Hintergrund ist eine erneute Annäherung des Herzogs an seinen Schwiergersohn. Vermutlich wird sie durch einen ›anderen Umstand‹ befördert: Bianca Maria ist schwanger. Die Hoffnung auf einen Erben mag die Neigung Viscontis, sich mit seinem ehemaligen *condottiere* Sforza zu arrangieren, bestärkt haben.

Piccinino bleibt nichts anderes übrig, als nun auf eigene Faust Krieg zu führen. Die Kampagne verläuft unglücklich. Am 8. November 1443 wird er in einer langen, erbittert geführten Schlacht bei Monteluro in der Nähe von Pesaro von Sforza geschlagen. Welche Schuld den jungen Grafen von Montefeltro an der Niederlage trifft, wird sich nie klären lassen, da die Überlieferung von Autoren aus dem Montefeltro-Lager geprägt ist. Offensichtlich war es ihm nicht gelungen, seine Truppe zum Angriff zu bewegen, angeblich wegen ausstehender Soldzahlungen. So fehlen sie in der entscheidenden Phase der Schlacht, als Piccinino jeden Mann gebraucht hätte.

Pierantonio Paltroni kann das Desaster von Monteluro in seiner Biographie Federico da Montefeltros schlecht verschweigen. Umso wortreicher hebt er das Verdienst seines Helden hervor, einen halbwegs geordneten Rückzug nach Pesaro zustande gebracht und sich in der Stadt festgesetzt zu haben. Galeazzo Malatesta – der aus einem mit den Malatesta von Rimini rivalisierenden Zweig der Familie stammte – betraut ihn mit dem Amt des Militärgouverneurs. So bleibt Federico in der Stadt über dem Meer und verfolgt von hier aus den weiteren Lauf der Dinge.

Der dritte Mann

Am Morgen des 23. Juli erreicht Federico in Pesaro die Nachricht, daß sein Stiefbruder Oddantonio in der Nacht zuvor ermordet worden sei. Er bricht sofort auf und übernimmt noch am selben Tag die Macht in der Stadt und im Herzogtum.

Der Ablauf der Ereignisse ist rasch erzählt. In der ersten Stunde nach Mitternacht verschaffen sich einige bewaffnete Männer, vielleicht ein Dutzend, Einlaß in den Herzogspalast. Mit einem Balken drücken sie das Portal zu den Gemächern des Herzogs ein. Ihr erstes Opfer ist der Protonotar Manfredo di Pio. Er kann noch sein Schwert ergreifen, wird aber niedergehauen. Ser Tommaso di Guido dell'Angelo, der nach Manfredo wichtigste Berater Oddantonios, versteckt sich unter einem Bett. Die Verschwörer zerren ihn hervor, rammen ihm den Dolch in den Leib. Dann ist die Reihe an Oddantonio. Der Lärm hat ihn geweckt, er erfaßt die Situation, versucht, sich zu verbergen. Aber man entdeckt ihn. Er fällt vor einem großen Kruzifix auf die Knie, weint, fleht um Gnade. Doch kennen die Mörder kein Mitleid. Zwei Dolchstöße treffen den Herzog, ein Beilhieb auf den Kopf gibt ihm den Rest. Die Toten werden aus dem Fenster des Palastes geworfen, von der Gasse auf die Piazza gezerrt und geschändet; jemand soll der Leiche Oddantonios das Glied abgeschnitten und es ihr zwischen die Zähne geschoben haben.

Das grausige Detail überliefert Enea Silvio Piccolomini in seinen *Commentarii.* Ob die Erzählung der Wahrheit entspricht, wissen wir nicht. Die symbolische Handlung paßt jedenfalls gut zu der Begründung, die Enea Silvio und andere Chronisten für die Mordtat geben: Oddantonio habe unter dem schlechten Einfluß seines Protonotars verheirateten Frauen und auch unberührten Mädchen Gewalt angetan. Beide wurden als sittlich verkommene, dekadente Gestalten gezeichnet, die eine gerechte Strafe erhalten hätten. Fra Gerolamo Maria da Venezia schrieb, Herzog Oddantonio sei ermordet worden, da er, übel geleitet von seinen Räten, »schreckliche, grausame, schändliche und entehrende«

Taten begangen habe. Es sind Argumente, die in der urbinatischen Chronistik verbreitet waren und selbst von Gaspare Broglio Tartaglia, dem Autor der *Cronaca Malatestiana*, aufgegriffen wurden.

Pierangelo Paltroni führt einen anderen Grund für den Mord an Oddantonio an. Der Herzog habe nicht mit jener *umanità* regiert, die seine Vorfahren gegenüber dem ererbten Staat und insbesondere gegenüber Urbino gezeigt hätten. So sei es zu einem Aufstand gekommen: »Schließlich, am 22. Juli 1444, wurde er in seinem Palast vom Volk getötet, zusammen mit anderen schlechten, verbrecherischen Menschen, die bei ihm waren.«

Paltroni ist hier merkwürdig wortkarg. Weit weniger wichtige Begebenheiten als die Ermordung Oddantonios beschreibt er umständlich. Während andere Chronisten zahlreiche Einzelheiten erwähnen und auch die Namen der Verschwörer nennen, ist der Mörder bei ihm einfach *il popolo*, »das Volk«. Allerdings gibt er, wieder im Gegensatz zur übrigen Chronistik, eine politische Einschätzung des Vorgangs. »Diese Veränderung war von höchster Bedeutung, weil der Staat groß war und von alters her unter der Herrschaft jenes Hauses (der Montefeltro); und er stand in größter Gefahr, einen anderen Weg einzuschlagen.« Doch sei die Liebe des Volkes zum Haus Montefeltro ganz allgemein und die Zuneigung zu Federico im besonderen so groß gewesen, daß die Begeisterung für »andere« Lösungen zurückgedrängt worden sei und man den Grafen nach Urbino gerufen habe. In der Stadt hätten sich alle bewaffnet, es habe Gefahr gedroht, daß man im Bürgerkrieg versinke.

Paltronis Bericht zeigt Federico als Retter vor dem Chaos. Man öffnet ihm das Stadttor, nachdem er eine Art Verfassung, die 21 *capitoli*, mit feierlichem Eid beschworen hat. Die Urkunde ist noch erhalten. Ihr wesentlicher Zweck scheint gewesen zu sein, der Kommune von Urbino ihre Rechte zu sichern; die Prioren werden in ihren hergebrachten Rechten und Freiheiten bestätigt. Alle Maßnahmen Oddantonios – insbesondere Erhöhungen von Steuern und Abgaben, die ohne Zustimmung der Kommune verfügt worden waren – werden rückgängig gemacht. Verlangt wird, die Ausgaben des Hofes zu verringern und Immunitäten und Exemtionen zurückzunehmen, die lokalen Adeligen gewährt worden waren; die Mörder Oddantonios, ja alle an der Verschwörung Beteiligten genießen Amnestie. Den besten Kommentar zu den Vorgängen von 1444 gibt das Motto des Hosenbandordens, den Federico da Montefeltro 1474, gleich nach seiner Erhebung zum Herzog, von Edward IV. von England erhielt; der frischgebackene *duca* ließ es unverzüglich an allen Ecken seines Palastes anbringen: *Honi soit qui mal y pense*: »Ein Schelm, der Schlechtes dabei denkt«.

Caino!

Das Attentat auf Oddantonio war ein sorgfältig geplanter Coup. Die *capitoli* sind ein ausgefeiltes Vertragswerk, das wahrscheinlich von Pierangelo Paltroni selbst vorbereitet wurde. Auffällig ist, daß der Mann, der nach dem Zeugnis eines Chronisten unter den Mördern des 22. Juli war, nun jene glanzvolle Karriere am Hof von Urbino einschlägt, von der schon die Rede war. Fast auf den Tag genau ein Jahr nach der Mordtat schenkt Federico da Montefeltro ihm und seinen Brüdern ein Stück Land. Im übrigen lesen sich die Passagen, die Paltroni in seiner Biographie des Herzogs von Urbino dem Attentat widmet, wie eine Rechtfertigungsschrift. Und Federico selbst? Was hat er mit dem Mord zu tun?

Er ist verdächtig rasch am Tatort, schon am Vormittag des 23. Juli. Selbst wenn man nach dem Mord sofort einen Kurier losgeschickt hat, ist das sehr schnell. Von Pesaro nach Urbino ist es eine Reise von gut 35 Kilometern, zudem durch bergiges Gelände. Selbst gut organisierte Poststafetten bewältigten im 15. Jahrhundert kaum mehr als sieben Kilometer in der Stunde. Außer Zweifel steht jedenfalls, daß kein anderer als der »legitimierte« Sohn Guidantonios am meisten von dem Tod Oddantonio da Montefeltros profitierte. Jetzt war der Weg zur Macht frei.

In Quellen, die nicht aus der Feder seiner Feinde stammen, erscheint Oddantonio da Montefeltro als harmloser junger Mann mit einer ausgeprägten Leidenschaft für schnelle und schöne Pferde. Noch 1444 holt er sich den Humanisten Agostino Dati nach Urbino. Ausgerechnet am Vorabend der Mordnacht soll er mit ihm in Ciceros *De officiis* gelesen und über den gewaltsamen Tod großer Männer diskutiert haben. Daß er jener dekadente Wüstling war, als den seine Gegner den Ermordeten schildern, dafür gibt es keinen Beweis. Auch der Wahrheitsgehalt der Vorwürfe, die seinen »bösen Räten« später gemacht wurden, ist nicht zu belegen. Ähnliche Anklagen zählten im *Quattrocento* zum Standardrepertoire, wenn es darum ging, einen politischen Gegner moralisch zu diskreditieren. Federicos Intimfeind Sigismondo Pandolfo Malatesta wird bald ähnliches widerfahren.

Ein politischer Grund dafür, daß es in Urbino Leute gab, die dazu bereit waren, Oddantonio zu beseitigen, könnte allerdings darin gelegen haben, daß der Herzog als Mann Malatestas galt. Zwei der Räte, mit denen er sich umgab, kamen aus dem Umkreis des Herrn von Rimini: Tommaso d'Agnello und Manfredo di Pio aus Carpi, einer kleinen Signorie im Einflußbereich Sigismondos. Dessen Bruder Domenico, genannt »Novello«, der Signore von Cesena, war einer der prominentesten Begleiter Oddantonios bei der Herzogserhebung in Siena.

Daß Federico Mitwisser und wahrscheinlich sogar Drahtzieher des Mordes vom 22. Juli 1444 war, galt vielen Zeitgenossen als wahrscheinlich. Noch Jahrzehnte später, 1479, schleuderte ihm der Herzog von Kalabrien entgegen, er sei ein *secondo Caino*, ein zweiter Kain. Selbst Pius II., der mit Federico da Montefeltro in gutem Einvernehmen stand, äußerte den Verdacht, das Attentat habe ohne dessen Mitwisserschaft nicht geschehen können. Der Heilige Stuhl hat denn auch lange gezögert, dem neuen Machthaber in Urbino dem Herzogstitel zuzugestehen; Oddantonio hatte ihn ja schon kurz nach dem Tod seines Vaters erhalten. Wahrscheinlich ist es kein Zufall, daß seinem Nachfolger diese Ehre fast genau 30 Jahre und einen Monat nach dem Mord – am 21. August 1474 – erhielt. Die Forschung hat sich darüber gelegentlich gewundert, allerdings übersehen, daß nach römischem Recht dreißig Jahre die Frist der Klageverjährung sind.

ADLER, SCHLÜSSEL UND TIARA

Geburtswehen eines Staates

Jacob Burckhardt nannte, was sich im Italien jener Zeit zu politischer Form kristallisierte, »Kunstwerke«. Der Staat der Renaissance wird von ihm als »berechnete, bewußte Schöpfung«, als künstliches Gebilde eben, charakterisiert: als erstaunliches Resultat eines Durcheinanders von sich widerstrebenden Kräften. Wie chemische Verbindungen scheint er sich nach Gesetzen von Anziehung und Abstoßung zu bilden. Aus einem Chaos von Krieg und Verwüstung, von Mord und Totschlag steigt dieser Kunst-Staat in Burckhardts Sicht wie Phoenix aus der Asche. Es ist der Staat der Moderne, deren Anfänge der Basler Historiker im Italien des *Quattrocento* beobachten zu können meint: etwas qualitativ Neues, was es so vorher nicht gegeben hat und dessen Recht allein in der Tatsächlichkeit seiner Existenz besteht.

Ganz so scharf, wie Burckhardt meinte, ist die Scheidelinie nicht zu ziehen. Die Colonna, die Malatesta, Sforza oder eben die Montefeltro bedienten sich bei ihren politischen Strategien durchaus traditioneller Mittel, zu denen Gewalt ebenso zählte wie Diplomatie, Bestechung und eine geschickte Heiratspolitik. Sie agierten zwar – wenn dies ratsam erschien – ohne Rücksicht auf Legitimität, aber sie bemühten sich doch zäh darum, das Erworbene rechtlich abzusichern. Gottlose Verbrecher waren die wenigsten von ihnen (wie es überhaupt schwerfällt, in der angeblich so paganen Renaissance wirkliche Atheisten auszumachen). Große Skrupel, wenn es um Macht, um politische Vorteile ging, hatten sie allerdings auch nicht.

Quellen des Rechts der Montfeltro auf Herrschaft waren noch immer die universalen Gewalten Kaiser und Papst. Der Titel der Grafen von Montefeltro war dem lokalen Grafenhaus der Carpegna von Kaiser Friedrich I. verliehen worden; daran erinnerte der kleine schwarze Adler im rechten oberen Feld ihres Wappens. Während der Kämpfe zwischen den Staufern und den römischen Päpsten blieben die Montefeltro ghibellinisch, also kaisertreu (gemäß der Logik der chemischen Wahlverwandtschaften begegnen uns schon damals ihre ewigen Rivalen, die Malatesta, als das Gegenteil, nämlich als stramme Guelfen, Parteigänger Roms).

Lohn war ein zweiter Adler, der des Städtchens Urbino. Friedrich II. hatte den Ort 1226 den Brüdern Buonconte und Taddeo als kaiserliches Vikariat verliehen. Sie waren damit Statthalter des Kaisers, regelten an seiner Stelle die öffentlichen Angelegenheiten. Das Adlerpärchen auf ihrem Wappen – neben den blauen Streifen der Carpegna – verdanken die Montefeltro also den beiden Friedrichen: Barbarossa und seinem Enkel, dem mythischen Herrscher Siziliens und des Reiches. Im Namen der Hauptfigur unseres Berichts, Federico, verbarg sich eine Hommage an diese Tradition.

In den mörderischen Kämpfen zwischen den universalen Gewalten, dem Kaiser und dem Papst, konnten sich die Montefeltro durch geschicktes Taktieren behaupten. Nach dem Untergang der Staufer wechselten sie zur Macht der Stunde, zum Papst. Das *renversement des alliances* vollzog Graf Guido *il Vecchio* (1220–1298), der erste Montefeltro, der als *condottiere* Relief gewinnt. Nun war es ein Papst, Bonifaz VIII., der ihn mit dem Vikariat betraute. Das Amt wurde allerdings zunächst nur für bestimmte Zeiträume verliehen; so wahrten die Päpste ihren Einfluß auf die urbinatischen Angelegenheiten.

Das Wappen der Grafen von Montefeltro,
gemalt auf Federicos Alkoven im Palazzo Ducale von Urbino.

Es gelang den Montefeltro bis ins letzte Viertel des 14. Jahrhunderts auch nicht, Urbino und andere Orte unbestritten zu behalten. Immer stand ihre Macht in umgekehrt proportionalem Verhältnis zu dem Einfluß, den der Heilige Stuhl in dieser Region auszuüben vermochte. Mit dem Kardinallegaten Gil Albornoz, der im Auftrag der in Avignon residierenden Päpste im Kirchenstaat für Ordnung sorgte, arbeiteten die Grafen von Montefeltro zusammen. Nach dessen Tod, 1368, stürzte der Kirchenstaat ins Chaos. Die Rückkehr Urbans V. an den Tiber blieb Episode, schon 1370 mußte er wieder nach Avignon fliehen.

Die Herren von Urbino sahen sie sich sofort in Kämpfe mit lokalen Rivalen verwickelt; auch innerhalb der Sippe kam es zur Spaltung. Selbst Urbino ging an Pandolfo Malatesta verloren. Zeitweilig nahm der Kardinallegat Anglico Grimoard, der Nachfolger des großen Albornoz, die Stadt in direkte Verwaltung. Seine brutale, dabei kostspielige Machtpolitik in Mittelitalien hatte immer neue Steuerforderungen zur Folge. Im Kirchenstaat gärte es, als 1375 der Krieg der »Acht Heiligen« ausbrach: Die Florentiner fürchteten, Mailand und Rom planten die Zerschlagung ihres Staates; sie kauften den päpstlichen Söldnerführer John Hawkwood – Uccellos Fresko im Florentiner Dom (siehe rechts) wurde zum wichtigeren Agenten des Ruhmes dieses *condottiere* als alle seine Waffentaten – aus seinen Verpflichtungen gegenüber dem Heiligen Stuhl heraus und schlugen los. Die von ihren Mitbürgern spöttisch *otto Santi* genannten Florentiner Militärkommissare (daher der Name des Krieges) favorisierten eine Doppelstrategie. *Giovanni Acuto* machte der italianisierten Form seines Namens – »der Scharfe« – alle Ehre und ging mit äußerster Härte gegen die Feinde vor; gleichzeitig wurden die Kommunen im Kirchenstaat gegen die päpstliche Herrschaft aufgewiegelt. Auf diese Zeit geht übrigens das Florentiner Banner mit der Aufschrift *LIBERTAS*, »Freiheit«, zurück: das Wort meinte die Freiheit der Polis, erklärte kommunale Selbstverwaltung zum Ziel gegenüber den tyrannischen Übergriffen von Hasardeuren wie Grimoard. Man verteilte solche Fahnen an die Kommunen im päpstlichen Machtbereich: *LIBERTAS* sollte zum Emblem des Widerstands gegen die Anmaßungen des Heiligen Stuhls werden.

Die Parole hatte Erfolg. In vielen Kommunen, darunter auch in Urbino, kam es zu Aufständen. Und Antonio da Montefeltro, siebter Graf von Urbino, ergriff den Schopf der vorübereilenden Fortuna im rechten Moment. Er stellte sich in der Stadt seiner Väter an die Spitze einer Bewegung gegen den Malatesta und konnte kurz vor Weihnachten 1375 unter dem Jubel des Volkes Einzug in Urbino halten. Der papsttreue Bischof floh. Kurz darauf unterwarf sich auch die kleine Stadt Cagli der Herrschaft des Montefeltro. Beide Kommunen bewahrten sich eine gewisse Autonomie; nicht einmal Federico da Montefeltro wird uneingeschränkter Herr in ›seinem‹ Urbino sein.

John Hawkwood aus Essex, der als Giovanni Acuto sein Glück in Italien machte, hoch zu Roß im Florentiner Dom (gemaltes Epitaph von Paolo Uccello, 1436)

Gregor XI. schlug mit erbarmungsloser Härte zurück; eine Horde seiner bretonischen Söldner richtete 1376 unter den Bürgern des rebellischen Cesena ein Blutbad an. Truppen des Grafen von Montefeltro konnten einen Angriff auf urbinatisches Land abwehren, doch ging der Kleinkrieg gegen die Malatesta und ihre Verbündeten weiter. 1378 schlossen die erschöpften Großmächte Frieden; in der Romagna und in den Marken verständigten sich die verfeindeten Sippen mit brüchigen Waffenstillständen. Noch während der Verhandlungen, am 26. März 1378, war Gregor gestorben.

Im Kirchenstaat kehrte nun keineswegs Ruhe ein. Friktionen im Kardinalskollegium, die mit der Person des neugewählten Papstes, Urban VI., zu tun hatten, aber mehr noch von den widerstreitenden Interessen der europäischen Mächte bestimmt waren, führten zur Wahl eines Gegenpapstes, der sich Clemens VII. nannte und bald wieder in Avignon Residenz nahm.

Das große Schisma führte zu einem weiteren dramatischen Machtverlust des Papsttums. Die kleineren Fürsten im Patrimonium Petri mußten sehen, wie sie sich ihrer Haut wehrten. Der Wegfall der römischen Ordnungsmacht begünstigte aber auch autonome Staatsbildungen.

Antonio da Montefeltro hielt es schließlich mit Urban VI., der umgekehrt auf durchsetzungsfähige Bundesgenossen angewiesen war. Doch erst Bonifaz IX., Urbans Nachfolger, wird dem Montefeltro das apostolische Vikariat »in weltlichen Angelegenheiten« für die ihm unterstehenden Städte und Gebiete auf Dauer übertragen. Dazu gehörte seit dem Ende des 14. Jahrhunderts auch die Stadt Gubbio. Ihr Erwerb, 1384, war der bedeutendste Coup, der dem gewieften Staatsmann Antonio da Montefeltro gelang.

Die Orientierung an Rom wird trotz einiger Krisen Leitlinie der urbinatischen Staatsräson bleiben, auch unter Antonios Sohn Guidantonio und seinen Nachfolgern. Die Montefeltro amtieren als Statthalter des Papstes, in seinem Auftrag führen sie ihre Söldnerhaufen in den Krieg; Rom verleiht ihnen Titel, ehrt sie durch Herzogskronen. Federico da Montefeltro wird 1474, im Jahre seiner Erhebung zum Herzog und zum *gonfaloniere* der heiligen römischen Kirche, seinem Wappen die Schlüssel Petri und die päpstliche Tiara einfügen, als Ausdruck der Verbindung mit dem Heiligen Stuhl.

Der Traum vom Staat

Mit dem Gewinn Gubbios hatte der ›Staat‹ von Urbino ungefähr die Ausdehnung erreicht, die er für die kommenden Jahrhunderte bewahren würde. Als Graf Antonio da Montefeltro am 29. April 1404 starb, hinterließ er seinem Sohn Guidantonio ein straff verwaltetes, von Milizen und Bürgerwehren bewachtes Territorium. Es war kein scharf abgegrenzter Raum. Die Ländereien, Burgen, Städte und Dörfer des Gebiets unterstanden den Montefeltro aufgrund der unterschiedlichsten Rechtstitel. Überwölbt wurde dies alles allein durch das Vikariat, das sich Guidantonio sofort nach dem Tod des Vaters sichern konnte. In einer Bulle, die Federico da Montefeltro die Investitur als Vikar des Heiligen Stuhls bestätigt, wird Papst Nikolaus nicht weniger als 34 Orte »in den Territorien des Montefeltro, der Romagna, der Mark Ancona und in der Massa Trabaria« aufzählen, für die das Vikariat gelte: von Montecerignone und Montegrimano bis Cartoceto und Torre Abbazia. Einfach »Urbino« zu schreiben, davon war man damals noch weit entfernt.

Die Vorstellung, der Staat sei ein sterblicher Gott auf Erden (Thomas Hobbes), über dem keine Macht existiere, der Quelle allen Rechts sei und dem allein die Anwendung von Gewalt zustehe, ist dem *Quattro-*

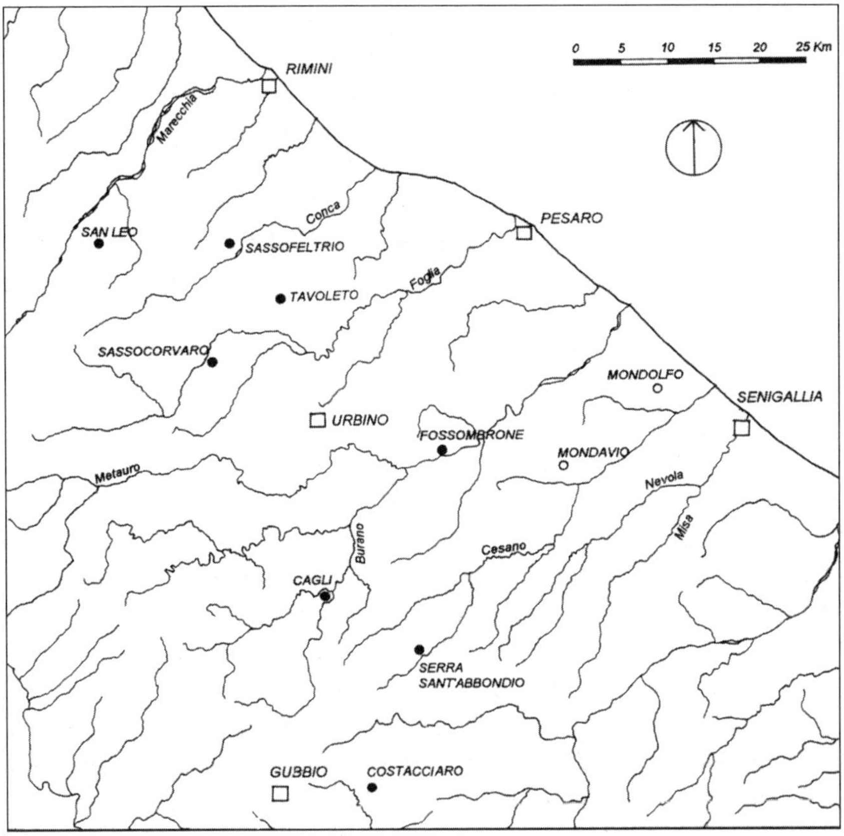

Federicos ›Staat‹ mit seinen Festungen.

cento noch fremd. Der Fürst, der *signore*, der Graf erscheint als Inhaber aller möglichen Herrschaftsrechte und Titel, als Besitzer von Kastellen und Städten: in seiner Person, und nur in ihr, wird, was man einmal »Staat« nennen wird, konkret. Pierangelo Paltroni bringt das auf den Punkt, wenn er seinen Helden Federico – damals steht er im Zenit seiner Karriere – als »Graf von Montefeltro und Durante und mehrerer anderer Städte und Orte, *gonfaloniere* der Römischen Kirche und Generalkapitän König Ferdinands von Aragon und Sizilien etc.« bezeichnet. Insofern sind die historischen Karten, auf denen das »Herzogtum Urbino« mit feinen Linien gegenüber anderen ›Staaten‹ abgegrenzt wird, irreführend. In Wirklichkeit war der Montefeltro-Staat eine Bricolage, eher ein Gedanken-Phantasma als ein klar bezeichnetes Territorialgebilde. Erst seit dem 16. Jahrhundert gewinnt er als räumliches Kontinuum allmählich seine Identität in den Aufschreibesystemen. Aber noch lange hat jedes Städtchen seine eigenen Statuten, seine eigenen Abgaben und Steuern, seine eigenen Regeln für die Arbeit, seine speziellen Maße und Gewichte. Und an den Rändern von Federicos Herrschaftsbereich hätte man nach Grenzlinien, Schlagbäumen, Fahnen oder anderen Symbolen vergeblich gesucht.

Zwar hatte schon das Mittelalter die Idee formuliert, der König besitze zwei Körper, einen wirklichen, sterblichen, zugleich aber den unsterblichen seines Amtes. Für einen kleinen Chronisten wie Paltroni ist es der Fürst, als Träger konkreten und mancherlei Wechsel unterworfenen Besitzes, der den »Staat« macht, ihn bewahrt und erweitert. Seine Person ist der Brennspiegel, in dem ein diffuses Gebilde konkrete Gestalt gewinnt. Mit dem Tod des Herrschers zerbricht der Spiegel, und das flüchtige Bild, das er reflektierte, ist dahin.

Das Phantasma ›Staat‹ ist ein Ziel, für das viele der Söldnerführer, die sich zu Hunderten auf der italienischen Halbinsel herumtreiben, unendliche Strapazen auf sich nehmen, Kopf und Kragen riskieren. Man kann sich gut vorstellen, was ihnen durch den Kopf geht auf ihren endlosen Ritten durch die staubigen, von Hitze flirrenden Ebenen der Romagna und der Marken. Die Bilder der Quattrocentomaler und Texte von Urbanisten wie Francesco di Giorgio und Filarete geben die schönste Idee von den Träumen der *condottieri*: kühle Marmorpaläste, von denen aus der Blick geht übers untertane Land mit seinen wohlbestellten Feldern und Weinbergen, über Flüsse und das Meer mit den schimmernden Segeln der Handelsgaleeren und »wohlgebaute« Städte mit schnurgeraden Straßen, mit schönen Bauwerken und Denkmälern (Abb. S. 175). Sie mögen sich selbst gesehen haben bei der Lektüre kostbarer Bücher in der Vertraulichkeit eines Studierzimmers, geträumt haben von Brokatgewändern und Goldkronen, von Orden und Wappen; davon, daß dies alles zu Recht ihnen gehöre, der Segen Gottes und die Fürsprache der Heiligen darüber sei. Sie träumten den Traum vom Staat.

Das italienische Pentagramm

Einer der faszinierendsten politischen Träume der Epoche endete am Anfang des *Quattrocento* mit dem Tod des Herzogs von Mailand, Gian Galeazzo Visconti. Die Zeitgenossen nannten ihn nach seinem Besitz Vertus in der Champagne, aber auch respektvoll wegen seiner Qualitäten als Feldherr und Staatsmann, den *Conte di Virtù*. Noch um 1400 hatte es so ausgesehen, als sei Gian Galeazzo der Meister Italiens: Mailands Schatten fiel über ganz Oberitalien, ja bis vor die Tore Roms. In Siena herrschte sein Statthalter, Assisi und Perugia öffneten ihm die Tore. Nach einem Sieg über das Florentiner Aufgebot bei Casalecchio schien der Weg in die Arnostadt frei. Da erlag der Visconti Anfang September 1402 der Pest. Florenz war von einer tödlichen Bedrohung befreit. Manche meinen, die Rettung in letzter Stunde habe Lorenzo Ghibertis und Filippo Brunelleschis Darstellungen der *Opferung Isaaks* inspiriert, Inkunabeln der neuen Kunst der Renaissance. Die für das Florentiner Baptisterium bestimmten Reliefs zeigen, wie der Engel Gottes Abraham in den Arm fällt, als dieser im Begriff ist, seinen Sohn zu töten.

Nach dem Ende des großen Visconti mußten die Karten im italienischen Machtspiel neu gemischt werden. Auf der italienischen Halbinsel zeichnete sich ein System von fünf Mächten ab, deren Politik die wesentlichen Entwicklungen bis ans Ende des 15. Jahrhunderts bestimmen sollte. In Mailand kam es zu erbitterten Kämpfen um das Erbe Gian Galeazzos. Florenz konnte aus der »Erbmasse« des Visconti 1405 Pisa erwerben. 1411 nahm die Republik Cortona ein, später wurde noch die wichtige Hafenstadt Livorno gewonnen. Aus inneren Verfassungskämpfen ging 1434 der Medici-Clan als Sieger hervor.

Im ersten Jahrzehnt des 15. Jahrhunderts hatte es den Anschein, als sollte das Königreich Neapel das Erbe Gian Galeazzo Viscontis antreten.

Lorenzo Ghibertis flüssige Schilderung des Isaakopfers, geschaffen 1402 für den Wettbewerb um die Bronzetüren des Florentiner Baptisteriums.

Sein König Ladislaus, ein Anjou aus dem ungarischen Zweig der Familie, auch er ein fähiger Stratege und geschickter Staatsmann, dehnte den Einfluß Neapels auf Rom und bis weit in die Toskana hinein aus. Aber er starb 1414, ohne einen Erben zu hinterlassen. Nach jahrzehntelangen wechselvollen Kämpfen gelang es dem spanischen Vizekönig von Sizilien, Alfonso aus dem Hause Aragón, Neapel mit seinem Inselreich zu vereinen. Alfons, den man *il magnanimo*, den Großmütigen, nannte, war einer der führenden Kunstpatrone Italiens und Förderer der Humanisten. Mit der Universität von Messina gründete er die erste Hochschule Siziliens.

Der Glanz der süditalienischen Frührenaissance überstrahlte allerdings, daß die finanziellen Fundamente der aragonesischen Herrschaft ziemlich morsch waren. Die zahlreichen Feldzüge und der höfische Luxus des *magnanimo* wurden zu einem guten Teil durch ein korruptes Rechtssystem finanziert. Die Barone, die großen Grundbesitzer waren die ›Paten‹ des Landes: sie bestimmten über die lokalen Angelegenheiten, dafür akzeptierten sie die aragonesische Herrschaft. Eine bürgerliche Mittelschicht und kommunale Autonomie konnten sich nirgends ausbilden. Schon im 15. Jahrhundert erscheint der Süden als ein lethargischer politischer Patient, der sich achselzuckend einer Krankheit zum Tode ergibt. Für Spanien wurde das marode Vizekönigreich zur Geldkiste, aus der man sich nach Bedarf bedienen konnte.

Nachhaltigen Gewinn aus der Schwäche Mailands zog Venedig. Die »Biberrepublik« (Jacob Burckhardt) ging erst jetzt daran, ihren Festlandsbesitz im großen Stil auszubauen. Padua, Vicenza und Verona wurden gewonnen, im Westen konnten die Grenzen des *terra-ferma*-Staates bis Bergamo vorgeschoben werden. Während der Süden und Mailand in Erbfolgekämpfe verstrickt blieben, avancierte Venedig zur stärksten Macht Italiens. Die gegnerische Propaganda unterstellte der *serenissima* bald, die Unterwerfung der Halbinsel anzustreben – dasselbe war zuvor Gian Galeazzo Visconti vorgeworfen worden. Bis zur Mitte des 15. Jahrhunderts erstreckte sich Venedigs Herrschaft im Osten bis nach Istrien und im Süden bis Ravenna. Sein Seeimperium umfaßte ein System von Stützpunkten an den Küsten und Inseln in der Ägäis, darunter Kreta und Negroponte. Die Grenzen von Venedigs Machtbereich verflimmerten für die Zeitgenossen irgendwo im Blau des Mittelmeeres: aus italienischer Sicht war Venedig eine Supermacht von furchterregender Dimension. Seine Galeeren und Koggen überwanden im 15. Jahrhundert die Säulen des Herkules, befuhren die Westküste Spaniens und gelangten bis Antwerpen und London.

Schließlich das Reich der Mitte, der Kirchenstaat. Nach dem Zusammenbruch der neapolitanischen Machtstellung und der Überwindung des Schismas auf dem Konstanzer Konzil (1414–1418) befand sich das *Patrimonium Petri* in einer Phase mühsamer Konsolidierung. Noch der in Konstanz gewählte Papst Martin V., der Schwiegervater Guidantonios da Montefeltro, mußte die ersten Jahre seines Pontifikats in Florenz verbringen und konnte erst 1420 in Rom Einzug halten. Mit militärischer Gewalt und fintenreicher Diplomatie gelang es dem Colonna-Papst, in Rom die Gegner seiner Sippe zurückzudrängen und die päpstliche Oberhoheit in der Romagna wiederherzustellen. Sogar Bologna unterwarf sich. Der Tod des *Fortebraccio*, 1424, erleichterte die Restitution der Herrschaft des Heiligen Stuhles in Umbrien, und auch im Süden kam Martin der Zufall zu Hilfe: Neapels *condottiere* Muzio Attendolo Sforza, Francescos Vater, ertrank im Todesjahr Braccio da Montones im Fluß Pescara. Um seine Macht in Rom und Umgebung zu sichern, stattete der Papst seine Familie im Übermaß mit Pfründen und Land aus.

Große Fische, kleine Fische

Der mikroskopische Blick auf die Beziehungen Martins V. und seines Nachfolgers zu den Montefeltro und den Brancaleoni führt die Machttechnik der Epoche beispielhaft vor Augen. Nachdem der Pontifex Guidantonio geholfen hat, die Fortdauer seiner Herrschaft zu sichern, sanktioniert er eine wichtige Verbindung: der dreijährige Federico wird der um fünf Jahre älteren Tochter seiner Pflegemutter, Gentile Brancaleoni, zur Ehe versprochen. Wegen der Verwandtschaft der künftigen Eheleute ist nach kanonischem Recht ein Dispens nötig (Gentile stammte über eine Großmutter von den Montefeltro ab). Über die Ehe mit ihr, so lautete der Wechsel auf die Zukunft, sollte Federico einmal zum Erben der Brancaleoni werden, ihre Güter dem Staat von Urbino zuführen. Außerdem verleiht der Papst Guidantonio das Vikariat für Casteldurante (heute Urbania) und die Massa Trabaria, das alte Herrschaftsgebiet der Brancaleoni an den Pässen, die über den Apennin zum Tibertal führen.

Der vergrößerte Staat der Montefeltro soll Gegengewicht zu den Ambitionen des lokalen Adels der Marken, insbesondere der Malatesta, sein, und er soll zum Stützpunkt der Macht der Colonna in der Region werden. Graf Guidantonio ist dem Papst von Anfang an zu Diensten und hilft mit seiner Söldnertruppe, dem Heiligen Stuhl nach dem Tod des Fortebraccio Umbrien zurückzugewinnen. Dafür erhält er den Titel eines Herzogs von Spoleto.

Kurz danach gerät Carlo Malatesta, Heerführer im Sold der Florentiner, in mailändische Gefangenschaft. Guidantonio nutzt die Gunst der Stunde und besetzt einige Kastelle der feindlichen Sippe. Indes kommt Carlo frei; er sieht sich einem arg geschrumpftem Besitz gegenüber. Nun geschieht, was immer geschehen wird, wenn sich die Herren von Urbino zu weit vorwagen – mag, wie in diesem Fall, der Papst auch der Schwiegervater sein: den Montefeltro-Adlern werden die Flügel gestutzt. Martin V. erzwingt einen Frieden zwischen den verfeindeten Sippen. Guidantonio muß den Malatesta ihre Kastelle zurückgeben; immerhin, Casteldurante bleibt ihm. Sollte der Montefeltro vom Erwerb eines mittelitalienischen Staates geträumt haben, der im Süden bis Spoleto, im Norden bis Imola reichte und sonst seine Grenzen nur in den Ufern der Adria fand – er scheitert an der Balancepolitik des Papstes. Die Gewichte werden neu austariert. Der Staat der Malatesta überlebt zu dieser Zeit nur deshalb, weil ihn Rom und die anderen als Widerpart zur Macht der Montefeltro erhalten wollen.

Immer droht den Kleinen auch die Gefahr, daß eine der Großmächte sich die schwächeren Nachbarn einverleibt, wenn die Gelegenheit günstig scheint. Rimini und Urbino sind stets potentielle Beute: Brueghels Darstellung der großen Fische, die ihren kleineren Artgenossen auffressen, könnte Emblem der Staatenwelt Renaissance-Italiens sein. Die Rettung liegt in militärischer Stärke und in der Kunst, die richtigen Allianzen zu schmieden. Im Italien jener Zeit ließ sich in der Tat lernen, wie man Politik macht. Wer die Regeln des Machtspiels nicht beherrscht, ist verloren. Am Ende der Epoche, von der hier die Rede ist, reflektiert die erste politische Theorie der Neuzeit die italienische Lektion: Machiavellis *Principe*.

Urbino im Speziellen überlebt, weil seine Herren es im entscheidenden Moment verstehen, aufs beste Pferd zu setzen oder wenigstens im rechten Augenblick dazu bereit sind, Kompromisse zu schließen. Den alten Grafen Antonio finden wir, als Gian Galeazzo Visconti auf der Höhe seiner Macht steht, am mailändischen Hof. Er dient dem Herzog als Berater; am Schluß ist er Vorsitzender, *capo*, von dessen Geheimem Rat. Und Guidantonio begegnet 1409 als *Gran Conestabile* – eine Art Generalissimus – des Königreichs Neapel, Ladislaus von Neapel ist da gerade der Mann der Stunde. Auch Federico da Montefeltro wird es zeitlebens gelingen, an der Seite der Stärkeren Position zu beziehen.

Aber nicht nur vor äußeren Feinden muß man sich hüten. Im Inneren der staatsähnlichen Gebilde sind die Gewichte noch lange nicht austariert. Venedig erfährt das schon 1310, mit dem Umsturzversuch des Baiamonte Tiepolo. Unter den staunenden Augen der Zeitgenossen wird es dann zu einem Muster an Stabilität. Florenz ist für Burckhardt der Musterfall eines Gemeinwesens, das sich in fieberhaftem, permanentem Umbruch befindet: zwischen Ciompi-Aufstand und Albizzi-Putsch, den Verschwörungen um Luca Pitti und die Pazzi, schließlich dem Umsturz Savonarolas kommt die Stadtrepublik nicht zur Ruhe; der Aufstieg der Medici, die Konsolidierung ihrer Macht vollzieht sich unter mannigfachen Gefährdungen. Nicht einmal die Päpste sind bis um die Mitte des 15. Jahrhunderts ihrer Hauptstadt sicher. Auch Eugen IV. muß, wie schon sein Vorgänger Martin, ein gutes Jahrzehnt seines Pontifikats in Florenz verbringen.

Die wenigsten dieser Unruhen waren soziale Bewegungen in dem Sinn, daß sich ein unterdrücktes ›Volk‹ gegen seine Herren aufgelehnt hätte. Im Vordergrund stehen Konflikte innerhalb der Eliten, gewalttätige Auseinandersetzungen, in denen reiche, wohlbewaffnete Clans um Einfluß ringen. Die Netzwerke, die dabei sichtbar werden, reichen – wie im Fall des urbinatischen Herzogsmordes von 1444 oder noch der Pazzi-Verschwörung – weit hinaus über die Mauern der Residenzen, ja der Städte, in denen sie sich abspielen: oft mischen sich die großen Mächte oder kleinere und umso bissigere Nachbarn ein, versuchen, die Spannungen im Land des Gegners auszunutzen. Das Schlagwort »Freiheit«, wie es im Krieg der »Acht Heiligen« vernommen wurde, vernebelte allein kalte Machtinteressen.

Die kritische Lektüre der Quellen, die von diesen Kämpfen berichten, fördert ein Maß an Gewalt zutage, wie man es heute aus mafiösen Auseinandersetzungen noch kennt. Bei genauer Betrachtung zeigt selbst Federico da Montefeltro Züge, die ihn eher als mörderischen ›Paten‹ erscheinen lassen denn als leutseligen, kultivierten Mann der Musen und des Friedens. Was ihn von den anderen Gewaltherrschern seiner Zeit am markantesten unterscheidet (wir werden das noch sehen), ist seine geniale Kunst der Selbstinszenierung.

KUNST, STAAT UND KRIEGSHANDWERK

Padroni, coloni und prezzaioli

Die Bricolage »Urbino«, die sich zur Zeit Federicos da Montefeltro über etwa 2.700, 2.800 Quadratkilometer erstreckte, war eigentlich ein armes Stück Land. In den Quellen finden sich allein geringe, verwischte Spuren des harten Alltags der Menschen, die dem Herrn von Urbino untergeben waren.

Die Berge und Hügel des urbinatischen Landes waren nur mit großer Anstrengung zu kultivieren. Es fehlte an Kapital. Der Boden wurde vorwiegend in der Rechtsform der *mezzadria*, der Halbpacht, bewirtschaftet; das blieb übrigens so bis ins 20. Jahrhundert. Der Bauer, *colono*, erhielt von seinem *padrone*, meist einem Bürger oder Adeligen, Land, das er bebaute. Vom Ertrag hatte er einen Anteil – die Hälfte oder weniger – abzuliefern. Die Statuten legten fest, wie intensiv gearbeitet werden mußte, wann zu pflügen, zu säen, zu ernten war. Auch das Vieh gehörte gewöhnlich zur Hälfte dem Landbesitzer. Was seine eigenen Ländereien betraf, reklamierte Federico da Montefeltro das Besitzrecht an den Herden ganz für sich.

›Unterhalb‹ der Schicht der Halbpächter, die inmitten ihrer Äcker und Weinberge lebten, gab es im Land um Urbino ein Heer von *prezzaioli*, Landarbeitern, die sich um Taglohn verdingten. Sie hatten sich in Urbino auf dem *pian di mercato* unterhalb des Schlosses einzufinden, wo die Art ihrer Arbeit und der Preis vereinbart wurde. Dann ging es von Morgengrauen bis Sonnenuntergang in die Felder und Weinberge.

In den Statuten der Städte von Federicos Herrschaftsbereich tritt die klassische Dreiheit der Mittelmeer-Ökonomie in den Vordergrund: Wein, Oliven, Getreide. Die Quellen sprechen von Getreidesorten wie Hafer, Dinkel oder Hirse, deren Kultivierung viel Arbeitskraft erfordert; die Leute verkochten das Korn zu Brei. Unter den Gemüsesorten treten die unvermeidlichen Bohnen und Erbsen hervor, auch Zwiebeln und Spinat wurden viel gegessen. Dazu verzehrten die Leute das Fleisch von Schafen und Schweinen und Wildbret, das aus den damals noch üppig sprießenden Wäldern des Gebiets kam. Nüsse, Mandeln, Feigen, Kastanien und Granatäpfel, selbst Eicheln ergänzten die Mahlzeiten des ›gemeinen Mannes‹; die Quellen geben meist die Grundzüge von typischen Arme-Leute-Speisezetteln.

Luxusgüter mußten eingeführt werden. Kunst natürlich; darüber später. Ansonsten berichten die Statuten vor allem von Gewürzimporten aus dem Orient: Pfeffer, Zimt, Zucker, Ingwer, Nelken, Muskatnuß, Safran – und, aus Zypern, *polvere di cipro*, Haarpuder. Auch die für den Militärstaat Urbino wichtigen Rohstoffe Kupfer, Eisen, Blei kamen von außen.

Im wesentlichen wurde also für den heimischen Markt produziert. Fossombrone und Gubbio erscheinen als Zentren der Wollweberei. Daneben tritt die Produktion von Schilf hervor: es wurde gebraucht, um Zäune zum Schutz der Weinreben zu bauen und um Strohhüte zu flechten. In Urbania, Urbino und Fratterosa wurde die berühmte urbinatische Maiolica gefertigt, die mit der Zeit auch auf auswärtige Märkte wanderte. Ebenso wurde Wein exportiert. Waid, *guado*, ein Farbstoff, gelangte von Urbania in die Toskana und nach Umbrien. In guten Erntejahren konnte man es sich leisten, bis nach Venedig, Dalmatien und in die Levante Getreide zu liefern. Fiel die Ernte schlecht aus, kam das begehrte Korn über die Häfen von Pesaro und Senigallia bis aus Apulien und Sizilien ins Land Federicos.

Es scheint, daß die Ökonomie des Gebietes im 14. Jahrhundert zusehends an ihre Grenzen stieß. Seit der Agrarkrise und den Pestzügen der ersten Hälfte des *Trecento* hatte die Bevölkerung auch im Machtbereich der Grafen von Montefeltro kontinuierlich zugenommen. In der

Urbinater Majolica des 15. Jahrhunderts kam in größeren Stückzahlen erst vor wenigen Jahren bei Ausgrabungsarbeiten im Palazzo Ducale zutage. Sie beschränkt sich auf ornamentalen, vergleichsweise bescheidenen Dekor (Teller, 2. Hälfte des 15. Jahrhunderts; Urbino, Galleria Nazionale delle Marche). Erst im 16. Jahrhundert wird figürlich bemalte Keramik aus Urbino zum begehrten Exportartikel.

zweiten Hälfte des *Quattrocento* gebot er über vielleicht 80.000 Menschen. Die Quellen zeigen, daß Bauholz, Brennstoffe und vor allem Land knapp wurden. Die Statuten verlangten, daß die Leute ihren Besitz abgrenzten: mit Zäunen, Gräben, auch einmal durch Kreuze aus Schilf oder Büschel von Kräutern.

Vor allem wurde darauf geachtet, daß der Boden intensiv bebaut wurde. In manchen Orten wurde bestimmt, daß kein Stückchen Erde brachliegen dürfe. In einem Statut der Stadt Urbino wurde sogar das Halten von Ziegen und Böcken unter Strafe gestellt, weil praktisch das ganze Land kultiviert und zur Fruchtbarkeit gebracht worden sei (... *ridotto quasi tutto a coltura e fertilità*). Nicht wenige Bestimmungen beschäftigen sich mit der Frage, wie sich durch das herumlaufende Vieh verursachte Schäden an den Pflanzungen vermeiden lassen, und sie sehen empfindliche Strafen für jene vor, die ihr Getier nicht unter Kontrolle haben.

Ducati und Bolognini

Wir wissen nicht, wie hoch die Erträge waren, die Federico da Montefeltro aus seinem Land zog. Die Quellen, die darüber Auskunft geben könnten, wurden schon im 19. Jahrhundert von einem Florentiner Archivar, der Platz schaffen wollte, makuliert. Eine der wenigen überlieferten Zahlen betrifft Sant' Angelo in Vado, den Ort, wo Federico seine Kindheit verlebt hatte: Er brachte nicht ganz 240 Dukaten im Jahr. Hohe Erträge dürften die Verbrauchs- und Exportsteuern für Wein abgeworfen haben. Insgesamt mögen die Einkünfte aus Steuern und Abgaben durchaus fünfstellige Summen erreicht haben, wenngleich nicht die 50.000 oder 60.000 Dukaten, die der *condottiere* Attendolo Sforza nach einer neueren Schätzung alljährlich aus seinen mailändischen Besitzungen gewann.

Ein wenig mehr ist über die Ausgaben des Montefeltro bekannt. Während er in den ersten Jahren seiner Herrschaft nur über wenig finanziellen Spielraum verfügt, kann er es sich auf dem Höhepunkt seiner Laufbahn leisten, märchenhaft hohe Summen für Bauten, Bilder und vor allem für seine Bücher aufzuwenden. Erst in den 60er und 70er Jahren des 15. Jahrhunderts gelingt es ihm, Architekten wie Luciano Laurana und Francesco di Giorgio nach Urbino zu holen; eine Beziehung Piero della Francescas zum urbinatischen Hof ist kaum vor

1465 anzunehmen. Nach einer glaubwürdigen Schätzung hat Federico allein für die Bibliothek 40.000 Dukaten ausgegeben, also eine Summe, für die er drei kleine Städte hätte kaufen können und die ungefähr den Baukosten für seinen Palast in Gubbio entsprach. Etwa dieselbe Summe soll das Tafelsilber im Herzogspalast von Urbino wert gewesen sein. Billiger war eine Serie von Tapisserien aus Tournai, die Szenen aus dem trojanischen Krieg zeigten. Sie kostete nach Ausweis des 1476 geschlossenen Kaufvertrages 2.557 Dukaten 19 *bolognini*. Was der Hofstaat des Herzogs, der auf dem Höhepunkt seiner Laufbahn 500 »Münder« – *boche* – umfaßt haben mag, verschlang, entzieht sich unserer Kenntnis, ebenso, was es kostete, das kleine Land mit jenem ehrfurchtgebietenden Gürtel starker Festungen zu umgeben, die nach den damals modernsten Erkenntnissen der Militärbaukunst konzipiert waren. Es müssen Dukatensummen in mindestens sechsstelliger Höhe gewesen sein, die Federico da Montefeltro mit der Zeit für die Sicherheit seines Landes ausgab. Gemessen an den Aufwendungen dafür fielen die Kosten für ein Porträt oder ein Altarbild, selbst wenn der Maler Piero della Francesca hieß, nicht ins Gewicht. Piero verlangte höchstens 100, 200 *fiorini* für ein Bild (*wenn* er denn lieferte – er war ein sehr gefragter Künstler). Das waren wohl Summen, die dem Mehrfachen des Jahreseinkommens eines Handwerkers entsprachen. Ein Federico da Montefeltro bezahlte solche Beträge sozusagen aus der Portokasse.

Die hier genannten Zahlen lassen sich im übrigen nicht einfach in moderne Währungen umrechnen. Zu unterschiedlich sind die Lebensverhältnisse; der ›Warenkorb‹, aus dem sich eine Familie des 15. Jahrhunderts bedient, sieht völlig anders aus als der eines modernen Haushaltes. Selbst in einer Durchschnittsfamilie stellten die Kosten für Brot und andere Lebensmittel gewöhnlich andere Aufwendungen – etwa für die Miete – weit in den Schatten. Fest steht, daß ein Dukaten (abgekürzt *dc*) oder ein *fiorino* (*fl*) gute Stücke Geld waren. Florenz hatte 1252 den ersten *fiorino*, eine schwere Goldmünze, geprägt; sie hatte bald in anderen Staaten ihre Entsprechungen. *Fiorino* und der zuerst in Venedig geprägte *ducato* entsprachen anfangs einer *libra*, der alten Währungseinheit des (Silber-) Pfundes. Eine *libra* waren 20 *soldi* oder 240 *denari*. Der kleine Silber*soldo* wurde oft nach seiner Prägestätte benannt: daher *bolognino*.

Im *Quattrocento* wurden *fiorino* und *ducato* undifferenziert auf alle möglichen Goldmünzen mit unterschiedlichem Feingehalt angewandt. Manchmal benutzten die Kämmerer die Begriffe auch einfach, um den Wert verschiedener Münzsorten auszudrücken. Der Zusatz *di moneta corrente* verweist darauf, daß sie nicht von wirklichen Goldstücken schrieben, sondern das, was sich an Silber- und Goldgeld in den Truhen und Geldsäcken befand, in eine fiktive Einheit umrechneten. Die Sache ist aber noch komplizierter: Mit der Zeit stieg der Wert der Goldmünze gegenüber den kleineren Münzeinheiten. So ist es kaum möglich, den exakten Wert der im Alltag gebräuchlichen Silbermünze zu bestimmen, wenn man nicht weiß, welcher Goldwert ihr entspricht.

Kriegshandwerk mit goldenem Boden

Obwohl es unmöglich ist, eine Bilanz des Staates Urbino aufzumachen, steht fest: Allein aus den regulären Erträgen, die der ›Staat‹ von Urbino abwarf, ließ sich das alles nicht finanzieren, schon gar nicht ohne Steuererhöhungen. Tatsächlich blieb zumindest die *colletta ordinaria*, eine allgemeine Verbrauchssteuer von vier *soldi* pro *libra*, während fast der gesamten Herrschaft Federicos, ja darüberhinaus (bis 1492) stabil; das bedeutete eine Steuerlast von 20 Prozent. Oddantonio da Montefeltro hatte die Steuer auf fünf *soldi* erhöht; in den Artikeln von 1444 war diese Maßnahme zurückgenommen worden, um den Armen sowohl der Stadt als auch der Grafschaft von Urbino Erleichterung zu verschaffen (... *causa relevandi pauperes et miserabiles personas, tam civitatis quam comitatus Urbini*).

Jener vierte Artikel der *articoli* von 1444 deutet eine der Ursachen für die Unzufriedenheit mit der Herrschaft Oddantonios an. Wahrscheinlich hat Federico im Stillen das Scheitern des legitimen Herzogs gefördert. Er schnitt ihn von den wesentlichen Einnahmen ab, die den Staat von Urbino trugen: den Summen, die der Solddienst erbrachte. Oddantonio war noch zu jung, um selbst als *capitano* der Montefeltro-Armee agieren zu können. Um seinen Hof und seine edlen Pferde zu finanzieren, verkaufte er Land, und er sah sich gezwungen, Steuern und Abgaben zu erhöhen. Gegen gute Bezahlung vergab er im Übermaß Privilegien. All das machten die *articoli* von 1444 ungeschehen.

Der Blick auf die wirtschaftliche Lage von Federico da Montefeltros ›Staat‹ zeigt in der Tat, daß der wichtigste Exportartikel Urbinos in seinen militärischen Ressourcen bestand, die meistbietend vermietet wurden. Es sind die *condotte* Federicos, die seine Staatsmaschinerie in Bewegung halten, die Geld ins Land bringen und auf diese Weise auch die sozialen Verhältnisse stabilisieren. Sie werden schließlich jene überbordenden Kulturinvestitionen ermöglichen, die den Ruhm des Montefeltro bis heute begründen. Insbesondere die großen Baumaßnahmen bescherten auch Arbeit und Brot; deshalb, so urteilt Bisticci (wohl wieder einmal übertreibend), habe es keine Bettler in Urbino gegeben. Umgekehrt war ein Jahr des Friedens, waren Zeiten ohne *condotta* ein Unglück für Federico da Montefeltro und seinesgleichen.

Das Kriegsunternehmen des Grafen boten auch ›Beschäftigungsalternativen‹ in dem überbevölkerten Land. Der Solddienst dürfte in Italien dieselben Effekte gezeitigt haben wie in der schweizerischen Eidgenossenschaft: Auch hier förderte der Umstand, daß Bauernland immer knapper wurde, die Bereitschaft junger Männer, sich als Söldner zu verdingen. Sie zogen das abenteuerliche und vergleichsweise gut bezahlte Soldatenleben dem Dasein in der heimischen Knappheitsgesellschaft vor. Die einzige erhaltene Aufstellung mit Namen der *capitani* Federicos – sie wurde 1482, während des Ferrara-Krieges angelegt – zeigt, daß nur ein gutes Viertel von ihnen aus Federicos Herzogtum stammte. Allerdings war der Anteil an Adligen in dieser Kategorie naturgemäß ziemlich hoch; die urbinatische Aristokratie wird freilich nicht so zahlreich gewesen sein, daß sich allein aus ihren Reihen der Bedarf an Unterführern hätte decken lassen. In den unteren Chargen dürften die Einheimischen mehr hervorgetreten sein. Im mailändischen Heer, so zeigen Dokumente aus der Zeit des Krieges gegen Venedig (1472/74), waren die Schlüsselpositionen mit wenigen Ausnahmen von Söhnen und anderen Verwandten des Herzogs, von Vasallen und Amtsträgern besetzt.

Die Umsätze im italienischen Kriegswesen waren astronomisch hoch. Florenz wandte im Krieg der »Acht Heiligen« Millionen von Golddukaten für seine unter John Hawkwood kämpfenden Truppen auf; die schweren Finanzkrisen der Republik waren Folge kriegerischer Abenteuer und nicht etwa Konsequenz der Kunstpatronage. Sie kostete während der ganzen Frühen Neuzeit normalerweise nur einen kleinen Bruchteil dessen, was das Militär verschlang.

Im *Quattrocento* summierten sich die Ausgaben, die von den fünf großen Staaten Italiens für ihre Kriege eingesetzt wurden, zu fünf-, manchmal sechsstelligen Dukatensummen. Sie wanderten in die Geldbeutel der Soldaten und in die Schatztruhen ihrer *capitani*; der Sold lag im 15. Jahrhundert zwischen zwei und fünf Dukaten im Monat, Unterführer konnten auf ein Mehrfaches dieser Summe kommen. Der Krieg zählte zu den florierenden Wirtschaftszweigen im Italien des *Quattrocento*.

Der junge Federico hatte die Kunst der Kriegführung bei dem *condottiere* Niccolò Piccinino, dem Erben Braccios von Montone, gelernt. Das kleine, verwachsene Männchen (daher der Name *Piccinino*, »Kleiner«) pflegte eine vorsichtige militärische Strategie. Die große, blutige Schlacht versuchte er nach Möglichkeit zu vermeiden: Soldaten, Pferde und Waffen waren teuer, Güter, die er möglichst schonte. Das Ziel sollte mit geschickten Rochaden, rational kalkulierten Bewegungen erreicht werden, indem man den Gegner von seinem Nachschub abschnitt, seine rückwärtigen Verbindungen störte, ihn in ungünstige Positionen manövrierte. Die Kriegführung der *bracceschi* war ein ständiges Hin und Her, ein Lauern, Anschleichen, Täuschen und Hinhalten; ein kompliziertes Spiel, das präzisen Regeln gehorchte: Ausweichen, scheinbarer Rückzug, dann wieder rasches Vorstoßen. Dieser Stil der Kriegführung, der auf Abnutzung und Ermattung der gegnerischen Kräfte zielte, war damals keineswegs unüblich. Allein der ›Kampfname‹ eines anderen berühmten *capitano* der Zeit, des Erasmo da Narni, bringt die Sache präziser auf den Begriff als jede umständliche Beschreibung: *gattamelata*, die »gefleckte Katze«.

Das Image der *condottieri* ist unrettbar durch das abschätzige Urteil geprägt, das Machiavelli im 12. Kapitel seines *Principe* formliert. Er gibt hier eine polemische (wenngleich in vielen Punkten zutreffende) Analyse der Gebrechen des italienischen Kriegswesens, die am Ende dazu geführt hätten, daß seine Heimat unter die Herrschaft fremder Mächte geraten sei. Die Söldnerheere sieht der Florentiner als eine Hauptursache des Übels. »Söldner und Hilfstruppen sind unnütz und gefährlich, und eine Herrschaft, die sich auf Söldner stützt, wird nie dauerhaft und sicher sein«, urteilt er. »Denn sie sind uneins, machtgierig, zuchtlos und verräterisch, verwegen in Freundesland, feige vor dem Feinde, ohne Furcht vor Gott, ohne Treue gegen die Menschen. Der Untergang bleibt nur so lange aus, als ein Angriff ausbleibt; im Frieden plündern *sie* das Land aus, im Krieg der Feind.« Der Grund sei, daß sie allein um Geld kämpften, nicht für einen Fürsten. Sei ihr *condottiere* ein fähiger Feldherr, werde er zur Gefahr für seinen Auftraggeber; sei er unfähig, führe das den Untergang des Fürsten herbei.

Auch Federico da Montefeltro wird der Katzenstrategie Piccininos folgen, ja sie zur Perfektion entwickeln. Aber sein Name findet sich, obwohl der Montefeltro vielleicht der berühmteste unter den italienischen

Erasmo da Narni (›Gattamelata‹), General der Republik Venedig, erhielt eines der ersten Reiterdenkmäler der Renaissance. Donatellos imposante Statue aus den Jahren 1444 bis 1453 steht vor dem Santo in Padua.

Söldnerführern war, nicht unter den Negativbeispielen, die Machiavelli aufführt. Ein Grund dafür mag in der sorgfältigen Imagepflege liegen, der sich Federicos Lohnschreiber schon zu Lebzeiten ihres Herrn eifrig widmeten. Darin wurde die Vertragstreue des Montefeltro zum Topos stilisiert. Er erscheint als integer, als ein Mann, der zu seinem Wort steht, und dessen Kriege der Erhaltung des Friedens dienen.

Gegen den Strich gelesen, geben indes selbst die Federico wohlgesonnenen Chroniken decouvrierende Hinweise. Sie schildern über viele Seiten gewalttätige Auseinandersetzungen, die einen etwas ambivalenten Charakter aufweisen. Manchmal erinnern sie an üppig bezahlte Sportveranstaltungen, an Ritterturniere, deren Regeln die Kombattanten vor größerem Schaden an Leib und Leben möglichst bewahrten. Dann wieder gleichen die Auseinandersetzungen schmutzigen Bandenkriegen: Vor allem der ›gemeine Mann‹ und die ›gemeine Frau‹ haben darunter zu leiden. Soldaten verwüsten das Land, manchmal gelingt es, Gefangene zu machen, für die sich Lösegeld gewinnen läßt; am wenigsten kommen die Pferde zu Schaden, denn sie sind wertvoll, im Schnitt bringen sie zwischen 10 und 30 Dukaten. Man erobert die eine oder andere Festung, versucht, dem Gegner zu schaden, brennt ihm – genauer, den Bauern, die auf seinem Land wohnen – Häuser und Felder ab. Selbst im Winter, wenn nicht gekämpft wird, die Truppen im Quartier liegen, unternimmt Federico, nach Paltroni, *notabili et belle cavalchate et de grandissime prede de pregiuni et de bestiame*, »bemerkenswerte und schöne Streifzüge, auf denen gewaltige Beute an Lösegeld und Vieh« gemacht wird.

Es ist eine jener unscheinbaren Bemerkungen, die ein wenig den Blick freigeben dürften auf die Realität des Kriegs, den Federico da Montefeltro, der sich so gern als »junger Caesar« sieht, ins Werk setzt: er besteht oft genug aus nichts anderem als banalen Plünderungszügen, auf denen nicht mehr viel von jener »menschlichen Würde«, die der Montefeltro von Vittorino da Feltre gelernt zu haben behauptete, durchschlug. In der Toskana, im Süden, und immer wieder in den Marken zieht der Montefeltro eine breite Spur von Brand, Mord und Verwüstung hinter sich her.

»Dann zog er nach Montorio, das im Sturm genommen, geplündert und abgebrannt wurde«, notiert Paltroni beispielsweise zu einem Ereignis des süditalienischen Feldzugs im Sommer 1461; die Plünderung eines Ortes, der »mit stürmender Hand« genommen war und nicht durch Akkord, war eben Kriegsbrauch. Dasselbe Schicksal widerfuhr anderen Städten und Dörfern. Man könnte mit unzähligen weiteren Beispielen illustrieren, daß die Kriegführung des Urbinaten sich in nichts von der anderer *condottieri* der Epoche unterschied. *Abrusciarno le case tucte*; *misso a saccomanno*; *vinta per forza et sacchegiata*: »sie steckten alle Häuser in Brand«; »geplündert«; gewaltsam erobert und geplündert« – mit solchen Formulierungen beschreiben die Chronisten Seite über Seite einen schmutzigen Krieg, den spätere Historikergenerationen als »Kunstwerk« beschreiben zu können glaubten. Uns heute erscheint der *condottieri*-Krieg nur deshalb als gehegt, womöglich zivilisiert, weil die spätmittelalterliche Ökonomie ihm ziemlich enge Grenzen zog.

Die Früchte des Krieges

Die Ausgaben der ›Großen‹ für ihre Kriege bedeuteten eine Kapitalumverteilung großen Stils, nicht nur aus den Taschen der Untertanen in die der Fürsten. Das Geld wanderte von den Zentren, aus Mailand, Venedig, Rom, Florenz und Neapel, in die Peripherie und zeitigte dort ersprießliche Wirkungen, die bis heute vor Augen stehen. Wenn wir heute in Bergamo das prächtige Mausoleum Colleonis bewundern können, in Rimini den Tempio Malatestiano besuchen oder Federico da Montefeltros vornehmen Palast in Urbino, dann ist das den gewaltigen Ressourcentransfers zu verdanken, dessen Motor die Kriege der *condottieri* waren.

Was verdiente ein *capitano* wie der Montefeltro? Wie hoch die Erträge aus Vieh- und Menschenraub waren, von dem Paltroni so unbefan-

Ein Mausoleum als Unterpfand des Seelenheils und Garant bleibenden Ruhms: die Cappella Colleoni in Bergamo, 1472 nach Entwurf von Giovanni Amadeo begonnen.

gen schreibt, wissen wir nicht. Was die Summen betrifft, die der Montefeltro in seinen Soldverträgen zugesagt erhielt, so bewegten sie sich am Anfang seiner Laufbahn in vergleichsweise bescheidenen Größenordnungen. Der erste Vertrag, der überliefert ist, wurde Ende November 1444 mit Francesco Sforza und der Republik Florenz abgeschlossen und sollte vom 1. April 1445 an für ein Jahr gelten. Diese *condotta* mit Francesco Sforza kam in politischer Hinsicht einem Frontwechsel gleich, hatte Federico doch zuvor gegen seinen neuen Auftraggeber gekämpft. Aber der Versuch, mit Papst Eugen IV. ins Geschäft zu kommen, war mißlungen. Als unternehmerische Entscheidung ist die Option für den Mailänder nachvollziehbar: Francesco Sforza schien der Mann der Stunde zu sein. Im August hatte er das Visconti-Heer geschlagen. Der alte Niccolò Piccinino starb zwei Monate später; wie Paltroni meint, aus Gram über die von seinem Sohn Francesco verschuldete Niederlage.

Und Francesco Sforza zahlte gut. Federico da Montefeltro erhielt 2.000 Golddukaten Honorar zugesagt; im Kriegsfall sollten 21.000 Dukaten ausbezahlt werden, etwas über die Hälfte – 10.640 Dukaten –, wenn die Truppen nicht ins Feld zogen. In den folgenden Jahrzehnten steigerten sich diese Beträge auf über 90.000 Dukaten; selbst, wenn keine Feldzüge zu unternehmen waren, betrug die Summe noch 50.000 Dukaten. Im Ferrara-Krieg, 1481, wurde dem Herzog von Urbino als Generalkapitän der italienischen Liga der Rekordbetrag von 119.000 Dukaten garantiert.

Wieviel der Heerführer von den vertraglich vereinbarten Summen am Ende tatsächlich erhielt, steht freilich auf einem anderen Blatt, und so ist auch kaum präzise zu sagen, welchen Reingewinn Federico da Montefeltro aus seinen Kriegsunternehmungen zog. Die Geldgeber zwischen Neapel und Mailand waren notorisch knapp bei Kasse, und nicht immer hatten die *condottieri* die Macht, sich zu holen, was ihnen vertraglich zustand. So ergriff auch der Montefeltro manchmal drakonische Maßnahmen, um an sein Geld zu kommen. Im Spätsommer 1449 ließ er kurzerhand einige Florentiner Kaufleute kidnappen und sequestrierte ihre Waren, bis ihre Heimatstadt einen Soldrückstand von 14.500 Dukaten entrichtet hatte. Es kommen weitere Unsicherheitsfaktoren hinzu, wenn man die Gewinne der Söldnerführer berechnen will. Vor allem wissen wir nicht, wie hoch die Ausgaben für Sold waren; Pferde, Waffen und Rüstungen wurden gewöhnlich von den *uomini d'arme* selbst bezahlt.

In den meisten *condotte* wurden Zahlungen nach *lancie* vereinbart. Die *lancia* war die kleinste Kampfeinheit jener Zeit: sie umfaßte drei, manchmal auch mehr Soldaten. ›Chef‹ der Trias war der *uomo d'arme*. Ihm folgte ein leichter bewaffneter Reiter, der wohl vorwiegend in der zweiten Reihe kämpfte, Aufklärungsarbeit erledigte und sich um die Fourage zu kümmern hatte. Daher nannte man ihn *saccomanno*, das heißt »Sackträger«, aber auch »Plünderer«, ein Hinweis darauf, daß man sich den Stil der von ihm betriebenen Logistik als nicht besonders zimperlich vorzustellen hat. Der dritte im Bunde war der *ragazzo* oder *paggio*, der klassische Wasserträger. Er kümmerte sich um Gepäck und Ausrüstung, zog mit dem Troß; mindestens vierzehn Jahre sollte er alt sein, um die schweren Waffen der beiden Reiter tragen zu können. Aber er war wohl selbst meist beritten, wenngleich ihm kaum ein wertvolles Pferd, sondern allenfalls ein *ronzino*, ein alter Klepper, anvertraut wurde.

Die Soldhöhen waren keineswegs einheitlich: sie unterschieden sich nach Rang, Funktion, ja von Land zu Land; Unterführer, Armbrustschützen und andere ›Spezialisten‹ – darunter auch die Trompeter – erhielten mehr Geld als einfache *fanti*. Auch schlug sich in der Bezahlung nieder, wenn die Söldner fern ihrer Heimat und noch dazu in einer Stadt mit hohen Lebenshaltungskosten – etwa in Genua, das als besonders teuer galt – stationiert waren. Andererseits wurde nicht während der gesamten Laufzeit einer *condotta* der volle Sold bezahlt; schon die Soldverträge unterscheiden ja zwischen Kriegs- und Friedenszeiten. Vermutlich ergaben sich hier weitere Gewinnmöglichkeiten für den *condottiere*, denn wieviel an Sold am Ende in den Taschen seiner Soldaten landete, konnte niemand genau kontrollieren. Die Kontrakte, die ein Heerführer wie Federico da Montefeltro dann mit anderen *capitani* abschloß, glichen privaten Verträgen. Durch sie unterstellten sie sich und ihre Leute gegen Bezahlung dem ›Generalkapitän‹; ihre Verbände, meist drei bis sieben ›Lanzen‹, also bis zu 21 Mann stark, gruppierten sich um den harten Kern der Armee: die persönliche *compagnia* des *condottiere*. Wie groß dieser militärische Nukleus sein konnte, ist im Fall Federico da Montefeltros einmal überliefert: von seinem Vater Bernardino Ubaldini della Carda hatte er eine Truppe von 400 *lancie* geerbt, die Hälfte der *legione feltria*; die andere erhielt Federicos Stiefbruder Oddantonio. Das Testament von Federicos leiblichem Vater behandelt die kleine Streitmacht wie einen Vermögenswert; in einem Nebensatz wird darauf hingewiesen, daß Graf Guidantonio einen großen Teil der Mitgift für seine Tochter Aura – Bernardino Ubaldinis Frau und Federicos Mutter – in den Söldnerhaufen investiert hatte.

Der *condottiere* war gegenüber dem Auftraggeber allein verantwortlich, dessen einziger Vertragspartner. Für die Verwaltung seiner Armee unterhielt er eine kleine Bürokratie, zu der im Fall Federicos etwa Ser Guerriero und Pierantonio Paltroni zählten. Ihre Chroniken lesen sich tatsächlich manchmal wie Frontberichte, sie müssen sich gelegentlich im Feldlager befunden haben.

Den Löwenanteil seines Verdienstes machte ein persönliches Honorar – der *soldo personale* – aus. Bei Federico da Montefeltro bewegte sich diese Summe gewöhnlich um die 6.000 Dukaten jährlich. Dazu kamen Ehrengeschenke von manchmal beachtlichem Wert, die oft verkappten Soldzahlungen gleichkamen.

Feltro! Feltro!: Das Unternehmen ›Federico da Montefeltro & Co.‹

Kein Zweifel: dank des Krieges wird es der Montefeltro mit der Zeit zum reichen, ja schwerreichen Mann bringen. In guten Jahren mögen seine Gewinne aus Soldverträgen fünfstellige Summen erreicht haben. Dazu kamen Erträge aus Landbesitz, Steuern und Abgaben, denen freilich beträchtliche Ausgaben für Infrastruktur, Festungsbau und Artillerie gegenüberstanden. Seine ökonomische Stellung entsprach damit der eines Kardinals der oberen Kategorie; oder auch: seine Einkünfte übertrafen zeitweilig die Reingewinne des Medici-Konzerns einschließlich aller Filialen und Subunternehmen auf dem Höhepunkt seiner Bedeutung – das waren alljährlich etwas mehr als 18.000 *fiorini*. Nach außen hin betonte der *condottiere* (so 1469 in einem Brief an Camillo de' Barzi), er mache sich nichts aus Geld; was er daran schätze, sei allein, es auszugeben.

Man könnte *Federico da Montefeltro & Co.* tatsächlich als komplexes Wirtschaftsunternehmen beschreiben: spezialisiert auf *Leasing* von Söldnertruppen und Kriegsgerät. Als wichtigstes Produkt bot die Firma Sicherheit und, wenn man will, den Erwerb von Immobilien und *human ressources*. Dabei gehörte strategische Beratung ebenso zu den Vertragsleistungen wie Logistik; garantiert war in der Regel die persönliche Auftragsausführung durch den Inhaber, der sich selbst noch als alter Mann, mit Gicht in den Knochen und Malaria im Leib, auf sein Streitroß quälte: so 1482, im Ferrara-Krieg. Damals war Federico schon ein Mythos – für seine Feinde: eine Karikatur – seiner selbst.

Es wäre frivol, wollte man ihm unterstellen, er hätte selbst seine charakteristische Nase als Werbemittel eingesetzt; allerdings gibt es wohl keinen zweiten Herrscher des *Quattrocento*, der seine Physiognomie vergleichbar oft reproduzieren ließ: in Tempera und Öl, in Bronze und Marmor; selbst als exquisite Intarsie aus Holz tritt uns die Nase Italiens gegenüber. Dazu hatte das Unternehmen nicht nur sein Wappen, sondern weitere öffentlichkeitswirksame ›Logos‹: etwa *FC – Federicus Comes* – oder, nach 1474, *FED VX* – und zahlreiche andere Markenzeichen wie stilisierte Bombarden oder den Kranich mit Stein, ein Symbol der *vigilantia*, der Wachsamkeit, Klugheit und kriegerischen Erfahrung. Sie trugen dazu bei, so etwas wie eine *Corporate Identity* zu kreieren.

Der Versuch, das Gefühl dafür in die Köpfe der Mitarbeiter zu pflanzen, erwies sich als erfolgreich: *Feltro! Feltro!* hatten, wie wir hörten, Federicos Soldaten bei der Einnahme San Leos gerufen, und sie brüllten den Schlachtruf nach Giovanni Santis Zeugnis, wenn sie über die sonnendurchglühten Schlachtfelder Italiens stürmten, um irgendeine konkurrierende Soldtruppe aufs Haupt zu schlagen.

In der Konzernzentrale, im Palast von Urbino, und in den anderen Firmensitzen Gubbio und Fossombrone wurde viel unternommen, um die Leistungskraft des Unternehmens vorzuführen. Ein engagiertes Kultursponsoring und demonstrative religiöse Stiftungen täuschten über das weniger appetitliche Kerngeschäft des Hauses hinweg.

Schon Federicos mächtige Bauten reden von der Bonität und Seriosität ihres Besitzers. Im Innenhof des Palastes von Urbino, einem der elegantesten Architekturgebilde der Renaissance, erinnert die mit Architekten, Malern und Humanisten hochkarätig besetzte Marketing-Abteilung

»Seht her, ich bin Herzog«: eine der vielen ›Bauherrnsignaturen‹ am Palast von Urbino, die man auch als Firmenschilder des Hauses ›Montefeltro & Co.‹ lesen kann.

pointiert, fast aufdringlich an die einzigartige Erfolgsgeschichte des Unternehmens. Antikisierende, etwas protzige Lettern springen jedem Besucher sofort in die Augen und verkünden lauthals: *FEDERICUS … QUI. BELLO. PLURIES. DEPUGNAVIT. SEXIES. SIGNA. CONTULIT. OCTIES. HOSTEM. PROFLIGAVIT. OMNIUMQUE. PRAELIORUM. VICTOR …*, zu deutsch: »Federico, … der viele Kriege führte, sechsmal in offener Feldschlacht stand, achtmal den Feind in den Staub warf, der Sieger in allen Schlachten.«

Das war zwar, zurückhaltend ausgedrückt, übertrieben, stimmt aber mit der Sicht der meisten zeitgenössischen Chronisten überein. Ihr Geschick war bemerkenswert, selbst halbe Niederlagen in Siege umzubiegen oder ihren Helden, war ein Desaster beim besten Willen nicht zu kaschieren, von aller Schuld reinzuwaschen. Im kritischen Augenblick ist er stets zur Stelle, und geht die Sache schief – wie in den Schlachten von Monteluro oder Fabiano –, war er durch irgendein Mißgeschick überhaupt daran gehindert, am Treffen teilzunehmen, so daß andere am Debakel schuld sind. Laufen die Dinge aus dem Ruder, wie bei der Erstürmung von Volterra 1472, ist es – so behaupten sie – seinem Eingreifen zu verdanken, daß die wüstesten Exzesse unterbunden werden.

Kurz, die Paltroni, Ser Guerriero, Santi weben an einem Epos von Heldenmut und Tapferkeit, in dem Federico da Montefeltro die Hauptrolle spielt. Sie tun alles, daß das Publikum positiv besetzte *labels* mit der Geschäftspolitik der Montefeltro in Verbindung brachte: Einsatz bis zum Letzten, Nachhaltigkeit, Seriosität, Verläßlichkeit – *lealtà*. Gleich in seinen ersten Kampagnen hatte *FC* diese Eigenschaften unter Beweis zu stellen.

MACHTSPIELE

Blutiger Karneval

Nach der Beseitigung Oddantonios war Federicos Herrschaft in Urbino alles andere als sicher. So einhellig, wie Paltroni glauben macht, war die Zustimmung zu Guidantonios Sohn ›aus zweiter Hand‹ jedenfalls nicht gewesen. Schon 1446 regten sich die Anhänger der legitimen Dynastie: Als Drahtzieher erscheint Antonio de Niccolò del Conte, ein Onkel des ermordeten Oddantonio. Ein Kanzler des toten Herzogs war mit dabei, weitere Spuren führen nach Rimini: Francesco dei Prefetti di Vico, ein weiterer Verschwörer, gilt als Anhänger Sigismondo Malatestas.

Die Männer planten einen Hinterhalt. Während des Karnevals sollten sich die Attentäter maskieren, sich um Federico drängen und ihn töten. Der Plan wurde allerdings im letzten Moment aufgedeckt. Der Graf von Montefeltro ließ drei der Verschwörer und eine Frau, die ihnen als Botin gedient hatte, auf der Piazza von Urbino öffentlich enthaupten. Allein Antonio di Niccolò blieb unbehelligt. Der neue Machthaber versäumte nicht, darauf hinzuweisen, er wolle sich die Hände nicht mit dem Blut Verwandter beflecken. Der Gnadenakt ist wohl weniger Ausdruck des Respekts vor den Traditionen des Clans. Vor dem Hintergrund der Gerüchte, Federico sei der Mörder seines Bruders, war er vielmehr ein kluger Schachzug: ein erster Hinweis darauf, daß dieser Mann wußte, wie man auf öffentliche Meinungen einwirken konnte.

Und er verstand es, Macht auszuüben. Federico handelte auch jetzt, als hätte er Machiavellis *Principe* gelesen: der Florentiner gibt ja jenen Fürsten, die durch Verbrechen an die Macht gelangen, den Rat, Grausamkeiten – wenn sie sich schon nicht vermeiden ließen – gleich am Anfang zu begehen. »Schlecht angewandt sind diejenigen, welche zwar am Anfang gering an Zahl sind, mit der Zeit aber eher zunehmen als verschwinden.« Sonst müsse er jeden Tag von neuem damit beginnen und könne die Gemüter der Untertanen nicht beruhigen und sie nicht durch Wohltaten versöhnen. »Gewalttaten muß man alle auf einmal verüben, damit sie weniger empfunden werden und dadurch weniger erbittern. Wohltaten dagegen muß man nach und nach erweisen, damit sie nachhaltiger wirken.« Es ist ein zeitlos gültiger Rat für historische Monster aller Art: der Mörder und Usurpator Federico da Montefeltro hat das Giftrezept mit finsterer Genialität vorweggenommen, sehr zum Vorteil seines Nachruhms.

Das urbinatische Exil

Antonio di Niccolò begab sich in den Machtbereich Malatestas. Die Schwestern des ermordeten Herzogs Oddantonio, Sueva, Agnesina und Violante, waren gleich nach der Bluttat von 1444 geflohen (oder von Federico da Montefeltro zur Flucht genötigt worden). Violante verband sich mit Domenico Malatesta, den man Novello nannte; er war ein Bruder Sigismondo Pandolfo Malatestas und Herr von Cesena. Agnesina heiratete 1446 Alessandro Gonzaga von Mantua. Sueva schließlich wurde dem Herrn von Pesaro, Alessandro Sforza, zur Ehe versprochen.

Die Montefeltro-Schwestern stellten fortan eine gefährliche Bedrohung für den neuen Herrscher im Palast von Urbino dar, denn auf ihrer Seite war die Legitimität. Und sie konnten sich auf den Colonna-Clan stützen, der über Kardinal Prospero Colonna in Rom über beträchtlichen Einfluß verfügte. Federico mußte wissen, daß er sich im Ernstfall – und der war in den Anfangsjahren praktisch permanent gegeben – allein auf seine Panzerreiter und Bombarden verlassen konnte.

Federico hat seine Stiefschwestern niemals wieder nach Urbino gelassen und ihnen alle Zahlungen verweigert. Allein Violante erhielt mehr als zwei Jahrzehnte nach dem Tod Oddantonios – da war die Macht der Malatesta gebrochen und ihr Mann Domenico gestorben – die vergleichsweise lächerliche Summe von 1.000 Dukaten. Sie wird das Almosen in einem ferraresischen Kloster verzehren.

Ein Bild als Mordanklage

Die Geschehnisse jener Jahre spiegeln sich in einem weltberühmten Kunstwerk – in Piero della Francescas ›Geißelung‹, die heute in der *Galleria Nazionale delle Marche* im Herzogspalast von Urbino hängt. Wenige Bilder des 15. Jahrhunderts haben ähnlich heftige Forschungsdiskussionen ausgelöst wie dieses kleine, nur 67,5 x 91 Zentimeter große Gemälde. Es zeigt im Rahmen einer spektakulären Raumkonstruktion (für jene Zeit ohne Parallele) die Geißelung Christi. Ihr wohnt, mit unbewegter Miene und mit den Händen im Schoß, Roms Statthalter Pontius Pilatus bei. Im Vordergrund sind drei Männer zu sehen: links ein Bärtiger; ihm gegenüber ein älterer Herr in einem prächtigen Mantel aus Goldbrokat und in der Mitte ein barfüßiger Jüngling, der ein rotes Gewand trägt, einer Tunika oder einem Nachthemd gleich. Die drei wenden, scheinbar unbeteiligt, dem heiligen Geschehen den Rücken zu: der Maler hat sie in eine andere Zeitebene gestellt. Die drei Männer tragen Gewänder des *Quattrocento*. Dem aufmerksamen Blick wird nicht verborgen bleiben, daß Pieros meisterhafte Lichtregie diesen Eindruck bekräftigt. Die drei Herren werden links beleuchtet, das Licht auf die Geißelungsszene aber kommt von rechts. Eine Beziehung ist indes unübersehbar: Die Haltung und die Gestik der Männer des Vordergrundes haben Parallelen in der Art, wie Piero die Gestalten der Passion im Hintergrund präsentiert. Christus etwa und der blonde junge Mann vorne nehmen eine ganz ähnliche Körperhaltung ein. Zwischen den beiden Szenen, den beiden Zeitebenen des Bildes scheint eine Beziehung zu bestehen.

Wen Piero della Francesca mit den drei geheimnisvollen Männern abbilden wollte, was sein Bild erzählt, war bislang Gegenstand von nicht weniger als 35 Thesen. Aufsehen erregte vor allem der 1951 publizierte Deutungsversuch Kenneth Clarks. Nach ihm hatte Piero der Gestalt des Pilatus das Aussehen des griechischen Kaisers Johannes VIII. Paläologos verliehen; der Kunsthistoriker folgerte dies aus der Ähnlichkeit der Physiognomie des Statthalters mit einem zeitgenössischen Medaillenporträt Pisanellos, das den byzantinschen Herrscher zeigt. So sollte der gegeißelte Christus für die von den Türken bedrohte Christenheit stehen. Das Bild ließ sich damit auf den Fall Konstantinopels – 1453 – beziehen oder auch auf den Kongreß von Mantua, den Papst Pius II. ein halbes Jahrzehnt später einberufen hatte, um die italienischen Staaten zum Krieg gegen die Osmanen zu vereinen.

Pieros Gemälde erschien so als Appell für einen Kreuzzug gegen die Ungläubigen. Dementsprechend erhielten die Herren im Vordergrund ihre Identität: zum Beispiel erschien der Bärtige als griechischer Botschafter, der einen italienischen Fürsten – den Herrn im Brokatgewand – von der Notwendigkeit zu überzeugen suchte, gegen die Ungläubigen zu Felde zu ziehen. Aber es kam auch zu ganz anderen Deutungen. Der Bärtige sollte ein Kardinal sein, ein Prophet oder ein urbinatischer Herzog; sein Gegenüber, der Mann in der Brokat-*cioppa*, war in den Deutungen der Forschungen schon Jude und Jurist, *condottiere* und Mörder.

Piero della Francescas ›Geißelung‹ – eine verschlüsselte Kritik an Federicos Weg zur Macht? Die Provenienz des Gemäldes ist unklar; heute hängt das Werk im Palazzo Ducale von Urbino (Galleria Nazionale delle Marche).

Gänzlich unübersichtlich wird die Sache, wenn man die Versuche betrachtet, dem rätselhaften barfüßigen Jüngling zwischen den beiden Männern einen Namen zu geben. Manche sahen ihn als Engel oder allegorische Gestalt; man meinte, in ihm einen ungarischen König oder den jung gestorbenen Adoptivsohn Lodovico Gonzagas, Vangelista, oder auch einen ebenso jung verblichenen Bastardsohn Federico da Montefeltros, Buonconte, identifizieren können.

Über den Diskussionen um die »Türkenthese« geriet eine ältere Deutung der »Geißelung« weitgehend in Vergessenheit. Schon nach Auffassung einiger Forscher des 19. Jahrhunderts stand Pieros Bild im Zusammenhang mit der Mordnacht von 1444. Danach sollte der barfüßige junge Mann kein anderer als Oddantonio da Montefeltro sein. Pieros Gemälde hätte danach an ihn, den legitimen Herzog von Urbino, erinnert und sei womöglich eine Mahnung an seinen Nachfolger Federico gewesen, weise und gerecht zu herrschen. Die beiden Männer neben

Oddantonio waren nach dieser Interpretation die »bösen Räte« des jungen Herzogs, Tommaso dell' Agnello und Manfredo di Pio aus Carpi.

Tatsächlich gibt es zwei Argumente, welche die Identifikation des Barfüßigen als Oddantonio stützen. In einem Inventar des 18. Jahrhunderts wird das Bild als »Geißelung unseres Herrn mit den Darstellungen der Herzöge Guidobaldo und Federico und des Fürsten Oddantonio« beschrieben. Die Quelle zeigt außerdem, daß sich die *Flagellazione* jedenfalls zum Zeitpunkt der Niederschrift des Inventars nicht im Herzogspalast, sondern in der Sakristei des Domes von Urbino befand. Das wichtigste Argument für eine Identifikation des Barfüßigen als Oddantonio aber ist die außerordentliche Ähnlichkeit, die der junge Mann mit einem gesicherten Porträt Oddantonios aufweist, das um 1580 entstanden ist. Ein Beischrift sagt, der Dargestellte sei kein anderer als *OTTO ANTONIVS VRBINI DUX I.*

Das Bildchen, früher in der Sammlung des österreichischen Erzherzogs Ferdinand auf Schloß Ambras in Tirol, befindet sich heute im Wiener Kunsthistorischen Museum. Der Vergleich veranlaßte schon den besten Kenner der Kunst Piero della Francescas, Eugenio Battisti, zu der Bemerkung, das Ambraser Bild erlaube die Identifikation des jungen Mannes auf der Geißelung als Oddantonio da Montefeltro mit an Sicherheit grenzender Wahrscheinlichkeit.

Das zweite Argument liefert eine wichtige Schriftquelle, die bisher noch nicht mit der »Geißelung« in Zusammenhang gebracht wurde: die *Legenda aurea*, die »Goldene Legende« des Jacobus von Voragine, eine im Spätmittelalter populäre Sammlung von Heiligengeschichten. Es heißt, sie sei verbreiteter gewesen als die Bibel. Vor allem ist sicher, daß Piero della Francesca das Werk gut gekannt hat, denn sein Hauptwerk – die Darstellung der Kreuzeslegende in S. Francesco in Arezzo – ist nach dieser Vorlage gestaltet. Der Maler oder die Auftraggeber des Bildes wählten zwei Episoden aus der *Legenda aurea* aus, um dem ermordeten Oddantonio ein Denkmal zu setzen und zugleich seinen Mörder anzuklagen. Sie bieten den Schlüssel zu Pieros kryptischer Erzählung.

Die erste Geschichte ist die in der Legendensammlung enthaltene fiktive Biographie des Pilatus. Sie weist erstaunliche Parallelen zur Lebensgeschichte Federico da Montefeltros auf. Die fromme Legende liest sich wie eine Paraphrase der Karriere des Herzogs von Urbino. Der Pilatus der Legende wird als Sohn eines Königs unehelich geboren; wie Federico wächst er zusammen mit dem rechtmäßigen Erben des Reiches auf und erschlägt ihn. An die Macht gekommen, regiert er mit harter Hand. Wie Federico muß Pilatus für einige Zeit als Geisel in einer fremden Stadt leben, und auch seine Macht erfährt später in Rom – bei Jacobus von Voragine durch Kaiser Tiberius – ihre Bestätigung.

Wirklich plausibel wird der Bezug zur »Goldenen Legende« aber erst durch die Verknüpfung dieser Geschichte mit der Judas-Erzählung, die in die Geschichte von St. Matthäus eingestreut ist. Durch sie gewinnt der Bärtige im Vordergrund eine schlüssige Identität: Er ist Judas, und er steht zugleich für Federico da Montefeltro, den Brudermörder von Urbino. Doch wird Judas nicht – wie einmal vermutet wurde – gezeigt, wie er die dreißig Silberlinge erstattet. Piero führt ihn im Augenblick einer schicksalhaften Begegnung mit seinem Vater Ruben vor Augen.

Nach Jacobus von Voragine wird der Erzverräter als Sohn des Ruben und der Cyborea geboren. Ein Dämon hat den beiden prophezeit, das Kind, mit dem die Frau schwanger gehe, sei so böse, daß es das ganze Volk verderben werde. So setzen sie das Kind in einem Binsenkorb am Meer aus. Das Körbchen strandet an der Insel Scarioth; dort wird es von der Königin des Landes gefunden. »Da seufzte sie gar sehr und sprach: ›Wollte Gott, daß ich auch solch ein Kind möchte haben, daß mein Reich nach meinem Tod nicht ohne Erben sei‹. Also nahm sie das Kind und ließ es heimlich aufziehen; und erzeigte sich, als ob sie schwanger wäre. Zujüngst ging ein Wort durch das Königreich, wie die Königin einen Sohn hätte geboren; des freute sich der König und alles Volk. Das Kind ward köstlich erzogen, wie es königlichem Adel geziemt. Nicht lange darnach aber empfing die Königin wirklich und gebar einen Sohn.« Die Kinder wachsen gemeinsam auf, bis – wir ahnen es bereits – auch Judas seinen Stiefbruder tötet.

Mit dem Fortgang der Judas-Episode werden endlich die beiden Ebenen der Geißelung miteinander verknüpft. Nach dem Mord an seinem Rivalen flieht Judas nämlich ausgerechnet an den Hof des Pilatus in Jerusalem. Dort wird er oberster Hofmeister. »Nun stand Pilatus eines Tages in seinem Palast und sah in einen schönen Baumgarten, darin stunden gar schöne Äpfel. Derselben Äpfel gelüstete ihn also sehr, daß ihn dünkte, würden ihm die Äpfel nicht, so möchte er nicht länger leben. Der Baumgarten aber war Ruben, Judas' Vater, zu eigen.«

Judas holt, wie befohlen, die Äpfel aus dem Garten. Als Ruben den Eindringling bemerkt, kommt es zum Streit. Der Ertappte erschlägt schließlich den Kontrahenten, seinen Vater. Pilatus überträgt dem Ruchlosen Rubens Besitz und gibt ihm dessen Gattin Cyborea zur Frau. Ohne es zu wissen, heiratet Judas nun auch noch die eigene Mutter.

Mit dem Vatermord und dem Ödipus-Motiv verlieren sich die Parallelen zur wirklichen Geschichte Federico da Montefeltros. Piero bildet den Moment der Begegnung zwischen Ruben und Judas ab, der die gerade gepflückten Äpfel im geschürzten Gewand verbirgt; mit der linken Hand macht er eine besänftigende, abwehrende Geste. Die Darstellung des Judas folgt der traditionellen Ikonographie. Sogar den »schönen Baumgarten« zeigt der Maler im Hintergrund. Durch den jungen Oddantonio in der Mitte, der typologischen Entsprechung des Gegeißelten, und sein Gegenüber wird der Verräter aller Verräter augenfällig mit Graf Federico gleichgesetzt. Judas' Vater trägt auf dem Gewand ein Distelmuster, es wird auffällig ins Bild gerückt. Die Distel, italienisch *cardo*, spielt darauf an: der Herr im Brokatgewand ist zugleich Bernardino Ubaldini, der nach der Stammburg des Geschlechts den Beinamen *della Carda* trägt. Auch der Apfel ist übrigens zu sehen: Das antike Idol auf der Geißelsäule Christi läßt sich als Bild des Paris entschlüsseln, der unübersehbar die fatale Frucht ins Bild rückt.

Ein weiteres Indiz, das für unsere Deutung der »Geißelung« spricht, ist – was bisher ebenfalls übersehen wurde – bereits das Bildthema. Das Hauptobjekt, die Säule (italienisch: *colonna*), spielt ebenso sprechend wie die Distel auf das Geschlecht an, dem Oddantonio mütterlicherseits entstammte, die Colonna. Der Clan hatte zur Geißelung eine besondere Beziehnung, war es doch ein Vorfahr Oddantonios gewesen, der im 13. Jahrhundert jene Geißelsäule, die noch heute in der römischen Kirche S. Prassede verehrt wird, aus dem Orient nach Rom gebracht hatte.

Im Kreis der Familie Colonna, oder unter dem ›urbinatischen Exil‹, ist wohl auch der Auftraggeber der *Flagellazione* zu suchen. Es ist sehr unwahrscheinlich, daß sich die gemalte Beschimpfung Federicos als zweiter Judas, als neuer Pilatus, vor dem 19. Jahrhundert jemals in Urbinos Herzogspalast befunden hat. Mag sein, daß die »Geißelung« in die Wandvertäfelung einer Klosterzelle eingelassen war und einer der Halbschwestern Federicos – Violante etwa oder Sueva – zum Trost diente. Oddantonio, so sagte das Bild, mochte, wie Christus, auf Erden das Martyrium erlitten haben; seine Seele aber ist unsterblich. Und bestand nicht Hoffnung, daß seinen Mörder dereinst sein wohlverdientes Schicksal ereilen würde?

Die Forderungen der Schwestern Oddantonios nach Mitgiften und Auszahlungen aus dem Erbe zählten noch zu den geringeren Problemen, mit denen sich Federico da Montefeltro damals auseinanderzusetzen hatte. Den Mordanschlag hatte der Graf wohl mit knapper Not überlebt; aber die Bindung an Francesco Sforza schien ihn nun in den Ruin zu treiben. Der Mailänder *condottiere* hatte sich in den Marken festgesetzt, in der Absicht, sich hier ein Territorium zu erobern. Dabei suchte er den Ausgleich mit seinem Schwiegervater Filippo Maria Visconti, um seine Erwerbungen abzusichern. Doch war Papst Eugen IV. nicht bereit, einen Sforza-Staat in den Marken hinzunehmen. Und gerade in jenem schwierigen Jahr 1446 schienen sich die Dinge für Federico zu einer Katastrophe zu entwickeln.

Der Papst dürfte den Plan der Verschwörer um Niccolò del Conte, den dynamischen neuen Machthaber von Urbino gewaltsam zu beseitigen, mit Sympathie registriert haben. Nachdem es nicht gelungen war, den leiblichen Federico zu vernichten, versuchte der Papst, nun wenigstens dessen Seele zu verfolgen. Kaum war am Gründonnerstag 1446 die Fastenzeit verstrichen, exkommunizierte er sowohl Federico da Montefeltro als auch Francesco Sforza mitsamt ihren Anhängern. Dann brachen seine Truppen unter Führung Sigismondo Malatestas in die Marken auf. Ein Ort nach dem anderen erlag ihrer kraftvollen Offensive. Die Sache Sforzas schien verloren. Federico da Montefeltro aber blieb unerschütterlich an der Seite seines Auftraggebers, eine Haltung, die den Grund für sein späteres Image als zuverlässiger Partner legte. Sforza und seine Familie fanden in der Grafenresidenz von Urbino Asyl, während die Söldner Eugens IV. unter den Mauern der Stadt streiften.

Die Wende leiteten zwei unvorhergesehene Ereignisse ein. Am 29. September 1446 schlug ein venezianisches Heer unter einem Bruder Francesco Sforzas, Micheletto Attendolo, die mailändischen Truppen bei Casalmaggiore; das verschaffte auch den *Sforzeschi* in den Marken Luft. Dann, am 27. Februar 1447, starb Eugen IV. Auf ihn folgte Tommaso Parentucelli, ein Toskaner, der sich Nikolaus V. nannte. Der neue Pontifex war ein bedeutender Humanist und einer der größten Bibliophilen des *Quattrocento* – in dieser Hinsicht erscheint er als Geistesverwandter Federico da Montefeltros.

Der Wechsel auf dem Stuhl Petri führte zu einer Umgruppierung der Allianzen. Der Papst, der sich nun selbst um die Sicherung seiner Herrschaft bemühen mußte, suchte den Ausgleich mit Francesco Sforza und erzwang einen Waffenstillstand in den Marken; die Exkommunikation Federico da Montefeltros wurde aufgehoben. Sforza vermittelte, daß der Graf noch im Juli 1447 die Investitur mit dem apostolischen Vikariat erhielt. Damit war die traditionelle Orientierung der urbinatischen Politik wiederhergestellt. Die Übertragung des Vikariats konnte Federico zugleich als Anerkennung seiner Herrschaft in Urbino werten.

Festungen, Taubenschläge und ein Privatkonto bei den Medici

Die florentinische Allianz hatte nicht nur ein paar tausend Dukaten in die leeren Kassen von Federicos Staat gespült. Sie eröffnete dem *condottiere* zugleich die Möglichkeit, beim damals führenden Bankhaus Europas, den Medici, Kredite aufzunehmen und sich außerdem auch bei kleineren Florentiner Unternehmen wie den Gondi zu bedienen. Das war wichtig, ja entscheidend für den Aufstieg seines Unternehmens. Das größte jüdische Bankhaus in Urbino brachte es auf ein Geschäftsvermögen von gerade 3.200 Dukaten – das entsprach einem Fünftel der Reingewinne der Medici-Bank.

Geld war in der Anfangszeit von Federicos Herrschaft, als die Dinge noch in der Schwebe waren und von allen Seiten Gefahren drohten, wichtiger als alles andere. Oddantonio hatte einige tausend Dukaten Schulden hinterlassen; die Schwestern des Ermordeten meldeten Ansprüche auf ihr Erbe und auf Mitgiften an. Allein über Kredite waren die 12.000 Golddukaten aufzubringen, die Graf Federico dem Papst 1447 für die Übertragung des apostolischen Vikariats überweisen mußte, ebenso weitere 13.000 *ducati d'oro* kostete der Erwerb der Stadt Fossombrone. Vor allem aber brauchte Federico gleich zu Beginn seiner Herrschaft Geld für die Sicherung seines Landes durch Festungen. Die Quellen berichten von großen und kleinen Baumaßnahmen, die militärische Sicherung des Staates hatte Vorrang vor allem anderen. Dazu zählte die Wiederherstellung von Türmen und Burgen längs der wichtigen Heerstraßen; selbst Taubenschläge sollten notfalls militärisch nutzbar sein.

Gleich nach der Eroberung von San Leo ließ Federico mit dem Ausbau der dortigen Festung beginnen. Francesco di Giorgio wird die *Rocca* später zu jenem kristallinen Gebilde formen, das aller Militärtechnik der Epoche trotzen konnte. Ebenfalls in die Anfangsjahre von Federicos Herrschaft geht die Umgestaltung der *Corte alta* von Fossombrone zurück. Die über dem Metauro-Tal thronende Festung verstärkten die Ingenieure des Montefeltro ab 1447. Sie sollte die renitenten Bürger, die noch immer der alten Herrschaft der Malatesta nachtrauerten, das Fürchten lehren.

Der erste Capitano Italiens

Zu dieser Zeit führte Federico da Montefeltro für Sforza und Florenz Krieg in der Toskana gegen Alfonso von Aragón. Der König von Neapel hatte den Moment des Wechsels auf dem Stuhl Petri für eine Offensive genutzt; zugleich erhob der Aragonese Ansprüche auf Mailand, wo Francesco Sforzas Schwiegervater Filippo Maria Visconti am 13. August 1447 gestorben war. Im Sommer 1447 standen Aragóns Söldner bereits in der Gegend von Siena, ein Umstand, der die Bereitschaft Nikolaus' V. gefördert haben dürfte, Federico da Montefeltro zu rehabilitieren und den gerade noch Verfemten unter Vertrag zu nehmen.

Die Dinge schienen sich zunächst gemäß den üblichen Gesetzen zu entwickeln. Alfonso versuchte, Sigismondo Malatesta für seine Kampagne zu gewinnen; der Herr von Rimini, damals angesehen als der erste *capitano* Italiens, schlug ein und stellte ihm eine beträchtliche, sicher fünfstellige Dukatensumme in Aussicht, von der auch ein größerer Betrag in Sigismondos Kassen landete. Wie es sich gehörte, fanden sich die Intimfeinde nun wieder in gegnerischen Lagern. Der Malatesta verhandelte indes im stillen mit den Florentinern. Alfonso war gerade im Begriff, das florentinische Piombino zu belagern, da wechselte der Riminese die Fronten und akzeptierte für gutes Geld eine *condotta* der Republik Florenz. Federico dagegen widerstand der Versuchung, als der König auch ihn umwarb.

So ergab sich die pikante Situation, daß die beiden ehrgeizigen Heerführer in derselben Armee dienten. Federico gelang es, durchzusetzen, daß er seinem Kollegen völlig gleichgestellt wurde. Florenz hoffte, die Rivalität der beiden *capitani* werde der Dynamik der Kriegführung zugute kommen. Zur Sicherheit entsandte die Florentiner Regierung zwei Militärkommissare, Neri di Gino Capponi und Bernardo de' Medici, die in allen Entscheidungen das letzte Wort hatten. Die beiden Streithähne wurden außerdem gezwungen, für die Dauer ihrer Verpflichtung alle Feindseligkeiten in ihren Stammlanden einzustellen.

Die Rechnung ging auf. Die aragonesischen Truppen konnten an allen Fronten zurückgedrängt werden. Der spektakulärste Erfolg gelang der Streitmacht der Florentiner mit der Sprengung des Belagerungsringes um Piombino. Ein wagemutiger, von Sigismondo Malatesta brillant geführter Angriff wurde von einem Ausfall der Verteidiger unterstützt. Die neapolitanische Niederlage war komplett.

Der Mann aus Rimini stand nun auf der Höhe seines Ruhmes. Er wird jetzt darangehen, sich und seinem Geschlecht ein Monument zu errichten: den Tempio Maletestiano. Das Pantheon der Dynastie bildet in seinem Inneren zugleich eine Summe esoterischer Gelehrsamkeit ab. Einige der bedeutendsten Künstler der Frührenaissance wirken an seiner Fertigstellung mit: Agostino di Duccio, Matteo de' Pasti und, vor allen anderen, Leon Battista Alberti und Piero della Francesca. Zu jener Zeit wird Rimini zu einem Zentrum der humanistischen Kultur.

Lodi oder Die Kunst des Gleichgewichts

In Mailand hatten sich indessen die Ereignisse überstürzt. Nach dem Tod Viscontis hatte eine kommunalistische Bewegung die Oberhand gewonnen und eine *aurea republica ambrosiana*, eine »Goldene ambrosianische Republik« ausgerufen. Francesco Sforza nahm von den neuen Herren zunächst einen Soldvertrag an und zog gegen Venedig in den Krieg. Am 14. September 1448 – fast zur gleichen Zeit, als König Alfonso in Piombino sein Cannae erlebte – zersprengte Francesco Sforza ein venezianisches Heer bei Caravaggio in der Lombardei. Daraufhin schloß Venedig mit der Ambrosianischen Republik eine Allianz; doch es war zu spät. In wechselvollen, harten Kämpfen setzte sich Sforza als neuer Herzog durch. Ende Mai 1450 hielt er Einzug in Mailand, weitere Kriegsjahre schlossen sich an.

Die Initiative zum Abschluß eines Friedensvertrages, der am 9. April 1454 in Lodi zwischen Mailand und Venedig unterzeichnet wurde, war von Venedig ausgegangen. Die Republik sah sich nach dem Fall Konstantinopels – 1453 – wachsendem türkischem Druck ausgesetzt und brauchte Entlastung auf dem italienischen Kriegsschauplatz. Nach und nach traten die wichtigsten Staaten Italiens dem Frieden bei; sie nahmen auch kleinere Staaten ihres Einflußbereichs unter ihren Schutz. Im Jahr darauf führten Verhandlungen um die Einrichtung eines kollektiven Sicherheitssystems zum Erfolg: die Mächte schlossen einen Bund, den man *Lega italica*, italienische Liga, nannte. Sie sollte alle innerhalb der Grenzen Italiens gelegenen Staaten zusammenführen, das Land vor äußeren Feinden schützen und die Zustände im Inneren stabilisieren. Die türkische Bedrohung war nicht der einzige Grund dafür, daß in Lodi zum ersten Mal in der neueren Geschichte Italiens der Versuch gemacht wurde, eine Art föderativer Ordnung zu installieren. Wichtiger dürfte die Einsicht in die Grenzen der militärischen und ökonomischen Möglichkeiten des traditionellen Partikularismus gewesen sein.

So hatte Nikolaus V. schon vor Abschluß des Friedens von Lodi versucht, auf einem Kongreß in Rom einen allgemeinen Frieden zu vermitteln, damit die Kräfte der italienischen Staaten zu einem Kreuzzug gegen die Türken gebündelt werden konnten. Nikolaus' Pazifismus hatte aber auch das naheliegende Motiv, daß er genug Schwierigkeiten bei der Sicherung seiner eigenen Herrschaft hatte und sich weitere äußere Verwicklungen nicht leisten wollte. Noch 1446 fand sich in einem römischen Mietvertrag die bezeichnende Klausel, daß, wenn von der Engelsburg her geschossen werde, die Mietzahlung ausgesetzt werden könne. Der Humanistenpapst fand nach seiner Wahl jene Situation vor, die Vespasiano da Bisticci in ein suggestives Bild zusammendrängt: »Rom war wegen der Abwesenheit des Papstes wieder zu einem Platz für Kuhhirten geworden. Schafe und Kühe weideten dort, wo heute die Tische der Kaufleute stehen; alles lief in großen Kapuzen aus Ziegenfell und in Stiefeln herum, weil sie so lange Jahre ohne den Papsthof hatten leben müssen, und wegen der vielen Kriege, die sie geführt hatten.« Der Putschversuch des Ritters Stefano Porcaro konnte 1453 gerade noch niedergeschlagen werden; der Verschwörer wurde an einer Zinne der Engelsburg aufgeknüpft.

Auch die anderen Mächte hatten gute Gründe, den Frieden zu suchen. Sforza und Venedig hatten sich bis zur Erschöpfung der Staatskassen bekriegt, zudem waren die Einnahmen Venedigs offenbar dramatisch eingebrochen. Auch die Florentiner Kassen waren leer. Als kleinste der großen Mächte brauchte Florenz ohnedies ein Gleichgewichtssystem um des eigenen Überlebens willen, beharrte allerdings auf seiner »alten Freundschaft« mit dem König von Frankreich. Der Aragonese hatte Hunderttausende von Golddukaten im wahrsten Sinn des Wortes verpulvert, hätte aber freilich weitergekämpft, wäre da nicht die geschlossene Front der Friedenswilligen gewesen. So mußte er wohl oder übel unterschreiben.

Die Einrichtung des Systems von Lodi hatte sozusagen strukturelle Ursachen – und war, anders als die Geschichtsschreiber des Risorgimento wollten, keineswegs ein Präludium zum Nationalstaat. Man war erschöpft und hatte genug Krieg geführt; jetzt versuchte man es eben mit Frieden. Genau vierzig Jahre wird die 1454 etablierte Ordnung halten; doch sind die Verträge, auf denen sie gegründet ist, tatsächlich nur ein papiernes Fundament. Außerdem erwies sich bald, daß die Liga nicht imstande war, das Gleichgewicht aufrechtzuerhalten. Die Mächte der italienischen Halbinsel versuchten im Kleinen, gelegentlich auch im Großen, Retuschen an der 1454 gezeichneten politischen Landkarte anzubringen. Das war der Grund dafür, daß die *condottieri* auch jetzt nicht arbeitslos wurden.

Ein Bund fürs Leben: Federico und Neapel

Francesco Sforzas Karriere bietet das spektakulärste Beispiel für sozialen Aufstieg, den das Italien des *Quattrocento* kennt: hier, in Mailand, zeigt sich die perfekte Verwirklichung des ›Traums vom Staat‹. Mit Federico da Montefeltro hatte der neue Herzog gemeinsam, daß die Herkunft beider dunkel war. Während sich der Urbinate, als geborener della Carda, immerhin auf die Abkunft von einem alten, angesehenen Haus berufen konnte, war Francesco Sforza Sproß eines Söldnerführers, des Muzio Attendolo Sforza. Der Herr der damals berühmtesten Söldnertruppe Italiens hatte den späteren Herzog von Mailand mit einer Frau gezeugt, von der kaum mehr als der Name – Lucia – bekannt ist.

Dennoch, die Allianz zwischen den beiden frischgebackenen Fürsten hatte nicht lange gehalten. Ein wichtiger Grund dafür, daß sich der Graf von Urbino schon 1451 nach einem neuen Arbeitgeber umsah, war, daß Sforza allmählich das Geld ausging und die Zahlungen aus Mailand stockten. Den Ausschlag dürfte schließlich gegeben haben, daß Sforza versuchte, sich wiederum auch der Dienste Sigismondo Malatestas zu versichern. Eine solche Tandem-Lösung aber gedachte der Herr von Urbino kein zweites Mal zu akzeptieren. So wurde er alleiniger Oberbefehlshaber der neapolitanischen Armee.

Bis der Frieden von Lodi die politische Situation grundlegend veränderte, hatte der Montefeltro für seinen neuen Patron mit einer Truppe von 500 *lancie* und 2.000 *fanti* die Toskana unsicher gemacht. Es war einer jener für die Kriegführung des *Quattrocento* so typischen Feldzüge, die sich in mehr oder weniger wahllosen Plünderungen, Zerstörungen und meist ergebnislosen Belagerungen abspielten (die Einnahme des Dorfes Foiano, die einigen gut plazierten Montefeltro-Bombarden zu verdanken war, zählte da schon zu den glanzvollen Höhepunkten des Toskana-Krieges).

Die Kampagne endete in einem kompletten Desaster. Federico blieb bei dieser Gelegenheit alles andere als *invictus*: im Herbst 1453 mußte er sich vor den nachdrängenden Streitkräften Malatestas zurückziehen und bezog Quartier ausgerechnet in der malariaverseuchten Maremma – ein schwerer strategischer Fehler. Prompt brach im Heer eine Seuche aus und dezimierte die Montefeltro-Truppe empfindlich. Ihr *capitano* erkrankte selbst und ließ sich in einer Sänfte zuerst nach Siena tragen, dann eilte er nach Hause ins gesündere Urbino.

Während des Krieges hatte er allerdings eine wichtige Verbindung knüpfen können: Ferrante, ein illegitimer Sohn des Königs von Neapel und dessen späterer Erbe, hatte sich während der Abenteuerreise durch die Toskana ständig an der Seite Federicos aufgehalten. Es wurde der Anfang einer ›wunderbaren Freundschaft‹. Mehr noch wurde durch die gemeinsamen Erlebnisse eine Geschäftsbeziehung gefestigt, die dem Urbinaten auch nach dem Tod Alfonsos einen warmen Dukatenregen garantierte. Ferrante wird sich allerdings zum Paradefall eines Renaissance-Ungeheuers entwickeln. Was seine kriminelle Energie und Grausamkeit betrifft, stellte der paranoide Tyrann von Neapel selbst den gewiß nicht zimperlichen Federico in den Schatten. Nicht wenige von Ferrantes Gegnern endeten erwürgt in den Verliesen des düsteren *Castel nuovo*, und man erzählte sich schaudernd, Ferrante liebe es, seine Feinde um sich zu haben – in Ketten oder, besser noch, als Leichen: in einbalsamierter Form, dabei in Kleidern, die sie zu Lebzeiten getragen hatten.

König Alfonso erneuerte jedenfalls den Soldvertrag des Grafen von Urbino trotz des deprimierenden Verlaufs des Toskana-Kriegs, vielleicht auf Drängen von Federicos neuem Freund Ferrante. Darüber hinaus gewährte er dem damals gerade 31jährigen Grafen den Titel eines »Generalkapitäns« der aragonesischen Truppen. Der Montefeltro wird es zum vertrauten Berater der Vizekönige bringen. Bis zu seinem Tod, 1482, wird er ununterbrochen im Dienst Neapels bleiben. Zu Francesco Sforza und Mailand hatte der stets vorsichtige Urbinate indes keineswegs alle Brücken abgebrochen. Man konnte ja, bei aller Freundschaft, nie wissen …

Die Frustrierten

Die Nachricht, daß in Lodi Frieden gemacht worden sei, stieß nach dem Zeugnis eines Veroneser Anonymus – eines gut informierten Mannes, der aus der Perspektive der Gegner Federico da Montefeltros schreibt – keineswegs auf allgemeine Begeisterung. Insbesondere bestimmte italienische *signori*, notierte der Chronist, die sich während des Krieges großer Einkünfte erfreuen konnten, seien darüber befremdet gewesen.

Zum Störenfried avancierte vor allem Giacomo Piccinino, ein Sohn des berühmten Grafen Niccolò. Nach dem Tag von Caravaggio hatte er es zum *condottiere* Venedigs gebracht, wurde nach Abschluß des Friedens indes entlassen. Ohne Land und Auftraggeber, sammelte er eine nicht unbedeutende Streitmacht um sich, mit der er für ein Jahrzehnt durch Italien zog, immer auf der Suche nach Auftraggebern, Allianzen und der Chance, sich einen eigenen Staat zu schaffen – *qualche stato per sé proprio*, schreibt Paltroni. Wie man ihn befriedigen oder, besser noch, loswerden könne, stand fortan ganz oben auf der Agenda der italienischen Politik.

Jenseits des Friedens sah sich unversehens auch Sigismondo Malatesta. Mit Unterstützung Neapels war es Federico gelungen, den Ausschluß seines Intimfeindes aus dem Frieden zu erreichen. *Fo el signore Gismondo excluso*, teilt Ser Guerriero mit, lakonisch wie immer. Jetzt rächte es sich für den Malatesta, daß er König Alfonso seinerzeit die *condotta* aufgekündigt hatte. Der Streit um das Geld, das Sigismondo dem Aragonesen schuldete, wurde in den diplomatischen Korrespondenzen zum Dauerthema. Die Isolierung des Malatesta diente der Vorbereitung jenes mörderischen Privatkrieges, den Federico, der in der Geschichtsschreibung gerne als »Friedensfürst« und Vorkämpfer der italienischen Freiheit gefeiert wird, nun gegen seinen Rivalen vom Zaun brechen wird.

Sowohl der Urbinate als auch der Herr von Rimini hatten sich schon in ihren Soldverträgen von 1453 Klauseln ausbedungen, die ihnen für ihre persönlichen Händel freie Hand ließen. Mit Blick auf die ›weiße Legende‹ Federico da Montefeltros ist es nicht ohne Interesse, ihre jeweiligen Abmachungen etwas genauer zu vergleichen. Malatesta erreichte Mitte April 1453 von Florenz und Francesco Sforza die Versicherung, daß beide Mächte ihn mit allen Kräften unterstützen würden, falls der Graf von Urbino seinerseits Hilfe vom König von Neapel erhalte.

Die Zusagen, die Federico im Gegenzug bei Alfonso von Neapel heraushandelte, gingen viel weiter als diese Beistandsgarantie. In seiner einige Monate später abgeschlossenen *condotta* wurde dem Montefeltro praktisch ein Blankoscheck ausgestellt, sollte irgendein Krieg – *qualche bello* – zwischen ihm und Sigismondo ausbrechen. Der Aragonese garantierte seinem Generalkapitän den Besitz gegebenenfalls eroberter Gebiete, und er gestattete sogar, daß Federico sich für seine Beutezüge der vom König von Neapel bezahlten Streitmacht bediente. Wäre aber ein kleiner Nebensatz der *condotta* bekanntgeworden, das Image des Unternehmens *Montefeltro & Co.* – stets loyal und verläßlich – hätte Schaden genommen: unter die potentiellen Kriegsgegner zählte Federico selbst seinen Schwager Alessandro Sforza, *signore* von Pesaro. Federico selbst hatte 1445 den Verkauf der wichtigen Hafenstadt an den Sforza eingefädelt; denn ihm fehlten damals die Mittel, die Stadt zu erwerben. Offenbar erwog er nun, das Versäumte nachzuholen. Die politischen Konstellationen gestatteten es aber weder jetzt noch später, Pesaro dem Staat von Urbino einzugliedern. Alessandro Sforza, der von der verfänglichen Klausel nichts gewußt haben dürfte, blieb indes ein zuverlässiger Verbündeter. 1460, drei Jahre nach dem Tod von Federicos erster Frau, Gentile Brancaleoni, wird er Federico seine Tochter Battista zur Frau geben, die Alessandros erster Ehe mit Costanza Varano entstammte. Der Prunk, mit dem die Hochzeit im Februar 1460 über eine Woche lang gefeiert wurde, stellte alle Festlichkeiten in den Schatten, die Urbino bis dahin erlebt hatte.

Frauengeschichten

Pierantonio Paltroni, der nicht müde wird, Federico da Montefeltro in den höchsten Tönen zu loben, erlaubt sich einmal, an einem »Fehler und Mangel« seines Helden leise Kritik zu üben. Nachdem er die Ausgeglichenheit, die Heiterkeit und Selbstdisziplin des Grafen gerühmt hat, kommt er auf sein Verhältnis zum schönen Geschlecht zu sprechen. Bei aller Zurückhaltung sei Federico »allein von der Lust und der Liebe zu den Frauen überwunden und besiegt worden«. Aber Paltroni fügt auch hinzu, daß Federico seinerseits von den Damen geliebt worden sei. Die Blüte seiner Jugend, seine hervorragenden Fähigkeiten, seine Kriegserfahrung, schließlich überhaupt seine Erfolge und das ihm gewogene Schicksal hätten ihm deren Gunst gesichert. Galante Gedichte, die der junge Federico sich von Angelo Galli und anderen Hofpoeten liefern ließ, sorgten bei den amourösen Eroberungszügen des *condottiere* für Flankenschutz. Greifbares Resultat dieser Unternehmungen war eine Schar illegitimer Kinder, von denen drei namentlich bekannt sind. Den ersten, Buonconte, hatte der damals erst 18jährige Federico kurz nach seiner ersten Eheschließung gezeugt. Er starb schon 1458, vom Vater offenbar tief betrauert.

Die Verhältnisse in Urbino waren so moralisch oder unmoralisch wie an den anderen Höfen im Italien jener Zeit. Im ehelichen Alkoven hatte die Pflicht ihren Ort: vor allem die, legitime Erben zu zeugen. Neben den konventionellen Ehen, die aus politischen und ökonomischen Gründen eingegangen worden waren, pflegte man aber mehr oder weniger verschwiegene *liaisons* aller Art. Francesco Sforza stellte in dieser Hinsicht alle in den Schatten. Am Mailänder Hof wurde eine Schar von mindestens 27 ›natürlichen‹ neben den acht legitimen Nachkommen genährt. Sie stellten ein potentielles politisches Kapital dar, waren die Scharniere, die Staaten zusammenfügen konnten. Allerdings konnte nur eine Minderheit legitimiert werden. Der Historiker Giacomo Bandino Zenobi, der den unehelichen Nachwuchs einiger aristokratischer Häuser der Marken untersucht hat, schätzt den Anteil auf 22 Prozent.

Daß die Frauen in dieser Ritterwelt den Kürzeren zogen, ist nicht zweifelhaft. Illegitimer Nachwuchs weiblichen Geschlechts wurde nachlässiger behandelt als entsprechende Knaben, das zeigt sich schon an der höheren Sterblichkeit: die Mortalität von illegitimen Kindern unter 20 Jahren betrug bei Frauen 12,5 Prozent, bei Männern nur 8,5 Prozent. Für viele ›Bastarde‹ war von Geburt an ein zusätzlicher Makel, daß ihre Mütter aus niederen Verhältnissen stammten. Nur ein Viertel war adliger Herkunft, andere – wenn denn etwas über sie bekannt ist – dienten als Sklavinnen oder Dienerinnen in den Palästen ihrer Liebhaber, manche waren Bauernmädchen oder Prostituierte. Daß nur ein kleiner Teil der außerehelich gezeugten Kinder legitimiert werden konnte, ist vor allem darauf zurückzuführen, daß die meisten Mütter ihrerseits unfreier Herkunft waren. Unter den legitimierten Bastarden waren dreimal so viele Männer wie Frauen.

Die Ehefrauen der Fürsten hatten innerhalb der Residenzschlösser meist ihre eigenen, abgezirkelten Bereiche. Umgeben von Hofdamen verlebten sie hier ihren Alltag. Während der Hausherr seine Geschäfte erledigte, in Turnieren stritt, sich in seiner Bibliothek zu schaffen machte und vier- oder zweibeiniger Beute nachjagte, unterhielten sie

Von diesem Erker aus konnte Federico die Frauengemächer des Palazzo Ducale samt dem zugehörigen Geheimgarten überwachen. Über einen Laufgang oberhalb der Gartenmauer erreichte er das Appartement seiner Frau Battista Sforza.

sich mit ›weiblichen‹ Beschäftigungen: mit Nähen, Sticken, Beten, Lektüre des Breviers, vielleicht mit ›züchtigen‹ Brettspielen. Unterbrechungen boten Mahlzeiten, Gottesdienste und Feste, vielleicht auch Liebhaber, Vorfahren des *Cicisbeo* sozusagen. Ein ›geschlechtsneutrales‹ Feld des Zeitvertreibs konnten die Künste bereitstellen; sie dienten von Fall zu Fall auch Fürstinnen zu standesgemäßer Repräsentation. Zumindest als Ausnahmen kennt die Renaissance herausragende Mäzenatinnen; auch an gelehrten Unterhaltungen konnten Frauen teilnehmen, wie Baldassare Castigliones *Cortegiano* zeigt.

Allerdings fehlt es auch nicht an Beispielen dafür, daß sich die Frauen um Regierungsgeschäfte kümmerten. Sueva Montefeltro mengte sich in Pesaro in administrative Angelegenheiten; wie bedeutend der Anteil Battista Sforzas an der Regierung Urbinos war, hat die Historikerin Marinella Bonvini Bazzanti gezeigt. Zumal dann, wenn ihre Männer auf Kriegszug waren, traten Frauen wie Battista Sforza als Herrinnen von Haus, Stadt und Staat etwas deutlicher hervor. Ob sie allerdings Grundlinien der Politik mitbestimmen konnten, ist schwer zu beurteilen.

Starb der Ehepartner, wurde die Lage der Witwen meist prekär. Sie sahen sich von einem Tag auf den anderen im Abseits. Vielen blieb nur die Option eines Klosters; manche versuchten, sich über ihre Kinder ein Stück Macht zu bewahren. Häufiger noch überlebte der Mann die Ehefrau. Viele Frauen starben im Kindbett nach drei, vier und mehr Schwangerschaften, oder sie erlagen einer der zahlreichen Seuchen, die ihre Todesspur durch die italienischen Städte zogen.

EIN ›STÄDTCHEN‹ AM METAURO

In der Provinz

Welche Stadt war es, die Federico da Montefeltro, nach dem Mord an seinem Halbbruder Oddantonio neuer Graf von Urbino, am 23. Juli 1444 betrat? Gewiß noch nicht das Urbino, das uns heute – nur halb zu Recht, wie noch zu zeigen – als Hort von Bildung, Gesittung und Künsten als Inbegriff einer Renaissancestadt erscheint. Das Urbino der Markgrafen war zwar Zentrum eines jungen Staates, blieb aber noch lange ein provinzieller Markt wie andere Orte Mittel- und Oberitaliens auch. Niemand wäre auf die Idee gekommen, die verschlafene Residenz unter die führenden Städte Italiens zu rechnen, sie etwa mit Florenz, Neapel, Venedig oder Mailand zu vergleichen. Selbst die eifrigen Lohnschreiber, die Federico auf dem Höhepunkt seiner Macht beschäftigen wird und die sonst vor keiner Beschönigung zurückschrecken, werden sich hüten, sie schlankweg zur Metropole aufzuwerten.

Mit ungefähr 5.000 Einwohnern von mittlerer Größe, hatte die Stadt so gut wie keine Attraktionen zu bieten. Einen strategischen Vorteil freilich konnte sie schon immer für sich verbuchen, ihm verdankte sie letztlich ihre Gründung in grauer Vorzeit: Der südliche ihrer beiden Hügel war als natürliche Festung nahezu uneinnehmbar, fällt der Felssockel doch schroff nach drei Seiten ab. Schon Prokop, der byzantinische Historiker, beschrieb eindrücklich, wie lange sein Feldherr Belisar im Jahr 538 den Ort belagern mußte, bis schließlich Wassermangel die Bewohner zermürbte und zur Aufgabe zwang.

Auf diesem Hügel hatte sich im ersten Jahrhundert vor Christus die Keimzelle der Stadt herausgebildet, das antike *Urbinum* (oder *Urvinum*) *Metaurense.* Seinen Beinamen hatte das »Städtchen« von jenem Fluß Metauro, an dessen Ufern den Römern ihr Triumph über Hasdrubal gelungen war. Sein Bett verläuft heute einige Kilometer weiter südlich. Vom antiken Urbino, unter Caesar zum *municipium* erhoben, gab es freilich zu Lebzeiten Federicos kaum mehr etwas zu sehen. Die römische Mauer, einst eng um den Siedlungskern auf dem Hügelkamm gezogen, hatte man längst geschleift und im 13. Jahrhundert durch eine neue Befestigung mit weiterem Radius ersetzt. Wenige Inschriften, ein paar vermauerte römische Steinblöcke, das war schon damals und ist bis heute alles, was noch eine Ahnung von der frühen Geschichte Urbinos vermitteln kann. Solche Überbleibsel fallen auf in einer Gegend, die Naturstein immer nur als teuren Importartikel kannte, weil ihre Hügel aus Ton und Mergel bestehen. Aus diesen weichen Erden konnte man Geschirr brennen – einen der wenigen Exportartikel, über die Urbino gebot –, sie ließen sich aber auch zu Backstein verarbeiten, der schon immer das gegebene Baumaterial der Stadt gewesen ist.

Das antike *Urbinum* war nie zu höheren Ehren aufgestiegen. Immerhin: Keine Geringeren als Cicero, Varro und Plinius der Ältere, in der Renaissance als literarische Autoritäten hoch geschätzt, hatten den Flecken in ihren Schriften verschiedener Erwähnungen für wert gehalten. Welcher Prestigegewinn für eine Stadt der Renaissance aus solchen Notizen zu ziehen war – wie beiläufig auch immer, sie mußten nur aus der Antike stammen –, das wurde den Urbinaten des *Quattrocento* im stolzen Florenz eindrucksvoll vorgeführt. Dort hatte es zu Beginn des Jahrhunderts Leonardo Bruni, Staatskanzler und namhafter Gelehrter, meisterhaft verstanden, aus bescheidensten schriftlichen Hinweisen der Römerzeit ein Netz von Behauptungen zu knüpfen, das die Arnostadt der Gegenwart als die eigentliche, legitime Erbin der römischen Republik erscheinen ließ. In Urbino sollte sich erst im 16. Jahrhundert Bernardino Baldi, der fähigste Historiker vor Ort, an einer ersten Rekonstruktion der antiken Siedlung versuchen. Zu Federicos Lebzeiten dürfte sich noch kaum ein Urbinate, er selbst vielleicht ausgenommen, als neuer Römer empfunden haben.

Urbino ist heute eine Stadt auf zwei Hügeln. Die flachere Erhebung, die im Norden an die scharf konturierte Altstadt grenzt, hatte die mittelalterliche Kommune allmählich in ihr Siedlungsgebiet und schließlich auch in ihren neuen Mauerring einbezogen. Blieb der südliche Hügel stets das vornehmere Quartier – rund um die *platea communis*, den Stadtplatz mitten auf der Kuppe, standen seit Menschengedenken Kathedrale, Bischofspalast und Kommunalbauten –, so siedelten sich in den neueren Vierteln Handwerker und Kaufleute an. In diesem kleinbürgerlichen Milieu wurde 1483 Raffael, der berühmteste Sproß der Stadt, als Sohn des lokalen Malers Giovanni Santi geboren. Sein unscheinbares Vaterhaus wird seit dem 17. Jahrhundert durch eine entsprechende Inschrift geehrt. Giovanni Santi übrigens erwarb sich bleiben-

Ein Blick auf Urbino von Westen, wie ihn Raffael – oder ein anderer, anonym gebliebener Zeichner des frühen 16. Jahrhunderts – festhielt (Venedig, Accademia).

den Ruhm weniger durch seine Bilder als durch die monumentale Reimchronik, die er um 1480 zum höheren Ruhm Federico da Montefeltros verfaßte.

Die auf beide Hügel verteilten Stadthälften werden durch die *Val Bona* getrennt. Die flache Senke hatte den natürlichen Verteidigungsring der Altstadt stets verwundbar gemacht, deshalb blieb der Südhügel auch bis zum hohen Mittelalter stets durch starke Befestigungen von ihr abgeschottet. Erst die Stadtmauer des 13. Jahrhunderts bot eine Möglichkeit, die gefährliche Schwachstelle mit einem eigenen Tor, der *Porta di Valbona*, zu versehen – eine Einlaßpforte, die man im Interesse der Stadterweiterung dringend brauchte, aber unverzüglich auch mit einem massiven Wehrturm sicherte. Damit war nicht nur die Voraussetzung für die Expansion Urbinos nach Norden geschaffen. Diesseits der Stadtmauer konnte man nun entlang der Talsohle auch eine verhältnismäßig breite, gerade und bequeme Straße anlegen, die Alt- und Neustadt gleichermaßen erschloß. Von Werkstätten und Geschäften gesäumt, führte sie in sanftem Anstieg zum städtischen Markt (*pian di mercato*, heute *piazza della Repubblica*), in dem das mittelalterliche Urbino sein wirtschaftliches Zentrum fand.

Ein weiterer Platz, der *mercatale*, bot vor der *Porta di Valbona* Raum für den Land- und Viehmarkt. Hier mündete die alte Straße, die Urbino einerseits mit Rom, andererseits mit Castel Durante (dem heutigen Urbania) verband und von dort aus zur Bocca Trabaria weiterführte, dem nächstgelegenen Paß über den Kamm des Appenins. Die städtische Verkehrsader, die sich in der Fortsetzung dieser wichtigsten Landstraße nun von Westen nach Nordosten durch Urbino zog, war nicht nur eine topographische, sondern auch eine ökonomische Achse. Ihre Funktionen spiegelten die Existenzgrundlagen der mittelalterlichen Stadt, lebte Urbino doch im wesentlichen von seinem Umland. Getreide, Wein, Vieh – mehr war aus dem intensiv bewirtschafteten, aber wasserarmen Hügelland schon damals kaum herauszuholen. Daran sollte sich jahrhundertelang kaum etwas ändern, bis Federico da Montefeltro die Verhältnisse umkehrte, den Krieg als entscheidende Kapitalquelle entdeckte und Urbino so von seinen natürlichen Ressourcen unabhängig machte.

Nach wie vor ist Urbino nicht ohne weiteres eine schöne Stadt zu nennen. Wer von Westen ankommt, läßt sich als erstes von der majestätischen Turmfront des Palazzo Ducale beeindrucken. Federico befahl ihre Errichtung in den Jahren ab 1468 und verblendete auf diese Weise die ganze Stadt mit einer Fassade von kolossalem Format: »Die Stadt lag da, wie sie heute noch daliegt, auf ihrer windigen Höhe, kompakt und doch ausgebreitet, als habe ein einziger architektonischer Gedanke hier ein weitläufiges Bauwerk entworfen und aus honigfarbenem Ziegel geformt« (Wolfgang Hildesheimer, *Marbot*). Betritt der Besucher aber durch die *Porta di Valbona* Urbino, so wird er zwangsläufig enttäuscht. Das immer gleiche Rotbraun der Backsteine, der Mangel an urbaner Raumbildung, das *ostinato* enger, schattiger Straßenschluchten – all das will kaum dem Bild entsprechen, das man sich von einer Stadt der Renaissance zurechtgelegt hat. Vom Innern der Stadt aus gesehen läßt auch der Palazzo Ducale kaum erkennen, welch exklusive Binnenwelt sich hinter seine Mauern verbirgt. So beredt nämlich die Turmfassade der Welt den Ruhm ihres Bauherrn verkündet, so unvollkommen artikuliert sich die Residenz innerhalb der Stadt. Vom üblichen Erscheinungsbild der städtischen Straßen nur graduell unterschieden, bringt sie sich hauptsächlich durch die allgegenwärtigen Ziegelfronten zur Geltung, die sich hier noch ermüdender als sonst in die Länge ziehen.

Was Urbino von den *centri minori* reicher Landstriche, der Toskana, Umbriens oder der Lombardei etwa, erst recht unterscheidet, ist die Tatsache, daß sich über künstlerische Höhepunkte außerhalb der Residenz so gut wie nichts vermelden läßt. Zumindest hat kaum etwas davon die vielen Erdbeben überstanden, die den östlichen Appenin schon immer regelmäßig erschüttern. Einiges wissen wir über den Dom. Seine Anfänge reichen bis irgendwann in die Spätantike zurück, als das Bistum Urbino gegründet wurde. Der Bau markiert von Norden her den Zugang zum politischen und administrativen Zentrum der Stadt. Seine Eingangsfront ragt weit in den Straßenraum hinein; hinter ihr öffnet sich die langgestreckte *piazza del Rinascimento*, die sich heute als breiteste Straße der Stadt über das ganze Plateau des Südhügels erstreckt. Entlang der Domflanke kommt als weiterer öffentlicher Raum die quadratische *platea communis* – die heutige *piazza del Duca Federico* – hinzu. Bei Amtsantritt fand Markgraf Federico eine wohl schon baufällige romanische Bischofskirche vor. Jahrzehnte danach ließ er sie durch seinen Architekten und Festungsbaumeister Francesco di Giorgio stabilisieren und erweitern. Diese Renaissancebasilika wird dann, nachdem sie im 18. Jahrhundert bei einem Erdbeben schwere Schäden davongetragen hat, nach Plänen Giuseppe Valadiers in ihren heutigen, klassizistischen Formen wieder aufgebaut.

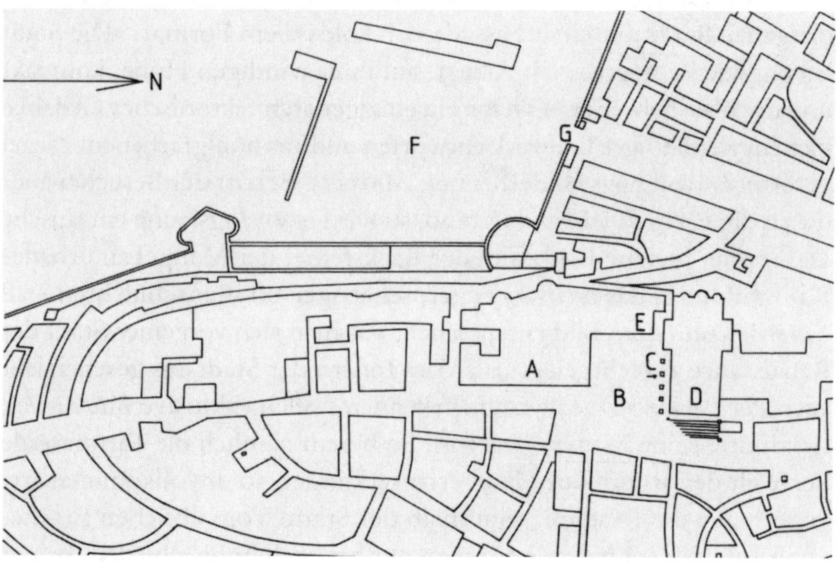

Das Stadtzentrum von Urbino.

A Palazzo Ducale
B Piazza del Duca Federico
C Loggia
D Dom
E Castellare
F Mercatale
G Porta di Valbona

Leuchtende Farben, effektvolle Figurenschilderung, verschwenderische Details – Malerei, die das zu bieten hat, erwartet man nach einer ersten Inspektion im Urbino des Mittelalters kaum. An versteckter Stelle besitzt freilich auch die Montefeltro-Stadt ein Beispiel jener spektakulären Wandmalerei, die seit dem 14. Jahrhundert die Kirchen in ganz Mittel- und Oberitalien mit ihren bunten, großflächigen Erzählungen überzog. Die Brüder Jacopo und Lorenzo Salimbeni aus San Severino waren es, die 1416 den Freskenzyklus im Oratorium San Giovanni Battista mit Datum und Signatur versahen. Nicht viel ist über die beiden Meister bekannt, außer, daß sie einer soliden umbrischen Malerfamilie entstammten.

Die Bilder schmücken einen unscheinbaren Bau, das Bet- und Versammlungshaus einer wohltätigen Bruderschaft, der offenbar auch Mitglieder der lokalen Aristokratie angehörten. In Florenz oder Arezzo würde man sich vor einer Malerei, die ihre Figuren derart grob überzeichnet und um drastische Effekte nie verlegen ist, wohl nicht allzu lange aufhalten. In Urbino sind die Szenen aus dem Leben Johannes des Täufers das einzige bemerkenswerte Kunstwerk, das die Stadt aus dem Zeitalter vor Federico überhaupt besitzt. Ergänzt wird die Heiligenlegende um eine große Kreuzigung an der Altarwand: einen ›volkreichen Kalvarienberg‹, wie er sich in der mittelitalienischen Kunst nur selten findet und eher einer gleichzeitigen Mode der nordalpinen Regionen, auch der Lombardei entspricht. Das Haus Montefeltro war – sein Wappen verrät es – an der Stiftung beteiligt.

Profane Architektur von Rang gab es in Urbino nicht, bis Federico den Neubau seines Palastes in Angriff nahm. Wo die Grafen und Herzöge vorher residierten, welches Quartier Federico 1444 bezog, welche Bauten und Kunstwerke er zunächst von seinen Vorgängern übernahm oder auch nicht – all diese Fragen, die auf die familiäre Vorgeschichte seiner Kunstpatronage zielen, können wir bis heute nicht eindeutig beantworten. Fest steht lediglich, daß die Montefeltro im Spätmittelalter verschiedene Wohnbauten auf dem Südhügel besessen haben. 1376 ist von einem *palazzo di abitazione del Vicario* die Rede, vermutlich dem Wohnhaus des Grafen Antonio, der diesen päpstlichen Titel als erster Montefeltro innehatte. Der Palast, heißt es, liege an der *piazza grande*. Vielleicht handelte es sich um den *castellare*, einen massiven Turm an der Westflucht der heutigen *piazza del Duca Federico*, den man im

Quattrocento völlig ausgekernt und in den neuen Palast einbezogen hat. Bis heute sieht man, wie empfindlich der nur behelfsmäßig integrierte Fremdkörper mit seinen schrägen Mauerzügen die sonst so kalkulierte Grundrißgeometrie des Neubaus stört.

Als Hauptresidenz dürfte den Montefeltro des Mittelalters aber der heutige *palazzo dell'Università* gedient haben, der – obwohl im späten 16. Jahrhundert erheblich umgestaltet – am südlichen Abschluß der *piazza del Rinascimento* noch immer kräftig aus der Fluchtlinie der Bebauung vorspringt. Schon die Präpotenz, mit der sich der massige Backsteinquader über jede städtebauliche Disziplin hinwegsetzt, decouvriert ihn als früheres Kastell und ordnet ihn damit einem Wohntypus zu, wie ihn alle Stadt- und Landesherren des Spätmittelalters noch mit größter Selbstverständlichkeit bevorzugten. Sich Kontrolle über die Umgebung zu sichern, war unbestritten erste Herrscherpflicht, und so wundert es nicht, daß burgenähnliche Bauten, die auf ländliche Ursprünge zurückgehen, seit dem 13. Jahrhundert immer häufiger auch in Städten anzutreffen sind. Schließlich versprach nur ein befestigter Bau mit dicken Mauern und Zinnenkranz – wie ihn auch das Montefeltro-Kastell zweifellos besessen hat – Sicherheit vor äußeren Feinden wie vor der Stadtbevölkerung, die argwöhnischen *signori* aus gutem Grund stets als latente Bedrohung der eigenen Position gelten mußte. Solche Stadtburgen, die nicht zuletzt den Verkehrsfluß hemmten, durch strenge Bauvorschriften zu beseitigen oder doch in geordnete Zusammenhänge zu integrieren, gehörte im 13. und 14. Jahrhundert zu den Anliegen vieler kommunaler Stadtregierungen in Mittel- und Oberitalien.

Bequem und elegant war das alte Montefeltro-Kastell wahrscheinlich nie, erst recht aber nicht mehr nach überregionalen Maßstäben des 15. Jahrhunderts. Die bürgerliche Wohnpraxis in den italienischen Städten hatte die militärische Askese der Burgenarchitektur längst überrundet, was Annehmlichkeiten wie Belichtung, Heizung oder komfortable Treppen, aber auch die künstlerische Ausstattung und die repräsentative Gestaltung von Häusern betraf. Schon Guidantonio da Montefeltro, Federicos Großvater, mag diesen Schluß gezogen haben, als er sich – wann genau, ist nicht mehr zu ermitteln – zum Bau einer neuen Residenz entschloß. Von Guidantonios kulturellen Ambitionen wissen wir einiges: Er war literarisch interessiert, besaß eine Bibliothek von mehreren Dutzend Bänden, die vereinzelt auch antike Autoren umfaßte, und scheint als Bauherr Ehrgeiz bewiesen zu haben. In Urkunden ist seit dem Jahr 1408 mehrfach von einem *palatium residentie domini comitis Guidantonij* die Rede, und zwar an der Ecke von *strata publica* und *platea magna*. Wir hätten diese erste Montefeltro-Residenz des *Quattrocento* also etwa dort anzunehmen, wo der heutige Palast von der *piazza del Rinascimento* zur *piazza del Duca Federico* umbiegt, allerdings wohl etwas nach Süden verschoben. Welche Ausdehnung der Bau hatte, geht aus den Quellen nicht hervor. Offenbar hat Guidantonio seinen neuen Palast bereits selbst bewohnt. Schon 1409 werden Verträge in einem ebenerdigen Raum abgeschlossen, der unterhalb der *caminata magna* – gemeint ist ein Festsaal im ersten Stock – gelegen sei. Auch ein Innenhof wird in den Dokumenten erwähnt, ferner ein Studierzimmer, eine Kapelle und eine Loggia zum Stadtplatz.

So wenig sich im einzelnen über den Palazzo di Guidantonio sagen läßt: Fest steht, daß sich mit ihm das Montefeltro-Quartier um einen großen Schritt in Richtung Stadtzentrum vorarbeitete – so weit, daß der Stadtherr nunmehr an den primären Schauplätzen des öffentlichen Lebens und der städtischen Zeremonien Präsenz zeigen konnte. Vielleicht hat sein Sohn Oddantonio, dessen Verlobung 1443 in einem Festsaal der neuen Residenz besiegelt wird, die Baustelle während der eigenen Regierungszeit noch weitergeführt. Alles spricht jedenfalls dafür, daß Federico den Bau nach seiner Machtübernahme zunächst als Wohnsitz bezog, um ihn allerdings schon bald grundlegend umzugestalten und ihn später endgültig im Zusammenhang des neuen Palazzo Ducale aufgehen zu lassen. Wahrscheinlich sind im heutigen Ostflügel zur *piazza del Rinascimento* noch große Teile der Guidantonio-Residenz erhalten. Deutliche Spuren wie Wappen oder Inschriften fehlen allerdings. Federico scheint alles daran gesetzt zu haben, Hinweise auf die familiäre Auftragsgeschichte unkenntlich zu machen und aus der Endredaktion seines großen Bauentwurfs möglichst vollständig zu tilgen.

Bauen in der Konkurrenz

Die Fresken der Salimbeni überliefern den ersten, noch zaghaften Schritt, den die Grafen von Urbino jemals in die Welt der Kunst getan haben dürften. Und Federico läßt sich nach seinem Amtsantritt zunächst Zeit damit, eigenen kulturellen Ehrgeiz an den Tag zu legen. Fünf Jahre dauert es, bis der Graf – der jetzt hauptsächlich auf den Schlachtfeldern Italiens anzutreffen ist – ein erstes öffentliches Kunstwerk für seine Stadt in Auftrag gibt. Der Anlaß ist bescheiden genug. Aber das Ergebnis kann sich sehen lassen: ein neues Portal für die Dominikanerkirche im Stadtzentrum, das der ansonsten geradezu entwaffnend reizlosen Fassade wie ein kostbares Schmuckstück vorgeblendet wird. Der Bildhauer Maso di Bartolomeo, ein früherer Mitarbeiter Michelozzos aus Florenz, entwirft das Werk im Jahr 1449; ausgeführt wird es bis 1454 durch seinen Assistenten Pasquino da Montepulciano.

Was für Maso di Bartolomeo kaum mehr als eine Gelegenheitsarbeit war – die er freilich in seinem Arbeitstagebuch ausdrücklich erwähnt –, muß in Urbino einiges Aufsehen erregt haben. Gab es jetzt doch auch hier zum ersten Mal ein Beispiel jener neuen Kunst zu sehen, die vor einem halben Jahrhundert in Florenz ihre Anfänge erlebt hatte und seitdem in ganz Italien von sich reden machte. Ihr Vorbild und ihren Maßstab hatte die Renaissancekunst in der historisch so fernen Antike gefunden, der sich eine jüngere, traditionsmüde Generation von Künstlern und Auftraggebern in ihren eigenen kulturellen Bedürfnissen so erstaunlich nahe fühlte. Der Architekt Filippo Brunelleschi und der Bildhauer Donatello, beide Pioniere des neuen Stils, waren Anfang des Jahrhunderts als erste zum Studium der antiken Werke nach Rom gereist und hatten den Künsten der Gegenwart damit ihre Orientierung vorgegeben.

Die schöne Ädikula in Urbino ist bereits ein Renaissancewerk der zweiten Generation. Sie greift ein Muster auf, das sich in Florenz und anderswo längst bewährt hatte: Freistehende, kannelierte Säulen mit korinthischem Kapitell tragen einen halbrunden Bogen, der sich seinerseits in ein rechteckiges Feld unter klassischem Dreiecksgiebel einordnet; die strenge Architektur wird durch subtile Ornamentik – Palmetten, Zahnschnittprofile, Festons – belebt. Daß Maso di Bartolomeo bei aller Nähe des Entwurfs etwa zu Michelozzos Grabmalsarchitekturen in Florenz und Neapel dem Fürsten nicht nur Bekanntes bieten wollte, sondern mit seinem Werk auch eine künstlerische Versuchsreihe fortschrieb, wird vor allem im Detail deutlich. Die Säulen etwa tragen ein Gebälk, das im Widerspruch zur klassischen Formabfolge nur aus Fries und Gesims besteht, also auf den Architrav als unterste Profillage verzichtet. Dieser Eingriff in den geheiligten Formenkanon der Antike, auf dessen getreue Rekonstruktion man noch wenig früher so große Mühe verwandt hatte, folgt unzweifelhaft einem Kalkül. Denn die rechteckige Türrahmung zwischen den Säulen hat ihrerseits schon ein Architravprofil aufzuweisen, das Maso di Bartolomeo direkt daneben offenbar nicht noch einmal wiederholen will. Daß er durchaus weiß,

Links: Vorerst führt Sigismondo Maltesta um Längen in der Konkurrenz der Auftraggeber: der Tempio Malatestiano in Rimini, ab 1451 nach Entwurf von Leon Battista Alberti mit triumphaler Architektur ummantelt.
Rechts: Bescheiden genug – das Portal von S. Domenico, als erstes Renaissance-Bauwerk Urbinos zwischen 1449 und 1453 nach Entwurf von Maso di Bartolomeo ausgeführt. Der Ausschnitt zeigt die Bogenzone mit ihrem antikisierenden Dekor.

wie ein vollständiges Gebälk auszusehen hat, zeigt er trotzdem: Die Giebelbekrönung des Ganzen fußt korrekterweise auf einer dreiteiligen Profilfolge mit allen kanonischen Bestandteilen.

Sobald das Portal fertig war, ließ Federico aus Florenz ein Madonnenrelief für das Bogenfeld kommen. Die etwas steif wirkende Gruppe des Bildhauers Luca della Robbia ist aus glasiertem Ton gearbeitet – in einer Technik, für die der Florentiner damals noch ein italienweites Monopol besaß. Seine Werkstatt spezialisierte sich seit der Jahrhundertmitte auf solche figürlichen Terrakotten, von denen sie in manufakturartiger Produktion beachtliche Stückzahlen herstellte, nicht zuletzt für den Export. In der Keramikstadt Urbino dürfte eine solche Arbeit auf sachverständiges Interesse gestoßen sein.

So bescheiden sich das Portal heute auch ausnimmt angesichts einer überbordenden Kunstkonjunktur, die Federico Jahrzehnte später in Gang setzen wird: Ein bezeichnender Anfang seiner Auftraggeberkarriere war es allemal, verdankte es doch seine Entstehung aller Wahrscheinlichkeit nach bereits einem hohen Konkurrenzdruck, wie er auch später als treibende Kraft hinter seinen Kunstambitionen immer wieder spürbar wird. Ausgerechnet Sigismondo Malatesta war der Rivale, dem es Paroli zu bieten galt. Ein Jahr früher, 1448, hatte der stets eifersüchtig Beäugte begonnen, die Franziskanerkirche von Rimini in einen Ruhmestempel des Hauses Malatesta, den *Tempio Malatestiano*, zu verwandeln. Ein erster Anbau an das bestehende Langhaus, dem bald weitere folgen sollten, war dazu bestimmt, als *cappella gentilizia* die Grabstätten seiner Dynastie aufzunehmen. Ob Federico damals vielleicht ähnliche Pläne für die Dominikanerkirche hegte – wir wissen es nicht. Immerhin mochte das Portal nach allem, was damals von Sigismondos Bauplänen nach Urbino gedrungen war, als hinreichende Antwort im Duell der erbitterten Kombattanten erschienen sein, die ihren Kampf nun unversehens auf das Gebiet der Künste ausgedehnt hatten. Vielleicht hätte Federico der Provokation aus Rimini gern eine größere Geste folgen lassen, doch um 1450 war er noch nicht der reiche Mann, der sich das hätte leisten können.

Um so bemerkenswerter, daß Federicos Antwort in ihrer Formulierung keineswegs beliebig ausfiel, sondern eigenen Duktus bewies. Sein Gegenspieler hatte mit Agostino di Duccio einen Künstler aus Florenz verpflichtet, also mußte es auch in Urbino ein Florentiner sein. Doch damit enden auch schon die Gemeinsamkeiten. Entstand in Rimini eine Hofkunst, die in unorthodoxer Weise Gotisches mit Antikem, Sakrales mit Profanem verschmolz, so entschied sich Federico für einen strengen Entwurf *all'antica*, frei von jeder spielerischen Note und auch von thematischen Ambivalenzen, die seine korrekte Gesinnung hätten in Frage stellen können. Er traf damit eine Wahl, die sich als selbstbewußte Abgrenzung und zugleich als Direktive für die Zukunft zu verstehen gab, was die weitere Entwicklung der Hofkunst in Urbino anging.

Kann es mit Federicos Initiation als Auftraggeber zu tun haben, daß Sigismondo nur ein Jahr, nachdem der Konkurrent seinen Vertrag mit Maso di Bartolomeo geschlossen hatte, der eigenen Baukampagne in Rimini eine neue, überraschende Richtung gab? Bis dahin war die Erneuerung der Franziskanerkirche fast ausschließlich eine Angelegenheit der Skulptur und der Raumdekoration gewesen. 1450 gelang Sigismondo jedoch der Coup, Leon Battista Alberti als Architekten für den Tempio Malatestiano zu gewinnen, den renommierten Kunstkenner, der als Humanist in Diensten des Papstes stand und bis dahin noch nie einen Bau entworfen hatte. Der Architekt Alberti stellte nicht nur die Planung des Tempio Malatestiano, sondern die Baukunst der ganzen Epoche auf eine neue Grundlage, trat er doch für eine Auseinandersetzung mit dem antiken Erbe ein, wie sie in dieser Intensität anderswo noch nicht geführt worden war. Obwohl nur wenig mehr als die Fassade zur Ausführung kam, weiß der Bau durch die Wucht seines Volumens und die einzigartige Präzision seiner Formen tief zu beeindrucken.

Wäre er nach Albertis Plänen zu Ende gebracht worden, hätte er als räumlich gestaffelte Synthese verschiedenster Bautypen – Triumphbogen, Pfeiler-Bogen-Stellung, Saalkirche, überkuppelte Rotunde – eine gänzlich neue Synthese heidnischer und christlicher Tradition verkörpern sollen.

Daß Federico mit seiner ersten, vergleichsweise bescheidenen Kunststiftung gerade die Dominikaner bedachte, war wohl nicht zuletzt der prominenten Lage der Ordenskirche an der breiten Hauptstraße der Oberstadt zu verdanken. Genau gegenüber stand der Palast des Guidantonio, jener Wohnbau, den er selbst hatte beziehen können, als er 1444 die Regierung übernahm. Das Portal des Maso di Bartolomeo lag ihm also beständig vor Augen, wenn er vom *piano nobile* aus den Blick auf die Straße schweifen ließ. Mit den sicherlich noch recht bescheidenen Ansprüchen, die seine Vorgänger an eine zeitgemäße Residenz gestellt hatten, begnügte sich Federico freilich schon bald nicht mehr. Im Gegenteil: Wie er sich in seiner Hauptstadt zu situieren gedachte, folgte anderen, moderneren Vorstellungen. Sie machten wohl schon bald einen neuen Bauabschnitt nötig, der das vorhandene Volumen auf einen Schlag zu verdoppeln versprach und der wahrscheinlich im Anschluß an den Guidantonio-Palast – jedenfalls zeigt sich hier, etwa in der Mitte der Straßenflucht, eine deutliche Baunaht – nach Süden hin errichtet wurde.

Der städtebauliche, vor allem aber der symbolische Sinn dieser Maßnahme liegt auf der Hand: nämlich zwischen Stadtplatz und alter Wohnburg eine große Montefeltro-Fassade aufzuspannen. Das Grafenhaus, so Federicos konsequent verfolgtes Ziel, mußte sich eine klare Präzedenz im politischen Raum der Stadt verschaffen. Wann Federico mit dem Erweiterungsbau begann, wissen wir nicht genau; erst einige Zeit nach Amtsantritt dürfte der noch immer geldknappe Stadtherr so weit gewesen sein. Außerdem könnte es durchaus fünf bis sechs Jahre gedauert haben, bis es dem Grafen gelang, in den Besitz des nötigen Geländes zu kommen.

Äußerlich gleichen sich die ersten Erweiterungen, die Federico an der Montefeltro-Residenz vornehmen läßt, den Vorgaben der älteren Partien vollkommen an. Die Nord-Süd-Ausrichtung der Bauzeile wird respektiert, der Bau sprengt noch nicht endgültig – wie es der spätere Palazzo Ducale tun wird – Struktur und Topographie der Stadt. Worauf es ankommt, ist offenbar zunächst die beeindruckende Dimension des Ganzen. Sie soll einen neuen Maßstab schaffen, der schon jetzt alle Bauten Urbinos, den Dom eingeschlossen, in den Schatten stellt. An der *piazza del Rinascimento* streckt sich eine Wand von 70 Metern ohne Unterbrechung in die Länge; kein Stadtbewohner, kein Besucher soll zweifeln, daß der *signore*, der hier wohnt, fest im Sattel sitzt. Die quantitative Wirkung wird zu diesem Zeitpunkt noch viel wichtiger genommen als der Anspruch, die Ziegelfläche durch Rhythmus und Form zu beleben, der schieren Größe also ein Gesicht zu geben, was das Wort ›Fassade‹ ja eigentlich meint. Unschöne Gerüstlöcher sprenkeln bis heute die Wand – vielleicht hatte man vor, sie unter Putz verschwinden zu lassen, das geschah aber bezeichnenderweise nicht –, die Fensterabstände schwanken von Joch zu Joch, sind nicht einmal auf Achse gesetzt. Was die herrscherliche Autorität des Baus wenigstens ahnen ließ, war wohl allein der Zinnenkranz, ein angestammtes Atrribut von Stadtburgen, mit dem sich die Front ursprünglich stolz schmückte. Erst nachträglich hat man die gezackte Silhouette des Baus durch Ziegelfüllungen in den Zwischenräumen eingeebnet; bei aufmerksamer Betrachtung läßt sich der frühere Verlauf der Zinnen allerdings noch heute aus dem Steinversatz unterhalb des Dachgesimses herauslesen.

Kam es Federico beim Weiterbau der Residenz folglich allein auf Größe, vielleicht auch auf rasche Ausführung, jedenfalls nicht auf Schönheit an? Im ornamentalen Detail hat die insgesamt so unansehnliche Front seit den Eingriffen Federicos immerhin ein Element aufzubieten, das auch außerhalb Urbinos höchsten Ansprüchen an vornehme und dabei zeitgemäße Wohnarchitektur genügt hätte. Es sind die doppelbogigen Fenster – ›Biforien‹ –, die sich auf durchlaufender Sohlbank über die ganze Länge der Fassade verteilen und von denen jedes einzelne mit seinem fein gemeißelten Rahmenwerk, seinem zierlichen Mittelsäulchen den Blick auf sich zieht. Dieser Fenstertypus war nicht nur prächtig, er hatte auch eine Vorgeschichte. Den Kenner ließ er wohl spontan an Florenz denken, das stilbildende Zentrum jener neuen Architektur, die sich nach ihren Anfängen im Sakralen seit kurzem auch des Profanbaus bemächtigt hatte. Erst 1446, also wenige Jahre zuvor, hatte Michelozzo seinen bahnbrechenden Entwurf für den Florentiner Palazzo Medici mit Biforienfenstern *all'antica* ausgezeichnet – einem prestigeträchtigen Architekturmotiv, gab doch der *Palazzo Vecchio*, das Rathaus der Arnostadt, mit seinen zahlreichen gotischen Biforien das motivische Leitbild ab.

Ein Bauherr wie Federico da Montefeltro machte sich eine solche Form wohl kaum naiv zu eigen, sondern griff ihren autoritätsstiftenden

Anspruch auf, der ihm kaum verborgen geblieben sein dürfte. Wenn er – wofür vieles spricht – die Florentiner Bildhauer, die schon das Kirchenportal auf der anderen Straßenseite errichtet hatten, auch hier beschäftigte, so dürfte ihm erst recht der politische Hintersinn einer solchen Architekturform klargeworden sein, stammten die Mitarbeiter des Ateliers doch alle aus dem Umkreis Michelozzos. Allerdings ging es Federico offensichtlich nicht darum, in Urbino einen zweiten Palazzo Medici zu errichten. Denn in anderen Erscheinungsformen der Fassade erweist sich seine Residenz geradezu betont unabhängig von dem Florentiner Patrizierhaus: Glatter Ziegel statt grauer Buckelquader, Zinnen statt eines antikischen Konsolgesimses, wie zufällige Streuung der Öffnungen statt regulierter Systematik des Entwurfs.

All diese Elemente, die teilweise sicherlich noch auf den großväterlichen Erstbau zurückgehen, lassen unter der zivilisierten Oberfläche des Stadtpalastes noch die archaische Typologie der Burg erahnen. Sie distanzieren sich merklich von der Florentiner Mode der durchgestalteten Hausteinfassade und rücken statt dessen eine andere Bautradition in den Blick, die Herrschaftsarchitektur der oberitalienischen Städte. Eine Residenz wie der Herzogspalast in Mantua, der sich in einer reich durchfensterten, zinnengekrönten Ziegelfront zum Stadtplatz wendet, war Federico von Jugend auf vertraut. Und, noch wichtiger: Seine unmittelbaren Konkurrenten um die Machtverteilung in Italien, Alfonso von Aragón, Francesco Sforza und – wieder einmal – Sigismondo Malatesta, waren seit kurzem mit der Renovierung oder sogar dem Neubau mächtiger Stadtburgen in Neapel, Mailand und Rimini befaßt.

Sicherlich wollte Federico hinter diesen Bauaktivitäten nicht zurückstehen, aber er scheute den architektonischen Gestus der Konkurrenz. In ihrer ungeschlachten Baumasse, zur Stadt durch Aufmarschplätze auf Distanz gehend und an den Rückseiten in die Befestigungsgürtel integriert, mit Zinnen, Türmen und Gräben ausgestattet, traten die Kastelle der Sforza und Malatesta der Stadtbevölkerung als militärische Drohgebärde, als ungeschminkte Neubelebung repressiver Baumuster entgegen. Um die Mitte des *Quattrocento* war ein gebildetes Publikum längst imstande, die keineswegs mehr selbstverständliche Entscheidung für solche Traditionen im Sinne einer politischen Selbstprofilierung, wenn nicht Selbstdenunziation zu verstehen. Leon Battista Alberti, immerhin Baumeister Malatestas und zugleich der vielbeachtete Begründer neuzeitlicher Architekturtheorie, spricht 1452 in *De re aedificitoria* unumwunden von einer Architektur der Tyrannis, wenn er – an

Von Stadtburgen wie dem Castello Sforzesco in Mailand, die Alberti in seinem Architekturtraktat als tyrannisch brandmarkt, will sich Federico mit seinem zivilen Palastbau in Urbino distanzieren.

Ein erster, noch zaghafter Schritt hin zur neuen Residenz: der ›Grafenflügel‹ erhält um 1450 elegante Biforienfenster, von denen einige mit spätgotischen Krabben verziert sind.

den technischen Aspekten der Materie bei aller ideologischer Skepsis doch merklich interessiert – den Burgenbau abhandelt.

Dennoch waren die Bauherren dieser Zwingburgen kaum von schlechtem Gewissen geplagt. Der Mailänder Sforza suchte in der Form seines Kastells die große Gebärde und befaßte Filarete, einen weiteren Pionier der Architekturtheorie und einen der fähigsten Architekten seiner Zeit obendrein, mit dem Entwurf. Malatesta seinerseits brachte nicht nur Münzen mit der Ansicht seines zinnenstarrenden Kastells in Umlauf, sondern ließ Piero della Francesca den Bau mitsamt Zugbrücke auch auf dem repräsentativen Fresko im Tempio Malatestiano abbilden, das ihn selbst kniend und in Begleitung seiner Lieblingshunde vor seinem Namenspatron zeigt (Abb. S. 107).

Es fällt nicht schwer, sich den erneuten Konkurrenzdruck auszumalen, dem sich der eben erst zur Macht aufgestiegene Graf von Urbino durch diese spektakulären Bauvorhaben ausgesetzt sah. Ein in der eigenen Stadt keineswegs unangefochtener Provinzfürst, der überdies einen verschuldeten Staat übernommen hatte und mit seinen Mitteln haushalten mußte, war in seinem Ehrgeiz als Bauherr von verschiedenen Seiten limitiert. Hieß es doch einerseits Rücksicht nehmen auf Empfindlichkeiten daheim, also nicht allzu präpotent und verschwenderisch bauen, andererseits den Ehrgeiz parieren, den die Wettbewerber andernorts so hemmungslos zur Schau stellten. Den Ausweg, den Federico aus diesem Dilemma fand, würde man in Italien heutzutage *furbo* – schlau – nennen: sich nämlich gar nicht erst auf die Spielregeln einzulassen, die seine Konkurrenten aufgestellt hatten, sondern mit anderen Mitteln, in einer anderen Sprache und mit anderen künstlerischen Argumenten den Vergleich zu suchen. Federico und sein Architekt gingen dabei überlegt zu Werke, obwohl die Vorgaben des Guidantonio-Palastes gerade an der Fassade den gestalterischen Spielraum von vornherein empfindlich beschnitten. Als neue Zutat zum Vorhandenen stellten die Biforienfenster einerseits eine motivische Eleganz zur Schau, wie sie keiner der fürstlichen Konkurrenzbauten aufzubieten hatte. In der Feinheit und im ornamentalen Reichtum ihrer Gestaltung überboten sie auf der anderen Seite deutlich den Palazzo Medici mit seinen vergleichsweise nüchternen, aus der Sicht Federicos vielleicht auch bürgerlichen Formen.

Schöner wohnen

Gegen Ende der 1450er Jahre dürfte Federico dann so weit gewesen sein, die Gemäuer des Guidantonio-Palastes auch innen in eine standesgemäße Residenz umzuwandeln. Der Wunsch nach großem Auftritt, nach Noblesse der Ausstattung kommt hier unumwunden zur Geltung, ganz anders als am Außenbau. In der Tat, man logierte vornehm im *piano nobile*: Der Fest- und Speisesaal, mit fast 8 Metern Länge ein stattlicher Raum, gewährt Zugang zu drei weiteren Zimmern geringerer Größe, und vermutlich setzte sich das Appartement in einigen Gemächern noch weiter nach Süden fort. Geräumiger residierte um 1450 kein italienischer Fürst; allenfalls die Medici hatten in ihrem neuen Palast Ähnliches aufzubieten. Ihrem Beispiel folgend, ließ Federico die Verbindungstüren zwischen den Wohnräumen auf Achse setzen, so daß eine zusammenhängende Suite, nicht bloß eine Addition von Zimmern entstand. Ob es wie in Florenz außerdem noch einen flankierenden Korridor gab, läßt sich aus dem heutigen Bau nicht mehr ablesen. Mit der Entscheidung, alle Gemächer aufwendig wölben zu lassen, ließ Federico dann selbst die Konkurrenz der Medici hinter sich und schuf ein Leitbild herrscherlicher Wohnkultur: Kein anderer Palast in Italien hielt bis dahin ähnlich helle, luftige und harmonisch proportionierte Innenräume bereit.

Signorile Distinktion atmet denn auch die Ausstattung. Im Festsaal setzt sie auf die Mittel der Bauskulptur, angefangen bei den Kapitellkonsolen der Gewölbe über das prachtvolle Portal bis hin zu den unnachahmlich elegant gezeichneten Fensternischen, deren steinerne Sitzhocker auf blattverzierten Balustern zu müßigem Verweilen einladen. Wer Platz genommen hat, kann je nach Orientierung unterschiedliche, aber stets privilegierte Blicke genießen: sei es auf Stadt und Kirchenportal, sei es auf die Innenwelt des Palastes. Hier fällt als größte Sehenswürdigkeit sogleich der Prunkkamin ins Auge. Er bezieht genau gegenüber einer Fensternische Position und stellt figürliche Skulptur in einer Fülle zur Schau, die seinen praktischen Zweck überspielt und ihn zum Objekt bewundernder Wahrnehmung macht. Das Programm der Dekoration sieht die Forschung heute mehrheitlich durch die Hochzeit Federicos mit Battista Sforza im Jahr 1459 veranlaßt – geht es doch um Liebe in verschiedenen mythologischen Variationen. Nicht zuletzt spielt auch das Haus Montefeltro eine Rolle, wie der schreitende Adler im steinernen Wappenschild über dem Kaminsims zeigt.

Zunächst wenden sich, nur durch niedrige Sockel vom Boden erhoben, eine männliche und eine weibliche Aktfigur über die Feuerstelle hinweg einander zu. Gemeint sind Herkules und Iole, wie zwei schöne *Capitalis*-Inschriften über ihren Köpfen verkünden. Über dieses berühmte Paar konnte man etwa bei Ovid nachlesen, der sein Schicksal in den Metamorphosen anrührend erzählt. Der Held begehrt die Königstochter von der Insel Euböa und gewinnt sie im Wettschießen gegen ihren widerspenstigen Vater Eurytus, der sie ihm aber weiter verweigert. Erst viel später, nachdem er Eurytus getötet und Deianira geheiratet hat, scheint der Erfüllung seiner Wünsche nichts mehr im Weg zu stehen. Aber dann fällt Herkules der Eifersucht der Ehefrau zum Opfer, noch bevor er Iole wiedergesehen hat. Glaubte man diese tragische Geschichte bei einer Hochzeitsfeier – wo sie immerhin als grobe Taktlosigkeit hätte auffallen können – wirklich am Platz? Oder ist der Kamin doch schon früher entstanden, um die Mitte der 1450er Jahre, als Federicos erste Frau noch lebte und ein akuter Bedarf weder an Festdekoration noch an ehelicher Rücksichtnahme bestand? Vielleicht wollten Federico und seine Künstler ja zumindest beiläufig sogar auf den Tod des Helden anspielen, wenn sie dessen Figur so nah an die Feuerstelle heranrückten Nach dem Anschlag der Deianira läßt sich Herkules nämlich auf einem Scheiterhaufen verbrennen, um dann unter die Olympier aufgenommen zu werden. So betrachtet, darf man die Geschichte in einer zweiten Lesart durchaus auch als Heroenstück begreifen; die Liebe bleibt zwar unerfüllt, führt aber letztlich in die Unsterblichkeit.

Unabhängig von den Ambivalenzen, die sich im Bildprogramm des Kamins andeuten, kann man sich gut vorstellen, daß Federico und seine Künstler bei der Themenwahl nicht so sehr an die Einzelheiten des Mythos dachten, als vornehmlich eine Gelegenheit suchten, berühmte Liebende in antikischer Freizügigkeit nackt darzustellen. Dem Bildhauer – Pasquino da Montepulciano? – ist übrigens die männliche Anatomie in ihrem forcierten Kontrapost weitaus überzeugender gelungen als die weibliche, vielleicht weil er nur für die Herkulesfigur eine passende Vorlage zur Hand hatte. Sinnlichkeit und Reminiszenz an die Antike waren jedenfalls die atmosphärischen Dimensionen, die sich im Festsaal charakteristisch entfalten sollten und dafür nicht unbedingt den Anlaß einer Hochzeit brauchten. Vielmehr geht es, grundsätzlich, um die Repräsentation des Fürsten, seine immerwährende Gegenwart vor dem höfischen Publikum, das den Raum bevölkert. Kunst kam dabei die Aufgabe zu, Bilder des Fürsten zu entwerfen, die je nach Ort variieren, bestimmte Färbungen herausstreichen, andere wiederum dämpfen konnten. In der Sala della Iole ist es weniger das Amt als die Person Federicos, die Gehalt und Sprache der Dekoration bestimmt; der Herrscher zeigt sich ganz der Muße und dem sinnlichen Genuß hingegeben.

Die beiden Kaminfriese, in ungewöhnlicher Verdoppelung übereinander gestapelt, führen dann das Liebesthema auf verschiedene Weise weiter aus. Oben schleppen sich Eroten, die kleinen Gehilfen Amors, spielerisch mit riesigen Girlanden ab; ihre freundliche Respektlosigkeit hat man so oder ähnlich von Donatello her in Erinnerung. Weniger geläufig erscheint das untere Relief. Prominent ins Zentrum des ganzen Aufbaus gerückt, zeigt es Bacchus und Ariadne inmitten ihres Hochzeitszugs. Der kleine Figurenmaßstab und die subtile Handhabung der Relieftechnik grenzen die Steintafel ebenso von ihrer gestalterischen Umgebung ab wie der geschlossene Rahmen. Wirkt das Relief somit schon bei erster Betrachtung wie ein Zitat, so hat es sich bei näherer Prüfung in der Tat als solches erwiesen, nämlich als großenteils exakte Kopie nach einer antiken Vorlage. Wie Bernhard Degenhart zeigen konnte, wiederholt der Fries – um 1460 noch seltene Ausnahme – die Komposition eines hellenistischen Sarkophagreliefs, die schon früh in Nachzeichnungen Florentiner Künstler Verbreitung gefunden hatte. Das Original wird heute im Britischen Museum aufbewahrt.

Der Sinn von Zitaten liegt in ihrer Unterscheidbarkeit. Es gibt deshalb keinen Anlaß, aufgrund der offensichtlichen Stildifferenz das Bacchusrelief (wie mehrfach vorgeschlagen) einem anderen Bildhauer zuzuschreiben als die übrige Kaminskulptur. Interessanter ist es, das Montageverfahren als solches auf seine Voraussetzungen zu befragen. Dabei zeigt sich, daß die Engführung verwandter, aber unterscheidbarer Stilregister – Florentiner Frührenaissance und klassische Antike – prinzipiell nichts Neues war. Ihr nächstes Vorbild besaß sie in den Kapellenausstattungen, die Agostino di Duccio seit etwa 1450 für den Tempio Malatestiano entworfen hatte. Einen großen Motivvorrat an Putten und Eroten findet man dort ebenso wie einen betont antikisierenden Figurenstil und eine erstaunliche Fülle an Akten. Die gewagte Mischung dieser Ingredienzien hat sicherlich schon im *Quattrocento* ihren Reiz auf ein exklusives Publikum nicht verfehlt. In einem sakralen Raum wirkte sie freilich selbst auf Kunstkenner provozierend. Schon Papst Pius II., Sigismondos erklärter Feind und Federicos wichtigster Gönner, verurteilte sie in scharfen Worten als heidnisch, als modernen Götzendienst.

Federicos Kunstpatronage zielte also möglicherweise auch hier, im Herzen seiner Residenz, auf den Wettbewerb mit seinem Rivalen, der ihm ein weiteres Mal den Ball ins Feld geschlagen hatte. Wiederum mußte der notorisch klamme Urbinate klein beigeben, was das Volumen seines Auftrags betraf. Das hinderte Federico keineswegs daran, seine Position so zu bestimmen, daß sie als Korrektur, wenn nicht als Maßregelung einer konkurrierenden Ästhetik verstanden werden konnte. Zeitgenössische Kunst, so die stille Botschaft der Urbinater Skulpturen, durfte sich legitimerweise pagane Themen zu eigen machen, sie durfte die sinnliche, sogar erotische Aura antiker Werke nach Kräften wiederbeleben – aber sie hatte sich auf passende Orte zu beschränken und nicht in jene heiligen Bezirke einzudringen, die ihr aus Anstand verschlossen bleiben mußten. War diese Grenze in Rimini lästerlicherweise überschritten worden, so haben sich sakrale und profane Kultur in Urbino auf säuberlich getrennte Schauplätze verteilt.

Federico demonstriert in seinen frühen Kunstaufträgen also Respekt vor dem Gebot des Schicklichen, des *aptum* oder der Konvenienz. Mit solchen Formulierungen ist in der Kunsttheorie der Renaissance stets die Angemessenheit von Form und Sprache an Ort und Zweck gemeint. Wurden die Bilder der *Sala della Iole* dieser Forderung denn für sich genommen gerecht, so einseitig, wie sie bei aller Bemühung antiken Personals um die Themen Lust und Liebe kreisen? Lange Zeit konnte es scheinen, als habe sich Federico in der Ausstattung seiner offiziellen Gemächer weniger als machtvoller Fürst denn als eine Art kultiviertes Triebwesen gezeigt. Dieser irreführende Eindruck erfährt erst seit einigen Jahrzehnten wieder sein notwendiges Korrektiv, seit nämlich im Jahr 1939 unmittelbar neben dem Festsaal unter dicken Putzschichten die verloren geglaubte Wanddekoration der *camera picta* zum Vorschein gekommen ist. Schon im 15. Jahrhundert wird der Raum so genannt. Nur etwa halb so groß wie der Saal, führt er in seiner ehemals buntfarbigen Secco-Malerei, deren klägliche Überbleibsel heute nur noch eine Ahnung früherer Pracht vermitteln, dem Besucher die andere Seite jenes Bildes vor Augen, das Federico als seiner eigenen Existenz angemessen empfand.

Wie die siebzehn weitaus überlebensgroßen Gestalten, teils gerüstet, teils mit Lanzen und Hellebarden bewehrt, von oben ihre Blicke auf den Besucher lenken, verfehlen sie eine einschüchternde Wirkung selbst auf heutige Besucher nicht. Diszipliniert erscheinen sie freilich durch ihre Umgebung, die allen Ansprüchen an höfische Eleganz genügt. Ein wappengeschmückter Sockel bildet die Standfläche; reichbestickte Vorhänge im Hintergrund sowie geschäftige Putten in den Lünetten dämpfen zusätzlich den martialischen Habitus. Letztere machen sich daran, einen – kunstvoll imitierten – Brokatstoff unter das Gewölbe zu spannen. Es sind nicht irgendwelche Haudegen, die sich in dieser Galerie

Feuerstelle mit Skulpturen: Der Kamin in der Sala della Iole des Palazzo Ducale in Urbino wird von Statuen des Herkules und der Iole flankiert; über der Öffnung ein Relief mit dem ›Zug des Bacchus und der Ariadne‹ nach einem antiken Sarkophagfries.

versammelt haben, sondern berühmte Männer, in denen sich die geschichtsversessene Renaissance Leitbilder tugendhaften Verhaltens zurechtlegte. Auf entsprechende Kataloge konnte man in den verschiedensten Zusammenstellungen zurückgreifen. Man fand sie in mittelalterlichen Ritterromanen, aber auch in der humanistischen Literatur seit Petrarca (*De viris illustribus*, um 1338), der sich bei seiner Auswahl wiederum auf Biographiensammlungen der Antike gestützt hatte. In der Wandmalerei war das Thema nicht weniger erfolgreich. Zyklen von *uomini famosi*, denen fallweise auch *donne famose* an die Seite treten konnten, schmückten in mannigfachen Ausgaben bereits die Wände von Rathäusern, Residenzen, Privatpalästen und Villen. Auf Federicos besonderes Interesse dürften fürstliche Aufträge wie die im *Castel nuovo* von Neapel oder im Palast der Carrara zu Padua gestoßen sein. Aber auch in der Nähe, im Palast der Trinci zu Foligno, war eine entsprechende Bildfolge zu bewundern; Gentile da Fabriano hatte sie gemalt.

Welche Auswahl aus dem breiten Repertoire der Helden Federico für den eigenen Gebrauch treffen ließ, geht aus dem Bestand nicht mehr verläßlich hervor, dafür sind die meisten der Figuren zu stark zerstört. Klar zu erkennen geben sich immerhin noch der einäugige Horatius Cocles, unerschrockener Verteidiger Roms gegen Porsenna, und Mucius Scaevola, römischer Konsul und Pontifex, der zum Beweis unbeugsamer Wahrheitsliebe seine Rechte in die Flammen einer Opferschale hält. In anderen *uomini-famosi*-Zyklen waren beide bis dahin nie aufgetreten. Für einen Militär, der sich begierig in die Rolle des Staatsmanns hineinträumte, und dazu noch im Begriff war, sich auf jede nur denkbare Weise in das aktuell entstehende Bild einer wiedererweckten Antike einzuschreiben, waren freilich gerade diese beiden Römer berufene Identifikationsfiguren.

Ein berühmter Künstlername verbindet sich – ebensowenig wie beim Kamin nebenan – auch mit dieser Raumausstattung nicht. Wer etwa Paolo Uccello als Autor der *uomini illustri* reklamiert (er wird sich erst später, zwischen 1465 und 1468, in Urbino aufhalten), verkennt sicherlich dessen Rang als Meister perspektivischer Malerei. Pasquale Rotondi, der Entdecker der Bilder und Erforscher des Palastes, hat vermutlich recht, wenn er als Maler der *camera picta* Giovanni Boccati aus Camerino vorschlägt. Zwischen 1451 und 1458 läßt sich dieser Wanderkünstler, der vorher in Perugia und Padua gearbeitet hat, in Urbino nachweisen, und nichts spricht dagegen, daß er es war, der den Ansprüchen seines Herrn auf so gediegene Weise gerecht zu werden vermochte. Einen Grundsatz, bei dem er stets bleiben wird, befolgt Federico also offenbar schon um diese Zeit: nämlich nie einen heimischen Künstler zu beschäftigen. Der Federico allerdings, der alles daran setzt, Koryphäen wie Piero della Francesca, Luciano Laurana und Francesco di Giorgio Martini an seinen Hof zu ziehen, wird die Bühne erst einige Jahre später betreten.

Ein ramponierter Held: Federicos camera picta im ersten Stock des Grafenpalastes, geschmückt mit überlebensgroßen Bildern berühmter Männer (Giovanni Boccati, 1450er Jahre).

MONTEFELTRO GEGEN MALATESTA

Um Recht und Ehre

Federico da Montefeltro zählte zu den wenigen, die nach Lodi ihr Scherflein ins Trockene gebracht hatten. Allerdings waren die fetten Jahre auch für ihn zunächst vorbei, denn die Summen, die in Friedensperioden bezahlt wurden, lagen ja weit unter den Beträgen, die zu Kriegszeiten in die Schatztruhen des *condottiere* gelangten. Der Urbinate brauchte bald jeden neapolitanischen Dukaten für seine Auseinandersetzung mit dem Malatesta. Der mit äußerster Brutalität geführte Kampf wird selbst den großen Federico an die Grenzen seiner ökonomischen Möglichkeiten stoßen lassen. So ist es nicht nur der Umstand, daß der Frieden Krieger überhaupt schlecht zu ernähren pflegt, der erklärt, warum der Kunstmäzen Federico da Montefeltro kaum vor Mitte der 60er Jahre des *Quattrocento* deutlichere Konturen gewinnt.

Der Urbinate wird den Kampf gegen Malatesta mit einer geradezu obsessiven Entschlossenheit aufnehmen. Der Krieg wird Verwüstung und Leid über sein Land und das seines Gegners bringen. Das Duell an den Ufern der Adria ist ein Krieg im Schatten des Friedens; das eben installierte System von Lodi droht mehr als einmal daran zu zerbrechen.

Warum Federico da Montefeltro Land, Leib und Leben aufs Spiel setzte, am Ende buchstäblich Himmel und Hölle mobilisierte, um seinen Gegner zu vernichten, ist nicht leicht auszumachen. Um ein paar Festungen und Dörfer, (das ist es, was als Ertrag am Ende bleibt), geht es dabei nicht, ebensowenig dürfte der Wunsch entscheidend gewesen sein, einen lästigen Konkurrenten um Kriegsaufträge aus dem Weg zu räumen, obwohl dieser Effekt gewiß erwünscht war.

Ein Motiv ist rational nachvollziehbar: Um Sigismondo Malatesta und seinen Bruder Novello, den Herrn von Cesena, hatten sich, wie schon erzählt, nach 1444 Federico da Montefeltros Todfeinde versammelt: das, was wir das »urbinatische Exil« nannten oder auch die »alte Legitimität«. Es waren Männer und Frauen, die alles darum gegeben hätten, wenn der Malatesta dem Mörder Oddantonios den Garaus gemacht hätte. Noch eine aufsehenerregende Verschwörung im März

Das makellose Profil des Sigismondo Malatesta, wie es Piero della Francesca im Tempio Malatestiano von Rimini überliefert (Ausmalung der Cappella S. Sigismondo, um 1450; Ausschnitt

1457 läßt für einen Moment die Fäden des alten Netzwerks aufschimmern. Sueva da Montefeltro, die zweite Ehefrau Alessandro Sforzas und Schwester Oddantonios, versuchte, ihren Mann mit Gift aus dem Weg zu räumen und damit zugleich den Verbündeten des verhaßten Federico zu beseitigen. Die Zeitgenossen zweifelten nicht daran, daß ihre Tante Vittoria Colonna es war, die bei dem Attentatsversuch Regie führte. Wir erinnern uns: Oddantonio da Montefeltro war von seiner Mutter her ein geborener Colonna, und von Vittoria führten die Verbindungen zu Kardinal Prospero in Rom. Das Unternehmen wurde damals aufgedeckt; Sueva landete in einem Kloster und entging so wenigstens dem Schafott.

Sicher ist: Ruhig schlafen konnte der Graf von Urbino nicht, solange Sigismondo und die Exilierten auch nur über eine Handvoll Panzerreiter verfügten. Denn sie hatten einen Verbündeten, der für den Grafen gefährlicher war als Pulver und Stahl: das Recht, die Legitimität der dynastischen Erbfolge, die Federico da Montefeltro in den Staub getreten hatte.

Damit ist schon die vielleicht entscheidende Ursache berührt, aus der die Fehde zwischen den beiden *condottieri* ihre äußerste Schärfe bezog. Zur Disposition stand der noch vor Golddukaten, Land und einem Thronerben wichtigste, aber auch verletzlichste Besitz des Kriegers: seine Ehre. Der Kampf zwischen Malatesta und Montefeltro wirkt wie ein monströses Turnier unter zwei Männern, zwei ›letzten Rittern‹, die in der Abendsonne des Mittelalters gegeneinander ziehen. Es ist ein archaischer Streit, der aber mit den Mitteln des damals modernen Krieges, mit Bombarden und Belagerungsmaschinen, ausgefochten wird.

Zweimal forderten sich die Protagonisten gegenseitig zum Zweikampf. Einmal 1445, als Federico Fossombrone erworben und damit den Malatesta bis aufs Blut gereizt hatte. Dann am 7. Mai 1457: Der Herr von Rimini schleuderte Federico da Montefeltro die Duellforderung auf dem Höhepunkt eines hitzigen Disputs entgegen, während einer persönlichen Aussprache. Herzog Borso d'Este hatte die Begegnung in dem Schlößchen Belfiore bei Ferrara arrangiert, um doch noch einen Ausgleich unter den Streithähnen herbeizuführen. Das Treffen, von dem der dem Montefeltro freundlich gesinnte Paltroni außerordentlich detailreich berichtet, eskalierte allerdings rasch zu einem zornigen Streit. Sigismondo Malatesta überhäufte sein Gegenüber mit Vorwürfen, hielt ihm Verrat, ja alle nur denkbaren Schandtaten vor, die er und seine Vorfahren gegenüber den Malatesta begangen hätten. Selbst der parteiische Bericht von Federicos Kanzler läßt erkennen, daß der Herrscher von Urbino bei seinen Antworten keineswegs so *cool* blieb, wie der Historiker Philipp Jones in seiner politischen Geschichte der Malatesta meint. Vielmehr zahlte er mit gleicher Münze heim.

Als sich der Malatesta gegen den Vorwurf verwahrte, er stecke hinter dem Mordanschlag auf Alessandro Sforza, nannte ihn Federico – unter den Augen der Entourage und des Herzogs von Ferrara – einen Lügner und verhöhnte ihn als Feigling. Da verlor Sigismondo die Beherrschung. Er soll zum Schwert gegriffen, geschrien haben: »Beim Leib des Herrn, ich werde Dir die Därme aus dem Leib reißen« – *per lo corpo de Dio, io te cavarò le buddelle del corpo*, worauf Federico seinerseits das Schwert aus der Scheide zog und brüllte: »Und ich reiß' Dir das Gekröse aus, *et io te cavarò la corada a te*! Borso d'Este mußte sich zwischen die beiden Männer drängen, sie wären sonst übereinander hergefallen. Erstaunlich, daß Paltroni seinen Herrn derart außer Fassung vorführt. Die Szene zeigt Federico einmal nicht als Meister des Gleichgewichts und sublimen Humanisten, sondern als rauhbeinigen Troupier, der durchaus über den Wortschatz der Gosse gebot. Nach dem Affront von Belfiore war klar: Jetzt mußten die Waffen entscheiden.

Ein Krieg gegen das Gleichgewicht

1458 war Enea Silvio Piccolomini aus Siena zum Papst gewählt worden, als Nachfolger Calixts III., der den Stuhl Petri nur drei Jahre innegehabt hatte. Der neue Pontifex – er nannte sich Pius II. – suchte im Gegensatz zu seinem Vorgänger den Ausgleich mit Neapel. Alfonso war im selben Jahr 1458 gestorben. Sein Nachfolger, Ferrante von Aragón, sah sich gleich einer mächtigen Opposition einheimischer Barone gegenüber. Sie war für seine Herrschaft besonders gefährlich, da sie von Frankreich unterstützt wurde. Dessen König Charles VII. unterstützte Jean von Anjou, der seine Basis in Genua hatte, als Kronprätendenten. Der Papst jedoch hielt zu Ferrante. Sein Ziel war die Organisation eines Kreuzzuges zur Befreiung des Heiligen Landes; eine Voraussetzung dafür wäre die Befriedung Italiens, die Sicherung des Systems von Lodi gewesen. Beiden Zielen – italienischer Frieden und Kreuzzug – sollte ein Kongreß dienen, den der Papst 1459 nach Mantua einberief.

Der Krieg zwischen Federico da Montefeltro und Sigismondo Malatesta hatte sich bis dahin mit den gewohnten Plünderungen und Verwüstungen dahingeschleppt. Während Malatesta kaum Unterstützung erhielt (einer der wenigen, die im geheimen halfen, war Kardinal Prospero Colonna), hatte Federico da Montefeltro neapolitanisches Geld zur Verfügung. Außerdem hatte er sich mit dem durch Italien irrlichternden Piccinino verbündet. Man wollte die Beute am Ende wohl aufteilen. Aber erst mußte der Gegner zur Strecke gebracht werden.

Mit einem Schwall von Briefen, die sich über die Kanzleien Italiens ergossen, versuchte Federico den Eindruck zu entkräften, er sei ein »Störer des italienischen Friedens«, ein *perturbatore della pace d'Italia* (Tommasoli). Daß sein Privatkrieg ein Krieg gegen das System von Lodi war, steht außer Zweifel. Federico, der von vielen Historikern und Historikerinnen als ein Meister der Balance gefeiert wird, erscheint hier als Hasardeur, der die subtil austarierten Gewichte aus dem Lot bringt.

Papst Pius drängte von Anfang an auf Beilegung des Konflikts. Die – mit großer Wahrscheinlichkeit – von Federico da Montefeltro instruierte aragonesische Diplomatie sorgte allerdings dafür, daß dem Herrn von Rimini nahezu unerfüllbare Bedingungen oktroyiert wurden. Er sollte die von König Alfonso zu Unrecht erhaltene Soldzahlung zurückgeben. Den geschuldeten Betrag berechnete man auf 30.000 Dukaten (also auf mehr als das Doppelte dessen, was eine kleine Stadt wie Fossombrone kostete). Dazu verlangte Ferrante ein Juwel im Wert von nochmals etwa derselben Summe. Als Sicherheit hatte Malatesta einen großen Teil seiner Besitzungen in der Mark Ancona auszuliefern. Einige davon wollte der Papst dem Montefeltro übertragen. Noch 1459 ernannte er ihn zum Befehlshaber der Streitkräfte des Heiligen Stuhls: Federicos diplomatischer Erfolg war komplett. Für Pius II. dagegen sollte sich der Kongreß von Mantua als Fehlschlag erweisen. Die Kreuzzugspläne scheiterten, zu unterschiedlich waren die Interessenlagen der italienischen Staaten.

Sigismondo Malatesta willigte zähneknirschend in das Mantuaner Diktat ein, allerdings kaum in der Absicht, sich an die Vereinbarungen zu halten. Aber er hatte keine Wahl. Er war ohne lukrative *condotta* und stand ohne Verbündete da. So begann er tatsächlich mit der Räumung einiger Festungen.

Damit hatten seine Gegner nicht gerechnet. Allerdings: Piccinino war leer ausgegangen. So verbündete sich der Desperado mit der angiovinischen Opposition, die sich bis 1460 in weiten Teilen des Reiches durchgesetzt hatte. Bei Sarno und, am 21. Juli, in der berühmten Schlacht bei Fabiano waren die aragonesischen Truppen geschlagen worden. Ferrante behauptete damals gerade noch Kampanien und Neapel. Die Aktien der Barone und ihres *condottiere* Piccinino schienen gut zu stehen. Auf der anderen Seite schraubte die Gegenpartei ihre Forderungen immer höher. Am Ende kam man an der Kurie noch auf eine Steuerschuld von 10.000 Dukaten, die der *signore* von Rimini zusätzlich tilgen sollte.

Mit Federico gegen Sigismondo vereint: Papst Pius II., gemalt um das Jahr 1500 im Palazzo Piccolomini von Pienza.

In dieser Situation traf Malatesta eine folgenschwere Entscheidung. Er ließ sich, zuerst in aller Stille, dann offen, mit den Anjou und mit Piccinino ein. Zugleich machte er sich an die Revision der Abmachungen von Mantua. Ihm kam zugute, daß Federicos Streitkräfte im Sommer 1460 auf dem süditalienischen Kriegsschauplatz gebunden waren. So wagte er es, das dem Papst als Pfand übertragene Montemarciano zu besetzen. Im Oktober ließ er seine Truppen gegen die päpstlichen Besatzungen im Vikariat von Mondavio vorrücken.

Der stinkende Dreck Italiens

Sigismondos Krieg war verloren, noch bevor er begonnen hatte. Francesco Sforza wandte sich endgültig von ihm ab. Federico da Montefeltro, inzwischen Generalkapitän der Armeen Aragóns, des Papstes und – seit 1460 – der italienischen Liga, hielt alle Fäden in der Hand und schnürte sie immer fester um Malatesta zusammen. In Rom eröffnete Pius II. einen kanonischen Prozeß gegen den Herrn von Rimini und seinen Bruder Novello, dessen Ausgang von Anfang an unzweifelhaft war. Sie wurden als »Rebellen und Feinde des Friedens in Italien« geächtet, Ende Dezember folgte die Exkommunikation. Am 16. Januar 1461 veranstaltete der Papst ein spektakuläres öffentliches Konsistorium, bei dem auch Graf Federico anwesend war. Er dürfte die Kurie mit belastendem Material, das zu einem guten Teil aus unverfrorenen Lügen und Verleumdungen ohne jede Grundlage bestand, versorgt haben. Sigismondo sollte eine Kanonisation unter umgekehrten Vorzeichen erfahren: der Pontifex wollte ihn zu einem Bürger der Hölle machen. Er selbst hatte den 45 Seiten umfassenden Text einer Schmährede entworfen, die sein Fiskaladvokat Ugo Benzi zu Gehör brachte.

Malatesta erscheint in Benzis Rede zwar als Mann von scharfem und beweglichem Intellekt, doch habe er sich ganz dem Laster zugewandt. Die Kultur könne nicht leicht einen Geist verändern, der sich zum Schlechten entwickelt habe. Dann schüttet er ganze Kübel von Hohn und Häme über Sigismondo aus. Malatesta sei von niederer Abkunft, stamme aus einem »Kaff« namens Penne, *ex Penne venit vili oppido*. Der Signore von Rimini wird als Verräter, Dieb und Verbrecher beschimpft, als Sklave seiner Lust und als Frauenschänder, der vor Inzest nicht zurückgeschreckt habe. Er bezichtigt Sigismondo, zwei Ehefrauen, Ginevra d'Este und Polissena Sforza, ermordet zu haben: die eine habe er vergiftet, die andere erwürgt.

Die Vorwürfe steigern sich dann zu Anklagen wegen Ketzerei und Blasphemie. Sigismondo verachte die Theologen, spotte über die Trinität, ja, er behaupte, die ganze christliche Religion sei nichts als ein Haufen Lächerlichkeit. Sich selbst halte er für einen *condottiere*, der selbst die Feldherren der Alten in den Schatten stelle, und so wolle er sich nicht Italien, ja nicht einmal dem ganzen Erdkreis fügen. Und er glaube, daß die Seele mit dem Körper sterbe: »Daher kommt sein Leidenschaft zu herrschen; daher sein unersättlicher Eifer, Krieg zu führen.« Sigismondo Malatesta sei die Schande der ganzen italienischen Halbinsel, schloß Benzi seine Philippika: »Er ist der stinkende Dreck und das Schandmal Italiens, das Gift der Welt, der Räuber alles Göttlichen und Menschlichen.«

Mit der Verteufelung des Malatesta gelang der Propaganda des Hauses Montefeltro ein Coup mit nachhaltiger Wirkung, denn es spricht nicht wenig dafür, daß das Drehbuch, nach dem die verbale Vernichtung des Malatesta ablief, in Urbino geschrieben worden war. Federico da Montefeltro brachte also mit Hilfe seiner Propagandisten das Kunststück fertig, nicht nur ein Idealbild seiner selbst zu entwerfen, das über ein halbes Jahrtausend Bestand haben sollte. Er war auch mit dem Plan erfolgreich, das Ansehen seines Intimfeindes zu vernichten und seinen Nachruhm auf immer zu verdunkeln.

Die Rede Benzis und Pius' II. *Commentarii* versorgten die Geschichtsschreibung des Renaissancismus jedenfalls mit Versatzstücken, die vorzüglich für die Konstruktion eines imaginären Wesens geeignet waren: des *Renaissancemenschen.* Hier, endlich, war er greifbar, eine Chimäre aus Tinte und Papier. War Sigismondo Malatesta nicht der nervenstarke Schöpfer seiner Welt, im Morgenglanz der Moderne, zugleich ein lüsterner Berserker, der Gott verhöhnte und der Menschen spottete? Im historischen Schauerstück, das im 19. Jahrhundert unter dem Namen »Renaissance« zur Aufführung kam, wurde dem Signore von Rimini die Hauptrolle wohl allein von Cesare Borgia streitig gemacht.

Jacob Burckhardts Urteil über den »Verbrecher« und »frechen Heiden« Malatesta ist praktisch aus den Kommentaren Pius' II. abgeschrieben: »Frevelmut, Gottlosigkeit, kriegerisches Talent und höhere Bildung sind selten so in einem Menschen vereinigt gewesen wie in Sigismondo Malatesta. Aber wo die Missetaten sich häufen« – das ist Originalton Pius – »da gewinnen sie das Schwergewicht über das Talent und ziehen die Tyrannen in den Abgrund.« Im Einklang mit den kurialen Advokaten bezichtigt Burckhardt in seiner *Cultur der Renaissance* das »Scheusal« Malatesta aller Untaten, die sich denken ließen: Mord, Notzucht, Ehebruch, Blutschande, Kirchenraub, Meineid und Verrat, ja selbst der versuchten Notzucht am eigenen Sohn, der sich mit dem Dolch gegen die Vergewaltigung zur Wehr gesetzt habe ...

In der englischsprachigen Welt fanden die Burckhardtschen Kunstfiguren vor allem durch John Addington Symonds Verbreitung. Zwei Essays in dessen vielgelesenen *Sketches and Studies in Italy and Greece* (1898) führen Sigismondo als gewalttätigen, furchtbaren Charakter vor Augen, eine »ganz und gar bestialische Natur«, deren schlimmste Eigenschaften mit Schweigen übergangen werden müßten; ausführlich werden die Vorwürfe Pius' II. zitiert. Demgegenüber erscheint Federico da Montefeltro als einer der fähigsten, wohlhabendsten *condottieri* seiner Zeit, einer der gebildetsten und menschlichsten der italienischen Fürsten. Der Montefeltro, daran lassen Burckhardt, Symonds und ihre Nachfolger keinen Zweifel, repräsentiert die helle Seite jener faszinierenden Epoche, die sie in ihren Büchern erfunden hatten.

Das strahlende Bild des humanen Herrschers, das sie von Federico gaben, prägt dessen Image ebenso bis heute wie ihre verzerrende Karikatur jenes von Sigismondo Malatesta. Fügt man die beiden Kunstfiguren zusammen, entsteht ein schizophrener Golem: Federico und Sigismondo, das sind Dr. Jekyll und Mr. Hyde. Sie zeigen das Janusgesicht von Burckhardts »modernem Individuum«, das hervorgebracht zu haben ihm zufolge zu den wesentlichen Errungenschaften der Renaissance zählte. In ihnen war verkörpert, was Aby Warburg mit dem Vokabular Nietzsches als die »Polarität« der Epoche beschrieben hatte, das Apollinische und das Dionysische. Kein Wunder, daß selbst der auf Pathos, auf bewegte Linien setzende Stil von Sigismondos bevorzugtem Bildhauer Agostino di Duccio als Muster des Dionysischen durch die Renaissanceforschung geistert.

Zwei Images und die Rede der Quellen

In Wirklichkeit lagen die Dinge viel komplizierter. Ebensowenig, wie Federico eine reine Lichtgestalt war, dürfte Sigismondo Malatesta jener Teufel in Menschengestalt gewesen sein, den manche Interpreten selbst auf Piero della Francescas Porträt im Louvre zu erkennen meinten. Für die Sigismondo Malatesta angehängten Morde sprechen nicht viele Indizien, während kaum Zweifel daran erlaubt sind, daß der Montefeltro es war, der bei dem Attentat auf seinen Bruder Oddantonio die Fäden zog. Mord und Konspiration zählten auch später zu den üblichen politischen Mitteln des Herrn von Urbino (man denke an seine Verwicklung in die Pazzi-Verschwörung), während sich eine Beteiligung Malatestas an solchen Unternehmen, etwa am Mordversuch an Alessandro Sforza, nicht beweisen läßt.

Gemeinsam war beiden *condottieri* die illegitime Abstammung. Sigismondo war der zweitälteste Sohn des Pandolfo Malatesta (1370–1427), Signore von Rimini, und einer unbekannten Mätresse. Daß er vom Vater her in die legitime Herrschertradition Riminis gehörte, betonte Sigismondo buchstäblich an allen Ecken und Enden. *PANDULPHI FILIUS* oder *PF* ließ er in die Marmorverkleidungen seines ›Tempels‹ schneiden, wo es nur ging, auch Piero della Francesca wurde gehalten, die Lettern auf seinem Fresko zu berücksichtigen. Elefant und Rose, die Embleme der Malatesta, erinnerten die Welt daran, wessen Ruhm der Bau verkündete.

Anders als sein Intimfeind war der Malatesta nicht durch Umsturz und Mord an die Macht gelangt, sondern, 1432, durch Erbfolge. Sein älterer Bruder Galeotto Roberto war damals – wie es scheint, aus natürlicher Ursache – gestorben. Und auch vom lüsternen Wüstling bleibt wenig übrig, wenn man die Quellen etwas genauer liest. Isotta delli Atti, seine legendäre Geliebte, stammte aus der Oberschicht von Rimini. Sigismondo scheint diese Frau wirklich geliebt zu haben. Um sie heiraten zu können, mußte er aber keineswegs die Ehefrau ermorden. Polissena Sforza starb 1448 an einer Seuche, wahrscheinlich an der Pest. Erst acht Jahre später, 1456, hat Sigismondo seine Isotta dann geheiratet. Auch der Verdacht, der Malatesta habe seine erste Frau Ginevra d'Este vergiftet, findet in unparteiischen Quellen keine Stütze. Daß auch der Herr von Rimini kein Heiliger war, davon zeugen (mindestens) vier unehelich geborene Kinder.

Die Anklagen schließlich, die Sigismondo als Häretiker, als blasphemischen Heiden brandmarkten, waren vollends aus der Luft gegriffen. Gewiß, das Programm des *Tempio Malatestiano* – das als Hauptquelle für Sigismondos Religiosität dienen müßte – wirkt auf den ersten Blick esoterisch, ja bizarr: Agostino di Duccio bietet zahlreiche Anspielungen auf die antike Mythologie, auf den ägyptischen Sonnenkult, auf Astrologisches. Ganze Forschergenerationen haben sich mit der Entzifferung abgemüht, die Ikonographie bis in ihre letzten Verästelungen verfolgt. Freilich war dieses Programm ungewöhnlich, aber doch nicht ohne Parallelen. So bietet das Deckenfresko von Cosimo de' Medicis alter Sakristei in San Lorenzo eine auf den Patron bezogene astrologische Spekulation.

Grundzug des Programms im Malatesta-Tempel war unzweifelhaft ein von antiquarischer Gelehrsamkeit und neoplatonischen Ideen geprägtes Christentum. Man sollte es eher avantgardistisch nennen. Es ist ein glänzendes Beispiel für eine sehr frühe Rezeption humanistischer Gedanken, die eindrucksvoll in konventionelle Christlichkeit integriert werden. Ein paar Jahrzehnte später waren solche Ikonographien selbst im Zentrum der Christenheit gang und gäbe, man denke an die hermetischen Motive der Borgia-Appartements des Vatikan. Die Motivik des *Tempio* bietet vor allem Argumente für die Bildung ihres Auftraggebers, mindestens für dessen Geschick, die richtigen Berater zu beschäftigen. Schriftquellen, durch die sich die Häresie- oder Blasphemievorwürfe belegen ließen, fehlen, abgesehen von den Invektiven der Kurie, ganz.

Was den Feldherrn und Politiker Malatesta betrifft, fällt das Urteil zwiespältig aus. In der Geschichtsschreibung über ihn wurde ein Detail bisher kaum beachtet: daß er nämlich ganz offensichtlich bei seinen Untertanen nicht unbeliebt war. Als Fossombrone 1447 von Federico da Montefeltro besetzt wurde, rebellierten die Bürger mit dem Schlachtruf: *Viva, viva li signori Malatesti nostri signori antichi, e mora li Feltreschi e viva el signor miser Sigismondo* – »Die Herren Malatesti, unsere alten Herren, sie sollen leben, leben, Tod den Montefeltro, und es lebe der Herr Sigismondo!« Einige der Orte, die Sigismondo nach den Vereinbarungen von Mantua dem Papst als Sicherheit überlassen hatte, rebellierten umgehend gegen die Montefeltro-Herrschaft, als der militärische Druck des Heiligen Stuhls für einen Moment nachließ.

Selbst als Heerführer machte Sigismondo im direkten Vergleich mit dem Montefeltro mehr als einmal die bessere Figur. Die Zeitgenossen waren sich einig, daß Sigismondo persönlich von außerordentlichem Mut und ein geschickter Taktiker war. Durch einige überlegen geführte Kampagnen rechtfertigte er bis in die Zeit um 1460 den Ruf, neben Federico da Montefeltro der fähigste *capitano* Italiens zu sein. Allerdings entsprach sein Format als Vermittler und Staatsmann nicht seinen Qualitäten als Militär. Die Vorwürfe der Illoyalität gründeten sich vor allem – und zu Recht – auf den plötzlichen Frontwechsel von König Alfonso zu Francesco Sforza und Florenz, einer der schwersten politischen Fehler, die Malatesta sich je erlaubte. Das Urteil der Geschichtsschreibung, der Signore von Rimini habe es nicht verstanden, langfristige Strategien zu entwickeln und seine Rechnung mit den politischen Machtverhältnissen zu machen, ist zweifellos zutreffend. In dieser Beziehung war ihm der Graf von Urbino bei weitem überlegen. Federico da Montefeltro war ein Mann, der vorsichtig alle Optionen erwog und sich rechtzeitig starker Partner versicherte, um dann, im passenden Moment, seine Chance zu ergreifen. Allein, wie er Malatesta nach dem Frieden von Lodi Zug um Zug politisch isolierte, war Staatskunst auf höchstem Niveau. Giovanni Santi resümierte in seiner Reimchronik: *Allo Aliphante el cor l'aquila morsa*, »der Adler zerdrückte dem Elefanten das Herz«.

Endspiel

Anfang Juli hatte es den Anschein, als könne Malatesta das Blatt noch einmal wenden. Bei Nidastore schlug er den päpstlichen *condottiere* Napoleone Orsini. Aber es war sein letzter Sieg in offener Feldschlacht, und er konnte ihn nicht ausnützen, denn es fehlte an Geld. Allerdings war auch Federico wegen seiner leeren Kassen zu entscheidenden militärischen Aktionen nicht in der Lage.

Als »heidnisch« diffamiert Papst Pius den festlichen Figurenschmuck des Tempio Malatestiano. Agostino di Duccio stellt Christliches und Paganes wie zwei Spielarten einer antiken Religion nebeneinander (hier das Relief der ›Luna‹ in der Cappella dei Pianeti, um 1455).

In Rom kam der Prozeß gegen Malatesta inzwischen zum Abschluß. Im April 1462 schleuderte der Papst den Bannfluch gegen »Sigismondo Pandolfo Malatesta, der Sohn des Pandolfo genannt wird«. Er fuhr fort: »So verfügen Wir, daß er vom Körper der kämpfenden Kirche abgetrennt werde als ein faulendes Glied«. Sigismondos Seele warf Pius den Dämonen vor, für immer solle sie im ewigen Feuer brennen. Sigismondos Körper, »das schmutzige Gefängnis des Fleisches«, empfahl der Papst den »bösen Geistern«, damit sie ihn verfolgten. Schließlich rief er zum Krieg gegen den Malatesta auf, »als ein mythisches Ungeheuer, das sich in die verschiedensten Gestalten wandelt, damit es nicht ergriffen werden kann.«

Zugleich wurde Sigismondo symbolisch hingerichtet. Vor Sankt Peter, auf dem Kapitol – dem weltlichen Zentrum Roms – und auf dem Campo dei Fiori, dem Platz, wo Ketzer ihr Ende fanden, wurden bekleidete, mit dem Porträt des Verfemten versehene Figuren verbrannt.

Sigismondo indessen hatte im Sommer neues Geld von den Anjou bekommen und eine Offensive auf Senigallia versucht. Tatsächlich konnte er am 12. August in die Stadt einrücken. Doch nur vier Stunden später drängte eine päpstliche Armee unter dem Grafen von Urbino nach. Am Tag darauf kam es unweit des Dorfes Cesano zur Schlacht, die mit einem vollständigen Sieg des Montefeltro endete. Sigismondo floh über das Meer zu seinem Verbündeten Piccinino nach Apulien, aber auch hier gab es wenig Hoffnung: Bei Troia hatte der *condottiere* gerade selbst eine schwere Niederlage erlitten. Den beiden Verlierern blieb nur, sich gegenseitig ihr Leid über die launige Fortuna zu klagen.

Der Rest der Geschichte ist rasch erzählt. Ende September 1463 fiel Fano nach erbitterter Gegenwehr, kurz danach zogen die *feltreschi* auch in Senigallia ein. Zwei Jahre später gelang es König Ferrante, Piccinino mit den schönsten Versprechungen nach Neapel zu locken; selbst ein Königstitel wurde dem *capitano* in Aussicht gestellt. Er begab sich arglos in die Falle. Bei einem Gelage sah er sich plötzlich von aragonesischen Söldnern umringt. Man warf ihn in einen Kerker des *Castel nuovo*, wo er am 12. Juli 1465 tot aufgefunden wurde, nun ein Kandidat für Ferrantes Mumiensammlung. Daß sein Ableben eine natürliche Ursache hatte, ist eher unwahrscheinlich.

Montefeltros Macht in den Marken war nun nicht mehr zu erschüttern. Die Zeit war gekommen, die Größe und Herrlichkeit des Herrn von Urbino aller Welt vor Augen zu führen.

HERR ÜBER DIE KÜNSTE

Planwechsel

Schritt für Schritt hat sich die Montefeltro-Residenz über mehrere Generationen von der südlichen Oberstadt in Richtung auf den Dom vorgearbeitet – in überschaubaren Abschnitten wie andere Bauvorhaben jener Zeit auch. Jetzt ist alles anders. Im Frühling 1466, vielleicht schon ein Jahr früher, beginnt Federico mit jenem Um- und Ausbau seines Palastes, der ihn binnen kurzem aus der kulturellen Anonymität heraustreten, seinen Namen und den Urbinos zum festen Begriff in der Welt der Künste werden läßt.

Daß ein grandioser Bauplan die Richtung vorgibt, lehrt schon oberflächlicher Augenschein. Auf einen Schlag wird Urbino die größte Baustelle Italiens. Schon zu Beginn mißt die Grundfläche des Neubaus 3.500 Quadratmeter. Um den Arbeiten mit seinen aktuellen Wohnbedürfnissen nicht im Weg zu stehen, hat Federico die Hofhaltung kurzerhand nach Gubbio verlegt: er will offenbar nicht nur groß und prächtig, sondern auch schnell bauen, koste es, was es wolle. In rasantem Tempo wächst der neue Palast denn auch heran. Schon zwei Jahre nach Baubeginn stehen die Säulen der Hofarkaden aufrecht oder sind in bearbeiteter Form sichtbar, da der Hofsekretär Federico Galli sie 1468 in einem Brief an seinen Brotherrn ausdrücklich erwähnt (*columnis integro saxo fabricatis*). Bis 1474 sind dann zumindest im Rohbau alle Partien fertig, die mit der inschriftlichen Signatur *FC* (*Federicus Comes*) versehen sind und damit auf ihre Entstehung vor der Erhebung des Bauherrn zum Herzog verweisen – das ist ein erheblicher Teil des Neubaus, der sich vom Eingang am Stadtplatz über Treppenhaus und Saalflügel bis zu den repräsentativen Appartements im Westbau erstreckt.

Der Bauplan ist einfach, aber kühn. Um einen weiten, luftigen Innenhof gruppieren sich vier Palastflügel zu einem Rechteck. Der Eingangstrakt, der in Ost-West-Richtung verläuft, durchbricht allerdings das Schema. Er hebt sich nicht nur durch ein größeres Tiefenmaß und durch dickere Mauern von den übrigen Flügeln ab, sondern überschreitet auch die Grenzen des Hofgevierts, die sonst durchgehend respektiert werden. Statt dessen greift er nach Westen hin bis zur Stadtmauer aus, wobei aufwendige Substruktionen das schroffe Gefälle zwischen Hügelkamm und Tal überbrücken müssen.

Erst durch diesen Baugedanken, der die geometrische Logik des Grundrisses kalkuliert außer Kraft setzt, ergibt sich die Chance, den Neubau spektakulär in die Stadtsilhouette einzubeziehen. Sind es am Stadtplatz langgestreckte, horizontale Fluchten, die den äußeren Eindruck bestimmen, so tritt der Bau an der *Porta di Valbona* als vielgeschossiger, turmartiger Komplex in Erscheinung – sichtlich darauf berechnet, schon auf weite Distanz Eindruck zu machen. Die Planung spielt sich jetzt also in städtebaulichem Maßstab ab. Federicos gewachsene Ansprüche an seine Residenz, ja an Architektur überhaupt, kommen darin unmißverständlich zum Ausdruck. Worum es ihm geht, ist jetzt nicht mehr die graduelle Erweiterung und Verschönerung eines angestammten Quartiers, sondern die Neuerfindung fürstlichen Wohnens, der Vorstoß in eine unbekannte Dimension profaner Architektur.

Architektensuche

»Männer, die wir aller Ehre und Förderung für würdig halten, zeichnen sich aus durch Geist und Talent (*ingegno e virtù*), und besonders durch solche Fähigkeiten, die bei den Alten in hohem Ansehen standen und dies noch heute tun. Das gilt etwa für die Architektur, stützt sie sich doch auf Arithmetik und Geometrie, diejenigen unter den Sieben Freien Künsten, die einen hohen Grad an Zuverlässigkeit gewähren. Die Architektur ist also eine Kunst, die Wissen und Verstand erfordert, und sie wird von uns besonders geschätzt und in Ehren gehalten. Nachdem wir überall gesucht haben, besonders in der Toskana, wo die Quelle der Architekten liegt (*dove è la fontana delli architettori*), und trotzdem auf niemanden gestoßen sind, der in dieser Kunst wirklich verständig und erfahren war, wurde uns Meister Luciano, der dieses Schreiben vorweist, zunächst vom Hörensagen bekannt; dann konnten wir uns selbst davon überzeugen, wie hervorragend, gelehrt und kundig er diese Kunst beherrscht. Und da wir beschlossen haben, in unserer Stadt Urbino eine schöne Wohnung zu errichten, die sowohl dem Rang und Ruhm unserer Vorfahren als auch unseren eigenen Bedürfnissen entspricht, haben wir besagten Meister Luciano zum Ingenieur und Vorgesetzten aller

Meister gewählt und bestimmt, die an diesem Werk arbeiten werden: Maurer, Steinmetze, Zimmerleute, Schmiede und alle anderen, gleich welchen Ranges und Faches, sofern sie nur an diesem Bau beschäftigt sind. Und so befehlen wir besagten Meistern und Arbeitern und allen unseren Untergebenen, die irgend etwas an diesem Werk zu verrichten haben, Meister Luciano Gehorsam zu leisten in allem, was er befiehlt, nicht anders als unserer eigenen Person.«

Als Federico da Montefeltro am 10. Juni 1468 in Pavia diese erstaunlichen Sätze formuliert, ist Luciano Laurana wahrscheinlich schon seit längerem als Architekt und Bauleiter des neuen Palastes im Amt. Zum ersten Mal wird sein Name im März 1466 in Verbindung mit dem Neubau erwähnt. Welchen aktuellen Anlaß mag es gegeben haben, ihn zwei Jahre später in seiner Stellung noch einmal förmlich zu bestätigen? Wir können dazu nur Vermutungen anstellen. Vielleicht hat sich Laurana wieder einmal in finanzielle Streitigkeiten mit Bauhandwerkern eingelassen, wie ein paar Monate früher. Damals hatte ein Konflikt mit dem Maurer Giorgio da Como noch durch Hofbeamte geschlichtet werden können, worüber Protokolle vom November und Dezember 1467 berichten. Diesmal muß der Signore, obwohl in Staatsgeschäften unterwegs, offenbar persönlich eingreifen, um die Autorität seines Architekten wiederherzustellen. Federico begnügt sich aber keineswegs damit, aus der Ferne ein Machtwort zu sprechen. Im Gegenteil: Die Tonlage, zu der er greift, ist unmißverständlich darüber erhaben, auf die banalen Hintergründe des Erlasses genauer einzugehen.

Statt dessen wird in definitorischer Grundsätzlichkeit verhandelt, was Architektur aus der Sicht des Bauherrn eigentlich sei oder ihrer Bestimmung nach zu sein habe. Federico versteht sie nicht als Handwerk. Da sie sich auf Geometrie und Arithmetik, die vornehmsten aller exakten Wissenschaften, beruft, gilt sie ihm beinahe selbst als Wissenschaft, zumindest aber als jene Kunst, die sich kraft ihrer gelehrten Grundlagen anderen Künsten überlegen fühlen darf. Indem er das ausspricht, betritt Federico bereits ein gedankliches Terrain, auf das sich bis dahin nur die wenigsten Bauherren vorgewagt haben. Allein Papst Pius II., von Herkunft Humanist und zugleich entschiedener Förderer von Federicos Karriere, hatte ein paar Jahre früher in der Beschreibung seiner Idealstadt Pienza ein Beispiel sprachlicher Reflexion über Architektur gegeben. Federico schreibt erheblich kürzer, tut es dem Papst aber insofern nach, als er sich Forderungen antiker Architekturtheorie ausdrücklich zu eigen macht. Für den Kenner der Materie sind offenkundig

Vitruvs *De architectura libri decem* die höchste Autorität, auf die er sich beruft. Gleich am Anfang seines Werkes stellt der römische Autor in aller Ausführlichkeit Argumente für die wissenschaftliche Ausbildung von Architekten zusammen, wobei die mathematischen Fächer den Kanon anführen. Nicht nur Federico selbst erweist sich nun in Wortwahl und Gedankenführung als gelehriger Schüler Vitruvs. Vielmehr gehört es bald auch in seiner Umgebung offenbar zum guten Ton, den neuen Palast im Licht antiker Theorie erscheinen zu lassen und dem Bauherrn dadurch eine gelehrte Aura zu verleihen. Wenn der Bau erst fertig sei, huldigt Federico Galli seinem Brotgeber in dem schon erwähnten Brief, werde er die wissenschaftliche Autorität (*doctrina*) eines Patrons zur Geltung bringen, der es in seinen Kenntnissen selbst mit Vitruv aufnehmen könne (*qui ipsi Vitruvio nequaquam cedas*).

Wenn Federico seinem Architekten also eine unerhörte Machtbefugnis verleiht, so begründet er diesen Schritt ausdrücklich aus dem Rang des Faches heraus, um das es geht. Von daher wird auch verständlich, warum das Dokument die zunächst vergeblich gebliebenen Bemühungen des Bauherrn in Erinnerung ruft, den richtigen Mann für den Palastentwurf zu finden. Zwischen den Zeilen soll man lesen: Fachleute, die ihr Metier in seinem Sinne beherrschen, sind rare, mit Gold kaum aufzuwiegende Ausnahmen; nicht einmal die Toskana, die wie ein unerschöpflich sprudelnder Quell begabte Architekten schon im Überfluß hervorgebracht hat, war in der Lage, den geeigneten Kandidaten aufzubieten. All das begründet den Anspruch des glücklich gefundenen

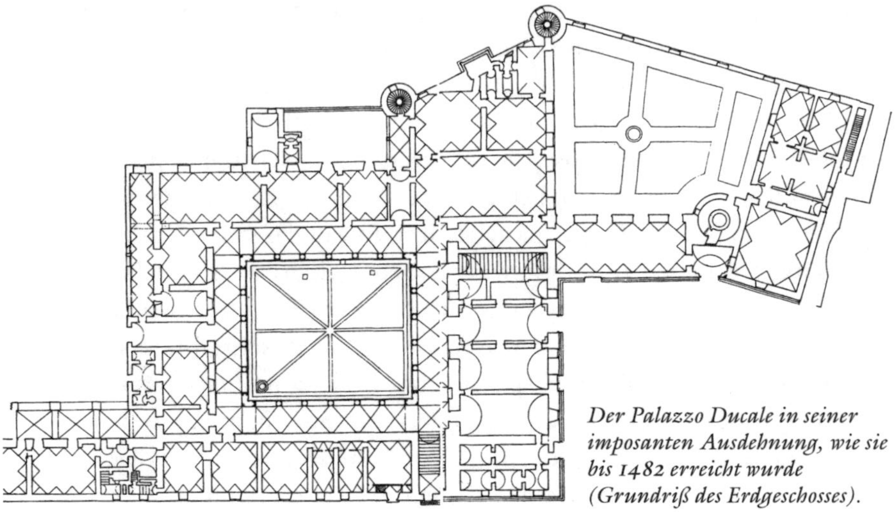

Der Palazzo Ducale in seiner imposanten Ausdehnung, wie sie bis 1482 erreicht wurde (Grundriß des Erdgeschosses).

Architekten auf Autorität, ja auf quasi militärische Befehlsgewalt, die ihm der erfahrene Generalissimus denn auch ohne Zögern überträgt.

Wer war dieser Luciano Laurana, der sich in solchem Maß das Vertrauen seines Herrn erwerben konnte? Unter den berühmten Architekten der Renaissance zweifellos derjenige, über den wir – angefangen beim Geburtsdatum – am wenigsten wissen. Wie sein Namensvetter, der Bildhauer Francesco Laurana, stammte er aus dem kleinen Ort Vrana (italienisch *Laurana*) bei Zadar in Dalmatien, einer Stadt mit alter Architekturtradition. Erstmals hört man 1465 von ihm, im Vorfeld seiner Berufung nach Urbino. Damals ist er am Hof der Gonzaga in Mantua beschäftigt, hält sich aber mehrfach in Pesaro auf, wo er Alessandro Sforza, Federicos Schwiegervater, in Baufragen berät. Dank dieser engen Bindung an den Hof von Pesaro dürfte der Montefeltro auf ihn aufmerksam geworden sein. Im März 1466 jedenfalls schreibt Ottaviano Ubaldini aus Urbino an Ludovico Gonzaga, man möge *maestro Luciano* doch nach Mailand schicken, damit er dem wieder einmal auf Reisen gegangenen Federico dort das Modell erklären könne, das er für den Palast in Urbino angefertigt habe. Im November 1467 finden wir Laurana dann als wohlbestallten *architector illustrissimi domini nostri* auf der Baustelle in Urbino, wo er seine Differenzen mit dem Maurer Giorgio austrägt. Bis 1472 wird Laurana in Diensten Federicos stehen; in diesem Jahr verläßt er Urbino aus unbekannten Gründen, obwohl er dort ein Haus und weiteren Grundbesitz erworben hat. Danach finden wir ihn für das stattliche Jahressalär von 200 Dukaten zunächst bei König Ferrante von Neapel, Federicos wenig sympathischem Bundesgenossen, als Experten für Geschosse (*mestre de artilleries*) angestellt. Von 1476 bis zu seinem Tod 1479 schließlich ist er erneut für Alessandro Sforza tätig, dem er jetzt als Festungsbaumeister dient.

So spärlich diese Nachrichten sind: Laurana, das wird völlig deutlich, verkörpert offenbar genau jene professionelle Kultur, die aus Federicos Sicht den idealen Architekten prägen soll. Er ist weder Handwerker noch reiner Entwerfer, sondern theoretisch versierter Ingenieur, dem man umfassende, technisch anspruchsvolle Planungsaufgaben anvertrauen kann. Selbst die moderne Militärtechnik, auch sie setzt ja in erheblichem Umfang mathematische Kenntnisse voraus, gehört in Lauranas Zuständigkeit, wie seine spätere Karriere erweisen wird. Und schließlich ist er ein Mann der Höfe, der über bewährte Netzwerke seinen Weg nach Urbino gefunden hat und alle denkbare Gewähr bietet, seinem Herrn loyal zu dienen. Was ihm allenfalls fehlt, ist jene Empfehlung, die ein Architekt üblicherweise mitbringen muß, wenn er sich um einen Auftrag solchen Formats bewirbt: ein vorzeigbares Œuvre. Offenbar hat Laurana vor seinem Engagement in Urbino – wie auch danach – keinen größeren Bau geplant, jedenfalls enthalten die Quellen nicht den bescheidensten Hinweis darauf. Der modernen Kunstgeschichte ist das immer ein Rätsel, ja ein Ärgernis gewesen, und doch hat keiner der Versuche, ein Frühwerk Lauranas zu rekonstruieren, je zu glaubhaften Ergebnissen geführt.

War es möglicherweise gerade das unbeschriebene Blatt, der *homo novus*, den Federico am Ende suchte? Man kann es sich vorstellen. Gab es doch im Italien der 1460er Jahre kaum einen Architekten, der Federicos Erwartungen an theoretische Qualifizierung genügen konnte und dann auch noch praktische Erfahrung mitbrachte.

Montefeltro und Alberti

Allenfalls eine Ausnahme, Leon Battista Alberti, könnte Federico in den Sinn gekommen sein. An diesen Humanisten und bauenden Theoretiker mag er ausdrücklich gedacht haben, als er im Patent für Luciano Laurana seinen idealen Architekten beschrieb. Der Autor von *De re aedificatoria* war mittlerweile eine von vielen Bauherren begehrte Zelebrität. Er hatte nicht nur den Tempio Malatestiano in Rimini entworfen, sondern mit Bauten wie dem Palazzo Rucellai in Florenz oder der Kirche San Sebastiano in Mantua, dem eben erst begonnenen Mausoleum des Hauses Gonzaga, weitere herausragende Exempel seines praktischen Könnens geliefert. Alberti war Federico sogar aller Wahrscheinlichkeit nach nicht nur dem Namen nach bekannt. In den Jahren, die dem Baubeginn des Palazzo Ducale vorausgingen, dürfte sich zwischen beiden ein direkter Kontakt hergestellt, wenn nicht eine enge persönliche Beziehung entwickelt haben. Jedenfalls legt der Humanist und Dichter Cristoforo Landino in seinen *Disputationes Camaldulenses*, kurz nach Albertis Tod im Jahr 1472 geschrieben und Federico gewidmet, Alberti selbst eine Erinnerung an jene vertraute Gespräche mit dem Grafen von Urbino in den Mund, auf die dann auch Federico seinerseits in einem Dankschreiben an Landino noch einmal ausdrücklich zu sprechen kommt. Man darf also – obwohl unlängst aus mancherlei Gründen bezweifelt – getrost daran festhalten, daß Federico und Alberti sich direkt begegnet sind. Selbst die sympathische Vorstellung, daß es sich Alberti mit zunehmendem Alter zur Regel machte, die römische Sommerhitze mit dem gesünderen Klima Urbinos zu vertauschen, kann einige Wahrscheinlichkeit für sich beanspruchen und wird durch Quellen zumindest nicht widerlegt.

Seinen Gast freilich zum Bleiben zu überreden und ihn als Architekten seines Palastes zu gewinnen, dürfte selbst für Federico ein aussichtsloses Unterfangen gewesen sein. Albertis Antwort hätte jedenfalls unweigerlich »nein« lauten müssen, machte doch die Schwierigkeit des Geländes, die Größe des Baus, kurz die Komplexität der Aufgabe die ständige Anwesenheit des verantwortlichen Architekten unabdingbar. Gerade zu dieser Konzession freilich konnte sich der inzwischen über sechzigjährige Alberti kaum bereit finden – nicht einmal gegenüber einem Bauherrn wie Federico, der für sein Bauvorhaben unbegrenzte Summen einzusetzen versprach und dazu noch seinen Vitruv gelesen hatte. Seit Jahrzehnten fest an den päpstlichen Hof gebunden, hatte Alberti für sich selbst das extravagante, in der Geschichte des Bauens bis dahin beispiellose Berufsbild des Korrespondenzarchitekten erfunden. Er war der einzige Architekt weit und breit, der nur vom Schreibtisch aus baute. Statt sich persönlich auf seinen Baustellen sehen zu lassen, zog er es vor, sich auf kompetente Ortskräfte zu verlassen, mit denen er hauptsächlich über Briefe und Zeichnungen in Kontakt stand. Ein Schreiben an Matteo de' Pasti in Rimini, in dem er detaillierte Anweisungen zum Bau des *Tempio Malatestiano* erteilt, ist ein kostbarer Beleg dieser einzigartigen Praxis. Gelang es ihm auf diese Weise, das eigene Credo, der Architekt habe Gelehrter und nicht Handwerker zu sein, mit all seinen Folgerungen selbst vorzuleben, so mußte er andererseits Projekte, die sich seiner Arbeitsmethode ihrer Natur nach entzogen, konsequenterweise ablehnen.

Federico befand sich in einer Zwickmühle. Wen sollte er engagieren – einen versierten Praktiker, der nicht in der Lage war, die begehrte wissenschaftliche Qualifikation vorzuweisen, oder einen gebildeten, aber unerfahrenen Neuling? Wenn es Alberti war, den er um Rat fragte, dürfte der ihm zweifellos zur zweiten Lösung geraten und ihn vielleicht sogar auf Laurana hingewiesen haben, der ihm in Mantua durchaus begegnet sein kann.

So präzise Federico in dem Dokument von 1468 seine Vorstellung des idealen Architekten entwickelt, so dürftig und konventionell nehmen sich die Beweggründe aus, die er für seinen Baubeschluß ins Feld zu führen weiß. Sich »eine schöne Wohnung zu errichten, die sowohl dem Rang und Ruhm unserer Vorfahren als auch unseren eigenen Bedürfnissen entspricht« – das hätten auch andere, weniger ambitionierte Bauherren so oder so ähnlich formulieren können. Die Motive, die ihn tatsächlich dazu bewogen haben mögen, mit einem Bauvorhaben neuer Dimension an die Spitze aller fürstlichen Bauherren Italiens zu treten, bleiben hingegen unausgesprochen und lassen sich nur indirekt erschließen – aus der Lebenssituation heraus, in der sich der Graf von Urbino als Vierzigjähriger befand. Federico hat Macht und Status konsolidiert: er ist standesgemäß verheiratet, hat seinen Todfeind Sigismondo Malatesta vernichtend geschlagen und erst jüngst – als bestbezahlter Feldherr weit und breit – die Bestätigung in seinem Amt als Generalkapitän der italienischen Liga erreicht. Zwei Wünsche allerdings, die Geburt eines Thronerben und die Verleihung des Herzogstitels, sind ihm zur Vollendung seiner Karriere noch unerfüllt geblieben. Beide Ziele hängen in gewisser Weise miteinander zusammen, ist doch die Herzogswürde nur über den Papst zu erringen, während bei Ausbleiben eines Sohnes die Herrschaft Urbino, die den Montefeltro lediglich als päpstliches Lehen übertragen ist, eines Tages an den heiligen Stuhl zurückfallen wird. Läßt sich die Geburt des Thronfolgers als göttlicher Gnadenerweis noch allenfalls herbeibeten, so kann man für den ersehnten Herzogshut aktiv etwas tun. Gefragt ist eine wirksame Eigenwerbung, die über den militärischen Erfolg hinaus endlich auch andere Felder fürstlicher Kompetenz unter Beweis stellen muß.

In Rom regiert seit 1464 der Venezianer Paul II., der dem Urbinaten zunächst keineswegs dasselbe blinde Vertrauen entgegenbringt wie sein Vorgänger Pius II. Piccolomini. Zwar ist es dem Montefeltro nach einigen Mühen gelungen, sich auch dem neuen Pontifex als Feldherr unentbehrlich zu machen. Seinen keineswegs makellosen Ruf als Erbe des urbinatischen Hauses aufzubessern, gibt es freilich Anlaß genug: Nach wie vor ist sein Werdegang von notorisch unliebsamen Erinnerungen überschattet, wie der illegitimen Herkunft und dem mehr als anrüchigen Coup, mit dem er sich 20 Jahre zuvor an die Macht gebracht hat. Sogar seinen langfristigen Nachruhm, den er vielleicht noch besorgter im

Leon Battista Alberti, Schöpfer der neuzeitlichen Architekturtheorie und Federicos gern gesehener Gesprächspartner, in einer zeitgenössischen Zeichnung, möglicherweise einem Selbstporträt (Rom, Biblioteca Nazionale).

Auge hat als sein Renommee unter den Zeitgenossen, drohen diese Belastungen ernsthaft zu gefährden. Einem Fürsten, der sich in derart mißlicher Lage befindet, bieten sich nun die vielfältigen Ausdrucks- und Überredungsmöglichkeiten der modernen Kultur – so teuer es ist, sie ins Spiel zu bringen – als das bei weitem erfolgreichste Gegenmittel an.

Selbst empfindliche Defizite an dynastischer Legitimation wie auch an persönlicher Tugend ließen sich, das hatte sich an den Höfen Italiens längst herumgesprochen, durch den strategisch geplanten Einsatz humanistischer Rhetorik, moderner Wissenschaften und schöner Künste elegant camouflieren. Als besonders attraktiv konnten dabei jene neuen Spielarten der Künste gelten, die ihre noch junge Konjunktur der Rückbesinnung auf die Antike verdankten. In Florenz und Mantua, in Neapel und Ferrara hatte es sich bewiesen: Die Kultur der Renaissance – die noch längst nicht so hieß – stellte ihr repräsentatives, bedarfsweise sogar manipulatives Potential jedem zur Verfügung, der sich ihrer zu bedienen wußte und sich ihren Einsatz leisten konnte. Ob der vierzigjährige Federico, der sich anschickte, diese Möglichkeiten mit einzigartiger Energie auszuschöpfen, übrigens wirklich schon in dem Maße dem Ideal des gebildeten Fürsten entsprach, wie seine kulturelle Offensive glauben machen mochte – darauf kam es nicht entscheidend an. Mit einer soliden humanistischen Erziehung wie mit glänzendem Gespür für die Forderungen des Tages ausgestattet, erwies sich Federico als einsichtsvoll genug, zum richtigen Zeitpunkt die richtigen Register zu ziehen. Um in der eigenen Person das moderne Ideal des *princeps doctus* zu verkörpern, sollte Federico von jetzt an keine Investition zu hoch, keine Anstrengung zu groß erscheinen.

Als Avantgardist frühneuzeitlicher *public relations* war sich der Graf von Urbino freilich bewußt, daß es mit der bloßen Bereitschaft zum Geldausgeben allein nicht getan sein konnte. Genau so wichtig und zugleich viel schwieriger war es, Gelehrte und Künstler höchsten Ranges für sein Vorhaben zu gewinnen. Wenn irgend möglich, mußten diese Männer von außen kommen, aus anerkannten Kulturzentren wie Florenz oder Mantua oder sogar von weiter her, um die Provinzialität Urbinos vergessen zu machen und die Anziehungskraft des eigenen Hofes unter Beweis zu stellen. Galt es doch, die Konkurrenz nicht nur durch erhöhten personellen und materiellen Aufwand, sondern auch durch eine unverwechselbare Qualität des Mäzenatentums aus dem Feld zu schlagen.

Kulturimport

Aus solchen Erwägungen heraus läßt sich die beispiellose Konjunktur des Kulturimports erklären, die Federico seit etwa 1465 entfachte und die ihr Profil in einer an sich nicht neuen, mit solchem Nachdruck aber anderswo noch nicht betriebenen Verschwisterung der schönen Künste mit den exakten Wissenschaften finden sollte.

Vespasiano da Bisticci, Florentiner Buchhändler und als umtriebiger Agent alles Schriftlichen bei den Mächtigen jener Zeit geschätzt, beginnt jetzt seine langjährige Tätigkeit für Federico. Er wird ihm eine der größten Bibliotheken Italiens zusammenstellen und später auch noch seine erfolgreichste Biographie verfassen. Das Amt des Hofastrologen bekleidet der Deutsche Jakob von Speyer, einige Jahre später wird der Niederländer Paul von Middelburg seine Nachfolge antreten. Als ersten Maler seit langem beruft Federico den beinahe siebzigjährigen Paolo Uccello, den letzten Überlebenden aus der Pioniergeneration der Florentiner Renaissancemaler, der mit Pinsel und Palette freilich schon geraume Zeit nichts Großes mehr zustande gebracht hatte. Die

Künstlerbiographik des 16. Jahrhunderts wird von dem greisen Meister das anrührende Bild eines intellektuellen Sonderlings zeichnen, der Tag für Tag über dem Entwurf komplizierter perspektivischer Körper brütete. 1465 in Urbino angekommen, bringt Uccello während der drei Jahre, die er bleibt, in der Tat erstaunlich wenig Praktisches zuwege. Als einziges Werk aus dieser Zeit sind die kleinformatigen Szenen des Hostienwunders überliefert, die ursprünglich den Sockel eines von Federico gestifteten Altarwerks in der Kapelle der Corpus-Domini-Bruderschaft schmückten und heute im Palazzo Ducale zu sehen sind. Den Auftrag, die Haupttafel zu malen, wird Uccello trotz großzügiger Vorauszahlungen nie erfüllen – später engagiert Federico für diese Aufgabe den weitgereisten Niederländer Joos van Gent.

Offenbar war es nicht so sehr das Vertrauen in die malerische Effizienz Uccellos als vielmehr die Bewunderung seiner perspektivischen Meisterschaft, die das fortgesetzte Engagement des Florentiners in Urbino rechtfertigte. Einen gelehrten Künstler am Hof zu haben, der sich auf die wissenschaftlichen Grundlagen der Malerei verstand und deren Beherrschung in Urbino langfristig zu etablieren versprach, dürfte Federico höchst willkommen gewesen sein.

Die Rechnung ging auf, schon einige Jahre später galt sein Hof dank der Meisterschaft eines Piero della Francesca, dessen Aufenthalt in Urbino 1469 bezeugt ist, als maßgebendes Zentrum der Perspektivkunst. Piero malte für Federico virtuose Raumbilder wie die *Pala Montefeltro* und schrieb vermutlich an seinem Hof den ersten Perspektivtraktat *De prospectiva pingendi.* Damit nicht genug: Auch die Intarsien in Federicos Studiolo, von einem unbekannten Künstler entworfen, suchten dank eines vorher nie gesehenen Vexierspiels vorgetäuschter Ein- und Durchblicke ihresgleichen; Architekturbilder mit verblüffender Tiefenwirkung schmückten seinen Palast, und noch ein Architekt wie Bramante, um 1445 in Casteldurante geboren, wird in den 1480er Jahren seine Karriere in Mailand als virtuoser Perspektivkünstler beginnen, wie man es von einem Urbinaten offenbar erwartete.

In einem durchaus praktischen Sinn spielt die Architektur eine Führungsrolle unter allen Künsten und Wissenschaften, die Federicos Auftraggeberschaft in produktiver Nachbarschaft zu vereinen weiß. Der gräfliche, später herzogliche Palast wird zum privilegierten Schauplatz der Wunderwerke, die sie hervorbringen. Er weist der Bibliothek, den Gemälden und Intarsien, der Bauskulptur und den Bildteppichen ihre Wirkungsorte an. Der Palast setzt damit den verbindlichen Rahmen, in dem die neue Hofkultur Urbinos Gestalt gewinnen kann. Und schließlich wird die Architektur des Palastes sogar zu jener Instanz, der es in erster Linie zufällt, das neu entworfene Ideal des Fürsten mit Leben zu erfüllen, ihm nicht nur bildliche Präsenz zu verleihen, sondern es im Ablauf von Handlungen und Begegnungen, in der Sequenz von Wegstrecken und Räumen täglich neu bewußt zu machen.

Für das Oratorium der Corpus-Domini-Bruderschaft in Urbino malt Justus van Gent in den Jahren 1473/1474 die ›Apostelkommunion‹: ein Beispiel flämischer Malerei, wie sie in Italien bewundert wurde. Zuvor hatte Paolo Uccello Federicos Auftrag für den Altar zwar akzeptiert, aber nur die Predella geliefert (Urbino, Galleria Nazionale delle Marche).

EIN PALAST IN FORM EINER STADT

Mehr Schein als Sein

Was Städtebau und Architektur als Garanten von Ruhm und Nachruhm zu leisten imstande waren, konnte Federico den Beispielen entnehmen, die Leon Battista Alberti in seinem Architekturtraktat von 1451 allen Bauwilligen zu bedenken gab: »Delos wurde nicht so sehr wegen Apolls Orakel als wegen der Form und Erscheinung der Stadt und der Erhabenheit des Tempels aufgesucht. Wieviel aber die Baukunst zum Ansehen des Römischen Reiches und Namens beigetragen habe, darüber will ich nicht mehr sagen, als daß ich aus Grabstätten und Überbleibseln der alten Herrlichkeit, die wir überall sehen, vieles den Geschichtsschreibern zu glauben gelernt habe, was mir vielleicht sonst weniger glaublich schiene. Vortrefflich billigt daher Thukydides die Klugheit der Alten, die ihre Stadt mit jeder Art von Gebäuden derart ausschmückten, daß sie weit mächtiger schienen, als sie waren. Und welchen gab es unter den weisesten und mächtigsten Fürsten, der nicht unter die vornehmsten Mittel, seinen Namen und Nachruhm zu verbreiten, die Baukunst gezählt hätte?«

Mehr Schein als Sein, prächtiger bauen als es Vernunft und Bescheidenheit erlauben, das war der Rat, den Alberti den Bauherren seiner Zeit zu geben hatte und der bei Federico auf fruchtbaren Boden fiel. Überhaupt scheint es Leon Battista Alberti gewesen zu sein, auf dessen Meinung sich Federico in Sachen Architektur und Städtebau hauptsächlich verließ, selbst wenn er ihn als Architekten nicht gewinnen konnte. Der Palast macht das allenthalben deutlich, weniger im Detail als in der prinzipiellen Auffassung von Aufgaben und Möglichkeiten eines herrscherlichen Wohnsitzes.

Geschmückt mit perspektivischen Intarsien, öffnen die Türblätter im Palazzo Ducale von Urbino oft auch imaginäre Räume. Die Inschrift DVX auf dem antiken Bauwerk im Hintergrund kündet nebenbei von Federicos frisch erworbener Herzogswürde.

Nicht zuletzt das Verhältnis zwischen Residenz und Stadt entwickelte sich in Urbino dergestalt, daß man – ohne Lauranas Leistung zu schmälern – hinter den richtungweisenden Bauentscheidungen immer wieder die leitende Hand Albertis zu ahnen glaubt.

Mit aller Wahrscheinlichkeit war es erst Lauranas Entwurf, der den Bauherrn Federico den endgültigen Durchbruch zum städtischen Hauptplatz auf dem Hügelplateau wagen ließ. Wie hatte sich der Platz bis dahin präsentiert? An der Nordseite, es wurde bereits gesagt, verlief die Flanke der Kathedrale, westlich schloß der *castellare* an, ein Wehrbau im Besitz der Montefeltro, der später Teil der neuen Residenz werden sollte. Zur Platzbebauung zählten außerdem ein *palazzo del comune* und der Sitz des Polizeichefs (*podestà*), ferner eine Loggia, die den Montefeltro gehörte, aber den Bürgern zum Abschluß von Verträgen zur Verfügung stand (Abb. S. 88). Dieses Bauensemble stellte gleichsam einen Längsschnitt durch die Verfassungsgeschichte Urbinos dar. Die politische Autorität, denen die Kommunalpaläste einst Ausdruck verliehen hatten, war allerdings inzwischen längst auf den Fürsten übergegangen. Die städtischen Institutionen existierten nur noch formell; nachdem schon frühere Montefeltro begonnen hatten, ihre Rechte auszuhöhlen, ist es Federicos autokratische Regierungspraxis, die ihre Machtbefugnisse auf ein Minimum reduziert. Immerhin: eine Erinnerung an die kommunale Geschichte Urbinos konnte sich in Gestalt der *platea communis* noch bis weit ins 15. Jahrhundert hinein behaupten.

Mit dem Neubau der Montefeltro-Residenz geriet das Stadtzentrum nun allerdings auch visuell unter den Alleinvertretungsanspruch des Herrscherhauses. Der Palazzo Ducale nimmt zwei der vier Platzfronten in Anspruch und setzt sich an der Hauptstraße über eine Länge von 90 Metern fort. Die Loggia ist ebenso aus dem Blickfeld der Öffentlichkeit verschwunden wie die Kommunalpaläste, die Federico an weniger prominente Standorte versetzen läßt. Auch die alte Kathedrale wird wenig später einem kompletten Neubau weichen, bezahlt vom Fürsten und entworfen von seinem zweiten Hofarchitekten Francesco di Giorgio Martini, der seit 1474 als Nachfolger Lauranas im Amt ist. In seinem Endzustand von 1482 – in diesem Jahr stirbt Federico, und der Palast bleibt unvollendet liegen – wird der Platz nichts anderes sein als *cour d'honneur*, Zeremonialraum und Vorhof der Fürstenresidenz. Zwischen Öffentlichkeit und höfische Binnenwelt schob sich nun die

Wenig einladend geriet die stadtseitige Fassade des Palazzo Ducale: sie mußte Bausubstanz verschiedener Epochen integrieren und sollte erst in der Marmorverkleidung des Francesco di Giorgio, die nach Federicos Tod unvollendet blieb, notdürftigen Zusammenhalt finden.

Schranke der Palastfassade. Das Bürgertum, vorher konstitutiv für die Funktionen des Platzes, sah sich in die passive Rolle des Publikums bei höfischen Ereignissen versetzt.

Die Absicht, die Fassade in Richtung auf die städtische Öffentlichkeit repräsentativ zu gestalten, wird allerdings erst in der zweiten Bauphase unter Francesco di Giorgio als Priorität der Planung greifbar, vorher scheint sie – anders als die Klärung der städtebaulichen Verhältnisse – noch keine entscheidende Rolle gespielt zu haben. Nach 1474 erhält die vordem unverkleidete Backsteinfront in einer technisch aufwendigen Baukampagne jene Schauarchitektur aus istrischem Marmor, die ihr – obwohl unfertig geblieben – Vornehmheit und Pracht verleiht. Vollendet schön proportionierte Fensterrahmungen, jede von ihnen sorgsam aus Pilastern und Gebälk gefügt und wohl als einziges Element der Fassade noch auf einen Entwurf Lauranas zurückgehend, skandieren in weiten Abständen das Hauptgeschoß und verkünden in antikisierenden Lettern den Ruhm des Bauherrn: *FE[DERICUS] DUX l*autet nunmehr die ostinate Signatur, die in kaum zu überbietender Vervielfachung den Aufstieg des Stadtherrn in den Herzogsrang verkündet und obendrein auch noch mit den Insignien jüngst verliehener Auszeichnungen – Hosenband- und Hermelinorden – verwoben ist. Abwechselnd mit den Fensterachsen werden etwa zur gleichen Zeit im Erdgeschoß der Hauptfassade drei reich geschmückte Portalrahmungen versetzt. Sie signalisieren einen Grad an Durchlässigkeit, der für Fürstenresidenzen des 15. Jahrhunderts alles andere als selbstverständlich ist. Allerdings trügt der Schein, um eine wirkliche Öffnung des Palastes in den städtischen Raum geht es mitnichten. Zwei der Portale sind der Wandfläche nämlich nur vorgeblendet, spiegeln im Interesse eines symmetrischen Fassadenbildes dort Öffnung vor, wo eine undurchdringliche Mauer verläuft. Der einzige echte Fassadendurchbruch ist das rechte Portal, das nahe an die Platzecke heranrückt und trotz seiner exzentrischen Position als Haupteingang zum Palast dient.

Daß man die Mittelöffnung nicht durchschreiten kann, die ästhetischen und funktionalen Ordnungsprinzipien der Fassade also deutlich auseinandertreten, hat schon Bernardino Baldi, der beste Urbino-Kenner des 16. Jahrhunderts, als jenen Mangel des Entwurfs benannt, der von Fachleuten am häufigsten gerügt werde. Für uns weist der Befund eher auf eine signifikante Verschiebung von Interessen zwischen der ersten und der zweiten Bauphase hin, die ja durch Federicos Avancement vom Grafen zum Herzog getrennt waren. Empfanden es nämlich der Herzog und mit ihm sein Architekt Francesco di Giorgio offenbar als angemessen, dem Palast durch Attraktionen wie Symmetrie, Bauschmuck, kostbares Material auch gegenüber der Stadt zu einem glänzenden Auftritt zu verhelfen, schien Laurana diese höheren Weihen baulicher Gestaltung noch vornehmlich dem Innenbau und damit dem höfischen Publikum vorbehalten zu wollen. Der städtischen Umgebung hingegen sollte der Palast in seiner Vorstellung – und wohl auch in der des Grafen – weiterhin in der Weise die kalte Schulter zeigen, wie dies für die früheren Bauetappen gegolten hatte: als zwar ausgedehnter, aber ungeschlachter Komplex, auf dessen äußeren Schmuck man allenfalls dort achtete, wo er auch von innen wahrgenommen wird. Selbst den Zinnenkranz des älteren Straßenflügels scheint Laurana zunächst noch an der Platzfront fortgeführt zu haben.

Ein moderner Fürst

Der Prozeß, in dem sich Federico da Montefeltro den öffentlichen Raum der Stadt unterordnete, verlief also nicht geradlinig, und er läßt sich im Endergebnis keineswegs nur als Unterwerfung beschreiben. Denn was die städtische Piazza durch den fürstlichen Neubau an dynamischer Funktion, an spontaner Nutzbarkeit einbüßte, kompensierte der Herzog durch gesteigertes Raffinement der Architektur an jener Fassade, die seine dauernde Präsenz in der Öffentlichkeit sicherte. Gewiß fanden von Fall zu Fall auch Zeremonien statt – man könnte etwa an den

Besuch des persischen Botschafters Isaak von 1473 denken –, in denen der Herzog persönlich eine Hauptrolle übernahm. Wie bewußt Federico jedoch die Forderung nach symbolträchtigem Auftritt, nach entschiedener Wendung zur Öffentlichkeit einzulösen versuchte, ließen unabhängig von seiner Anwesenheit die Fassaden seines Palastes erkennen. Als erster Fürst überhaupt begriff Federico die Bauaufgabe ›Fassade‹ als potentielles Medium der Repräsentation, ja als Projektionsfläche eines Herrschaftsprogramms.

Mit ihrem antikisierenden Schmuck, dem sichtlichen Bemühen, im nachhinein noch eine geordnete Struktur des Ganzen zu erreichen, setzt die Stadtfassade einen Ratschlag in die Praxis um, den Leon Battista Alberti den Lesern seines Architekturtraktats erteilt: daß nämlich *elegantia*, edle Form also, und nicht *superbia* – militärisches Imponiergehabe – als angemessene Stilebene für den Fürstenpalast zu gelten habe. Alberti selbst hatte bereits eine entsprechende Fassade entworfen, sogar für einen bürgerlichen Auftraggeber, den Bankier Giovanni Rucellai in Florenz. Schon in diesem bahnbrechenden Bau fand sich das tektonische Prinzip antiker Säulenarchitektur in flachen Pilasterordnun-

Die Fassade des Palazzo Rucellai in Florenz, nach Leon Battista Albertis Entwurf um 1455 ausgeführt, wird als einprägsames Gleichnis des Tragens und Lastens bald zum Vorbild moderner Fürstenbauten.

Luciano Laurana entwarf für die Stadtfassade des Palazzo Ducale Ädikulafenster von vollendeter Proportion und Formbeherrschung. Die Säulenordnung ist hier lediglich auf die Öffnung, nicht auf die Geschoßfläche als Ganzes bezogen.

gen auf die Fläche projiziert. Und wie der Vergleich zeigt, ist Alberti dabei zu einer deutlich komplexeren Form gelangt, als sie dann in Urbino – wo die nachträgliche Verkleidung erhebliche technische und kompositorische Probleme nach sich zog – verwirklicht werden konnte. Allein die dichte Komposition von Öffnungen und Pilasterordnung, der in Urbino eine vergleichsweise lockere Fügung der Elemente entspricht, stellt die künstlerische Überlegenheit seines Entwurfs außer Frage. Auf der anderen Seite dürften wohl die feinere Faktur der Urbinater Fassade, das kostbare Material und der hohe Anspruch, den Inschriften und Impresenschmuck an den Tag legten, in den Augen der Zeitgenossen den herausgehobenen Rang der Fürstenresidenz verbürgt haben.

Wie sich Federico persönlich seinen Untertanen zeigte, darüber wissen wir nicht allzu viel. Nur Vespasiano da Bisticci erwähnt seine Ausflüge in die Stadt, während derer er sich offenbar bemühte, den leutseligen Herrn zu geben. Kein Zweifel, seine Herrschaft war populär, und sie war geprägt von perfekter Inszenierung dieser Popularität. So verzichtete der Herzog auf berittene Begleitung und ging sogar selbst zu Fuß, wobei er die Huldigungen entgegennahm, die seine Untertanen ihm – spontan, wie Vespasiano suggeriert – kniefällig entgegenbrachten. Auch zu Scherzen mit Markthändlern ließ sich der Federico demnach herbei. Unvorbereitet dürfte ihn trotzdem niemand angetroffen haben. Was Vespasiano nämlich nicht erwähnt, was aber aus der Ämterliste der Hofordnung zweifelsfrei hervorgeht, ist der Umstand, daß ständig zwei Herolde im Sold standen, um das Erscheinen des Herzogs mit Trompetenschall anzukündigen. So inszeniert auch immer sich die Begegnungen mit den *cittadini* abgespielt haben mögen: Verglichen mit Zuständen und Lebensbedingungen, wie sie anderswo herrschten, hatten Federicos Untertanen allen Grund, ihrem Herrn auf Knien zu danken. Da sein Reichtum aus den Honoraren fremder Potentaten stammte, wurden Neubauten, Bücher, Gemälde aus importiertem Kapital finanziert; die Steuerlasten der Urbinaten blieben von den kulturellen Ambitionen ihres Herrn allem Anschein nach unberührt.

Was die Finanzierung angeht, war der neue Palast also eher ein Privathaus als eine typische Residenz. Von hier aus erklären sich denn auch signifikante Merkmale seiner Architektur. So wenig Federico um die Loyalität seiner Untertanen besorgt sein mußte, so sehr konnte er es sich leisten, in der Erscheinungsweise des Palastes auf antiken Stil statt auf Fortifikationen zu setzen. Nachdem in der letzten Bauphase sogar auf den Zinnenkranz verzichtet wurde, reklamiert die Fassade nur noch indirekt, übersetzt auf eine bildliche Ebene, das fürstliche Gewaltmonopol.

Das veranschaulichen die einstmals 72 Reliefs, die oberhalb der Sitzbank in die Fassade eingelassen waren und von denen heute noch 49 im Innern des Palastes zu sehen sind. Sie stellen sämtlich ingeniöse Maschinen nach dem Entwurf des Francesco di Giorgio dar, der sich damit an seiner Fassade nicht nur als Architekt, sondern auch als der technische Erfinder in Erinnerung bringt, als der er hohes Renommee genoß. Wie Illustrationen aus einem technischen Nachschlagewerk stellen sich die rechteckigen Steintafeln dar, die in ihren Proportionen tatsächlich an Buchseiten erinnern. Man bewundert ein Hebezeug, eine Schraubenpresse, ein Sägewerk oder eine archimedische Schnecke, Konstruktionen also, die im Bauwesen, in der Landgewinnung oder im Gewerbe von Nutzen sind. Aber auch viele Kriegsmaschinen sind zu sehen, die den modernsten Stand der Geschütz- und Belagerungstechnik vor Augen führen. Der Bezug auf Federico steht außer Zweifel: Die Reliefs sind an ihn als jenen Herrscher adressiert, der seine Erfolge – gleich ob in Krieg oder Frieden – nicht roher Gewalt, sondern überlegenem Wissen verdankt.

Die Gewichtsverschiebungen, die der Palastbau in der städtischen Struktur Urbinos bewirkte, haben größere als nur lokalgeschichtliche Bedeutung. Denn daß ein Stadtherr den Bauplatz für seine Residenz nach dem Gesichtspunkt öffentlicher Repräsentation auswählte, war in den Despotien Italiens ein vollkommen ungewöhnlicher Gedanke. Latente, oft auch handgreifliche Bedrohung durch ein selbstbewußtes Bürgertum gehörte zu den Grundbedingungen fürstlicher Herrschaft, die ja fast immer aus der Usurpation kommunaler Ämter entstanden und mit einer faktischen Ausschaltung jener republikanischen Institutionen einhergegangen war, denen Federico bei seiner Investitur als Stadtherr noch Treue geschworen hatte.

Um so bemerkenswerter, daß in der stadtseitigen Erscheinung des Palastes von Urbino der ganze funktionale Apparat der Verteidigung, von fürstlichen Wohnbauten bis dahin nicht wegzudenken, endgültig an Bilder delegiert erscheint. Francesco di Giorgios Maschinenreliefs verhandeln das Thema Sicherheit nur noch symbolisch, nachdem die Abschottung der Residenz zur Stadt bedeutungslos geworden ist. Damit wird über das Verhältnis zwischen Fürst und Stadt eine zentrale Aussage getroffen: Die Stadt ist ein Hort des Friedens, dem Zugriff der Feinde entzogen durch den überlegenen Verstand ihres Herrschers, der

Links: Seilwinde und Trophäen stehen für technische Intelligenz und Kriegsglück des Feldherrn Federico. Als eine von zahlreichen Darstellungen militärischer und ziviler Maschinen war das Relief des Francesco di Giorgio ursprünglich in die Fassade des Palazzo Ducale eingelassen.
Rechts: Mit gewölbten Mauern gegen Geschosse gefeit, erklärt sich die Festung zum Kopf der Stadt – Sassocorvaro, einer von Francesco di Giorgios eindrucksvollen Militärbauten im Dukat von Urbino.

über die modernste Technologie der Verteidigung gebietet und damit seine Untertanen jeglicher Bedrohung enthebt. Ein Jahrhundert später kann Machiavelli bündig formulieren: »Die beste Festung, die es gibt, ist, beim Volk nicht verhaßt zu sein. Wenn du auch Festungen besitzest, aber beim Volk verhaßt bist, so retten sie dich nicht; denn hat ein Volk einmal die Waffen ergriffen, so findet es immer eine fremde Macht, die ihm hilft.« Am fürstlichen Palast der Neuzeit, das zeigt das Beispiel Urbino eindrücklich, haben also Türme und Zinnen, Gräben und Zugbrücken nichts mehr zu suchen; als überlebte Phänomene von *superbia* weichen sie der aktuellen Forderung nach ziviler Eleganz.

Die schöne Kunst des Festungsbaus

Es wäre freilich naiv zu glauben, daß damit Verteidigung für den Landesherrn Federico faktisch überflüssig geworden wäre. Der Blick in die Peripherie des Herzogtums belehrt uns eines Besseren. Hier, in den vielen kleinen Ortschaften, die sich die Montefeltro im Laufe der Zeit unterworfen hatten und die Federico zu einem modernen Staatsverband zu formen versuchte, war Festungsbau nach wie vor ein Hauptanliegen des

Fürsten. Francesco di Giorgio, führender Militäringenieur seiner Zeit und wohl vor allem deshalb 1474 in Federicos Dienste berufen, wurde mit der Planung zahlreicher Verteidigungsanlagen betraut. Noch am Montefeltro-Hof begann er auch mit der Arbeit an einem Architekturtraktat, der dann den Festungsbau erstmals zum Thema einer wissenschaftlichen, modernste Errungenschaften der Kriegsführung einbeziehenden Erörterung erhob. Zugleich war es seine Leistung, dem Festungsbau seiner Zeit ein neues künstlerisches Gesicht gegeben zu haben.

Die für Urbino stets bezeichnende Allianz des Schönen, Zweckmäßigen und Gelehrten gewinnt so auch in den Festungen des Montefeltro-Staates immer wieder beispielhaft Gestalt. Selbst an den Außengrenzen, wo sie aus praktischen Erwägungen entschieden benötigt wurden, sollten Festungen mehr als Bollwerke sein. Denn Federico, der erfolgreichste Heerführer unter den Fürsten Italiens, hatte sich nicht zuletzt vorgenommen, auch das Kriegswesen, sein ureigenes professionelles Terrain also, einer durchgreifenden ästhetischen Reform zu unterziehen. Merkmal der Montefeltro-Festungen ist deshalb nicht nur ihre ausgefeilte fortifikatorische Konzeption, sondern stets auch eine anspruchsvolle architektonische Form. Zu den schönsten Beispielen zählt die *rocca* von Sassocorvaro: eigentlich nur ein durch Mauern und Wehrtürme umbauter Hof, in seiner äußeren Erscheinung aber ein expressives plastisches Gebilde, das über den eigenen Standort hinaus dynamisch in die Weite der Landschaft vorzustoßen scheint und in dessen Kontur die einzelnen Funktionselemente bruchlos aufgehen. Zur angrenzenden Siedlung Sassocorvaro verhält sich das Kastell so, wie es Francesco di Giorgio in seinem Entwurf der Stadt als menschlicher Körper nahelegt: Die Festung bekrönt den Kopf, den »würdigsten Körperteil«, wie Francesco ausdrücklich sagt. In ihren Mauern gipfelt die Komposition der Stadt. Damit steht gerade sie, die Festung, zeichenhaft für die intellektuelle Leistung des Fürsten, der seinen Staat kraft Einsicht und Erkenntnis zu leiten weiß.

Wie schon beschrieben, kam eine entsprechend deutliche Betonung der Befestigungen für Urbino nicht in Frage – war es doch gerade der Ehrgeiz Federicos, sich in der Hauptstadt seines Dukats als ziviler Fürst zu zeigen. Es ist vielmehr der Palast, der für Urbino eine ähnliche Bedeutung gewinnt wie die Festungen für die kleineren Orte. In der Wahrnehmung von außen erhebt die Residenz unumwunden den Anspruch, nicht nur *in* der Stadt, sondern *für* die Stadt zu stehen. Um diese Wirkung nachzuvollziehen, muß man sich freilich vor die Stadtmauer begeben – an den südwestlichen Stadtrand und damit an jenen Punkt der städtischen Umgebung, wo die Straße von Urbania einmündet und wo sich früher das wichtigste Stadttor befand. Hier entwickelt der Palazzo Ducale eine eigene Schaufront, die – unzweifelhaft noch in der ersten Bauphase unter Luciano Laurana entstanden – erstaunliche Unabhängigkeit vom städtischen Erscheinungsbild der Residenz behauptet. Weit imposanter als die Stadtfassade kommt sie zur Geltung, ragt sie doch über dem Steilhang empor und setzt, ohne explizit als Festung in Erscheinung zu treten, unverdrossen auf die Mittel militärischer Einschüchterung.

Ein architektonisches Porträt

Die zweitürmige Front läßt sich zumindest auf den ersten Blick ohne weiteres mit befestigten Wohnsitzen des Spätmittelalters vergleichen wie dem *Castel nuovo* in Neapel oder dem Papstpalast in Avignon. Aber keiner dieser älteren Bauten beherrscht die Wahrnehmung des Stadtensembles so wie die Turmfront Federicos. Urbino verdichtet sich gleichsam in ihrer Gestalt: die eigentliche Stadtbefestigung scheint neben ihr zu verschwinden, statt dessen gehen in ihrem Erscheinungsbild traditionelle Insignien städtischer Architektur eine neue, eigentümliche Verbindung ein. Man fühlt sich an Stadttore erinnert und vermißt doch auf den ersten Blick deren zweck- und formbestimmendes Moment – das Tor eben, das dem Ankömmling Zugang zur Stadt gewähren würde. Überdies sind die Türme, auch das wird bei näherem Hinsehen deutlich, viel zu schlank, um wirklich zur Verteidigung zu taugen.

Was das Auge des Besuchers wahrnimmt, ist also ein Bild, eine Fassade im eigentlichen Wortsinn. Sie bedient sich bestimmter Chiffren funktionaler Wehr- und Stadtarchitektur, ohne deren Aufgaben wirklich erfüllen zu können oder auch nur den Anschein zu erwecken, als sei sie dazu in der Lage. Statt dessen entwirft sie ein architektonisches Porträt des Bewohners, der hinter den Palastmauern residiert. Ihm steht, man soll es durchaus erkennen, das ganze Repertoire der Militärbaukunst zur Verfügung, aber er wünscht, keinen Gebrauch von ihm zu machen; vor den Augen des Betrachters vollzieht der Fürst seine Abrüstung als einen faktischen, mit dem Auge nachprüfbaren Prozeß.

Beherrschendes Motiv der Fassade sind die beiden großen Balkons, in denen die ganze Komposition gipfelt. Weißer Marmor verleiht ihnen festlichen Glanz vor dem Hintergrund schlichter Ziegelmauern, in riesigen Lettern verkündet die Signatur des Grafen dessen Ruhm, der steinerne Montefeltro-Adler ragt wie eine aufgepflanzte Standarte in den Himmel. Und vor allem: Säulenarchitektur höchsten Anspruchs signalisiert im Kontrast zur flächigen Wandgestaltung der unteren Bögen den privilegierten Gebrauch der Balkons durch den Fürsten. Als Orte, die ganz offenkundig der Aussicht des Hausherrn dienen, stehen die Balkons in engem Bezug zu Forderungen der zeitgenössischen Architekturtheorie. Wie Alberti und seine Zeitgenossen betonen, muß der Fürst zum Schutz vor äußeren Feinden stets in der Lage sein, Land und Umgebung zu überblicken. Es ist dieser typische Herrschaftsblick, der in Urbino zum architektonischen Thema wird und zugleich eine entschiedene Wendung ins Repräsentative erfährt.

Einen schwerwiegenden Eingriff in die städtische Struktur provozierte der Palastbau auch an dieser Stelle. Vor der Mauer verlief ursprünglich ein tiefer Graben, der nur in einer schmalen Passage überquert werden konnte und dem Stadttor so eine natürliche Sicherung bot. Erst Federico ließ ihn durch ein künstlich geschaffenes Plateau überdecken und schuf mit dieser aufwendigen Ingenieurskonstruktion eine direkte Verbindung zwischen Zufahrtsstraße und Stadttor. Im Anschluß daran wurde der städtische Markt, der bis dahin einen eigenen Platz in der

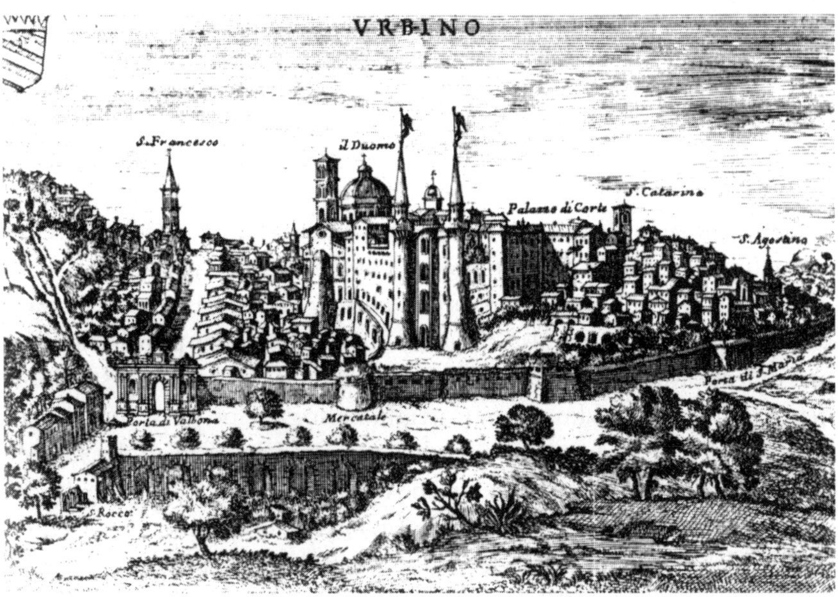

Unter Federicos Augen liegt Urbinos neuer Markt: Der ›Mercatale‹ mit dem Palazzo Ducale von Westen (Stich des Francesco Scoto, 1761).

Unterstadt besaß, auf die neue Plattform verlegt. Die zeitgenössischen Quellen berichten stolz über diese Maßnahme. Aber die entscheidende Frage lassen sie unbeantwortet: Weshalb diese Preisgabe militärischer Sicherheit? Warum der wenig praktische Umzug des Markts auf den Platz vor der Stadt, der viel Fläche, aber keinen Schatten bot und der Kundschaft lange Wege abverlangte? Aus Sicht der Stadt ist kein Gewinn zu erkennen, der das Projekt auch nur entfernt plausibel erscheinen ließe. Eine Antwort ergibt sich erst, wenn man die Perspektive auf den Palast und dessen Bewohner, den Fürsten, richtet.

Der Palast als Stadt

Leon Battista Alberti, der architekturtheoretischer Experte aus Federicos nächster Umgebung, vergleicht die vielteilige Struktur der Häuser mit dem folgerichtigen Aufbau der Gemeinwesen. Gleich im ersten Buch von *De re aedificatoria* heißt es, der Staat sei nichts anderes als ein großes Haus und ein Haus nichts anderes als ein Staat. Für Alberti, der hier eine Denkfigur der antiken Staatslehre aufgreift und auch später noch mehrfach auf Analogien zwischen Städten und Palästen zu sprechen kommt, gehört das Wohnhaus noch ganz selbstverständlich in den öffentlichen Raum der Stadt. Die Parallelen, die er zieht, sind im Kern politische Allegorien, die den Anteil des Einzelnen am Wohlergehen des Ganzen, den Beitrag der Familie zu Tugend und Schönheit der *civitas* beleuchten sollen. Ganz anders liest sich der Vergleich bei Baldassare Castiglione. Sein Buch vom Hofmann, 1528 erstmals veröffentlicht und bald in alle gängigen Sprachen übersetzt, spielt in den Mauern des Palazzo Ducale. Hier finden die Gespräche statt, die das neue gesellschaftliche Idealbild des *cortegiano* entwerfen, des gebildeten, maß- und einsichtsvollen Funktionärs der Macht. Herzog Federico ist zwar schon verstorben, aber als Schöpfer und Instanz jener politischen Kultur, der das Buch huldigt, bleibt er zwischen den Zeilen stets präsent. Ganz am Anfang widmet ihm Castiglione sogar eine persönliche Erinnerung: »Unter anderen löblichen Dingen errichtete er in der herben Lage Urbinos einen Palast, der nach Ansicht vieler der schönste ist, der sich in ganz Italien findet; und er versah ihn so gut mit allem Möglichen, daß er nicht ein Palast, sondern eine Stadt in der Form eines Palastes (*una città in forma di palazzo*) zu sein schien, und zwar nicht allein mit dem, was man gewöhnlich braucht, wie Silbergeschirr, Wandbespan-

Zwischen die mächtigen Wehrtürme des Castel nuovo in Neapel zwängt sich Francesco Lauranas prächtiger Triumphbogen für König Alfonso von Aragon (um 1452–71).

nungen von reichsten Stoffen aus Gold und Seide und andere ähnliche Dinge, sondern er fügte als Schmuck eine Unzahl von antiken Marmor- und Bronzestatuen hinzu, einzigartige Malereien, Musikinstrumente jeder Art; er wollte nur das Seltenste und Beste haben.« Hier geht es um den Reichtum der Einrichtung, die Fülle der Kunstwerke, mit der sich Federico zu Lebzeiten umgab und die er seinen Nachfahren hinterließ.

Was sich generell am Beispiel des Palazzo Ducale geformt hat und in der Stadtmetapher Ausdruck fand, war die Vorstellung von Fürstenpalästen als gegliederten Räumen, die den Bedürfnissen einer vielgestaltigen, hierarchisch gestaffelten Bewohnerschaft genügen und die Rangfolge des Hofstaats förmlich abbilden konnten. Diesem Anspruch wurde der Palast von Urbino als erste Residenz der Epoche wirklich gerecht. Dabei kam es nicht einmal so sehr darauf an, daß er mit ungefähr 100 Innenräumen zu den umfänglichsten Wohnbauten Italiens zählte. Wichtiger war, daß seine Architektur das Geflecht der Zwecke, für das die vielen Räume stehen, in eine sinnvolle geometrische Ordnung brachte. Ökonomie der Bewegungsabläufe, aber auch Durchschaubarkeit und proportionale Abstimmung von Raumsequenzen waren die

Hier wohnt der Fürst: Türme und Aussichtsloggien nach Entwurf von Luciano Laurana prägen die Talfassade des Palazzo Ducale in Urbino. Links das Teatro Sanzio, das von 1845 bis 1853 anstelle des alten Marstalls errichtet wurde.

Maximen, denen Lauranas Palastentwurf entschiedener folgte als alle vergleichbaren Bauwerke.

Als typischer Hof der Frühen Neuzeit stellte auch jener von Urbino seiner inneren Struktur nach einen Haushalt unter der patriarchalischen Leitung des Fürsten dar. Dessen Größe entsprechend mußte der Palast eine Vielzahl qualitativ unterschiedlicher Funktionen erfüllen: Die Wohnungen des Herzogs und der Herzogin nahmen einen großen, wenn auch nicht den überwiegenden Teil der Grundfläche ein; hinzu kamen Appartements für Gäste und deren Gefolge, Arbeits- und Schlafräume der *familia*, des gehobenen Personals wie des Gesindes, die Amtsräume der Hofkanzlei, schließlich Küchen, Wirtschaftsräume und Stallungen. Alle diese Funktionsbereiche waren in Urbino unter einem Dach vereint, zumindest sollte der Bau auf Dauer zu diesem Idealzustand führen.

Ein Fahrplan für den Hof

Für viele Verrichtungen des täglichen Lebens fanden sich Regeln in der bemerkenswert ausführlichen Hofordnung, die zwar erst nach Federicos Tod unter dem Titel *Ordini et officij alla corte del Serenissimo Signor Duca d'Urbino* aufgeschrieben wurde, deren differenziertes Regelwerk sich aber ausdrücklich auf die an Federicos Hof geübte Praxis beruft. Man kann die *Ordini* als eine Art Fahrplan begreifen, ohne dessen Vorgaben die komplizierten Abläufe des höfischen Alltags unweigerlich aus dem Tritt geraten wären. Sie verraten uns zum Beispiel, daß es in Urbino noch keine nominellen Hofämter für Aristokraten gab, wohl aber eine größere Anzahl Adliger, die ohne näher bezeichnete Aufgaben – auch ohne militärische Ränge – ständig am Hof lebten. Erst das arbeitende Personal findet sich nach Titeln aufgeführt, und zwar in einer strengen Hierarchie. An der Spitze steht eine bürokratische Elite: Räte und Auditoren, Lehrer des Herzogs in Grammatik, Logik und Philosophie, Astrologen, Sekretäre und Kanzleibeamte. Diesen Funktionären ist gemeinsam, daß ihre Aufgaben mit Lesen und Schreiben, Büchern und Texten zu tun haben. Es folgt das eher praktisch versierte Kammer- und Tafelpersonal, zu dem auch Architekten und Ingenieure zählen, dann Reitknechte, Tanzmeister und Kapläne, am Schluß Stallknechte und Köche.

Die Liste umfaßt 201 ›Münder‹ (*boche*), wobei der Haushalt der Herzogin unberücksichtigt bleibt; außerdem ist wohl eine größere Zahl an nachgeordnetem Gesinde zu ergänzen. Wenn laut Vespasiano da

Der Autor des ›Cortegiano‹ – Raffaels Porträt des Baldassare Castiglione (ca. 1514; Paris, Louvre).

Bisticci der gesamte Hofstaat Federicos 500 Personen zählte – etwa ein Zehntel der damaligen Einwohner Urbinos –, so muß diese Angabe also nicht einmal wesentlich übertrieben sein.

Zweifellos betraten und verließen täglich mehrere hundert Personen den Palast, schon deshalb, weil der Herzog einen Großteil des Tages mit Audienzen verbrachte. Auch die Kanzlei hatte vielen zugänglich zu sein. Das Portal an der Piazza blieb folglich von Sonnenaufgang bis Sonnenuntergang geöffnet. Daß große Teile des Palastes von der Öffentlichkeit betreten werden konnten, war für die damalige Zeit nichts Besonderes. In Mailand etwa schränkte Herzog Ludovico Sforza den bis dahin völlig freien Zugang zum Kastell erst dann ein, als er um seine persönliche Sicherheit fürchten mußte; Alberti und andere Architekturschriftsteller des fünfzehnten Jahrhunderts machen Öffentlichkeit geradezu zum Kriterium der Fürstenresidenz im Unterschied zum Privathaus eines reichen Bürgers. »Zwischen den Bauwerken der Fürsten und der Privaten besteht der größte Unterschied darin«, schreibt Alberti, »daß jedes von beiden durch seine eigene Natur bestimmt ist. Die Fürstenpaläste, die einer großen Zahl von Personen offenstehen, werden sich durch Vielzahl und Weitläufigkeit ihrer Gemächer auszeichnen, während in Häusern, die von wenigen oder einzelnen bewohnt werden, eher die vornehme Ausstattung als die Größe zählt. Weiterer Unterschied: In Fürstenpalästen müssen auch die Gemächer zum persönlichen Gebrauch ihre herrscherliche Bestimmung erkennen lassen, da diese Bauten ständig von Publikum überlaufen sind.«

Die Urbinater Hofordnung weist denn auch ausdrücklich eine öffentliche Zone aus, die am Hauptportal beginnt und erst vor dem herzoglichen Schlafzimmer endet: »Der Eingang, die Treppen, die Korridore und Portiken und alle Räume, die man bis zum Zimmer des Herrn durchquert, sind öffentliche Orte (*lochi publici*).« Das heißt nicht, daß der Zugang jedem freistand; die Öffentlichkeit des Palastes war immer eine kontrollierte. So wurde das einzige Portal ständig bewacht. Soldaten schliefen in der Nähe des Eingangs und hängten für jeden sichtbar ihre Waffen an die Wände des Vestibüls.

Im höfischen Sprachgebrauch des *Quattrocento* meint der Begriff des öffentlichen Orts präzise jene Zonen, an denen der Fürst repräsentiert, das heißt seine Anwesenheit symbolisch auch dann geltend macht, wenn er als Person nicht in Erscheinung tritt. Je weniger sich Herrschaft auf militärische Gewalt verläßt, desto größere Bedeutung kommt der Repräsentation als dem zentralen Medium der Machtausübung zu; man könnte Repräsentieren als den eigentlichen ›Beruf‹ des Fürsten in der Frühen Neuzeit bezeichnen. Herrscherliche Repräsentation in diesem Sinn war nicht etwa auf besondere Anlässe beschränkt, sondern eine Sache, der es Tag für Tag alle Kräfte zu widmen galt. In Urbino – gerade das zeichnet den Palast als tonangebende Residenz der Renaissance aus – war sie je nach Akteuren und Publikum örtlich fixiert, also auf bestimmte Räume verteilt, denen genau zugewiesene Nutzungen entsprachen. Das Personal mit seinen spezifischen Verrichtungen, das Zeremoniell, desgleichen Möblierung, Bilder und Raumschmuck arbeiteten der fürstlichen Repräsentation als dem höchsten Zweck aller höfischen Pflichterfüllung unablässig zu.

Arbeit wird unsichtbar

Deutlicher als an anderen Höfen richtete sich in Urbino die Organisation des Tagesablaufs nach dem Ziel, das Leben des Fürsten reibungslos zu gestalten, mehr noch, sein bloßes Dasein durch Raffinesse des schönen Scheins, durch Vervollkommnung der Umgangsformen geradezu zum Kunstwerk zu stilisieren. Daraus entstand ein charakteristischer Kult von ›Höflichkeit‹, den das Protokoll in Begriffe wie *piacevolezza* (Gefälligkeit), *discrezione* (Zurückhaltung), aber auch *ordine* (Ordnung) und *pulizia* (Sauberkeit) zu fassen sucht. Aus den *Ordini* kann man einen ganzen Katalog solcher Leit- und Unwörter zusammenstellen; man ahnt den Druck, unter dem die entsprechenden Verhaltensmuster befolgt wurden. Auch die höfische Konversation war dem Leitbild der Höflichkeit entschieden verpflichtet, wie noch Castigliones Dialoge nahelegen. Unerwünscht, ja unerträglich waren nach Ausweis der Hofordnung Lärm, Schmutz, Gestank, rohe Sitten: notwendige Nebenwirkungen eines so großen Wirtschaftsbetriebs, wie ihn ein Hof von 500 Köpfen nun einmal darstellte.

Die architektonische Konsequenz, die Laurana aus diesem Dilemma zog, war radikal. Alles, was mit praktischer Arbeit zu tun hatte, wurde aus der Nähe des Herzogs verbannt und in die beiden ausgedehnten Untergeschosse verlegt, die dank der Hanglage des Baus zur Verfügung standen. Neben Küchen, Stallungen, Lagerräumen, Werkstätten, Wasserreservoirs und einem Schneekeller fanden sich hier auch die Schlafräume des Gesindes. Sicherlich gab es in der italienischen Residenzarchitektur jener Zeit längst abgetrennte Wirtschaftsbereiche. Man könnte etwa an den Palazzo Medici in Florenz oder den Papstpalast in Pienza denken, wo die Küchen – um lästige Gerüche zu vermeiden, wie Papst Pius in seiner Baubeschreibung sagt – in separierte Nebengebäude ausgelagert sind. Aber nirgendwo war man bisher so weit gegangen, den ökonomischen Motor des Hoflebens völlig lautlos und unsichtbar arbeiten zu lassen, ihn gewissermaßen zur Selbstverständlichkeit zu erklären. Erst Leonardo da Vinci sollte später, in seinen Entwürfen für Schloß Romorantin in Frankreich, auf das Urbinater Prinzip der versenkten Wirtschaftstrakte zurückgreifen und seinem königlichen Dienstherrn François Ier eine ähnliche Lösung vorschlagen.

Ein würdiger Ort

Verkehrsmittelpunkt und zugleich ruhender Pol des öffentlichen Palastbereichs war der *cortile*, ein Innenhof majestätischen Formats, den Laurana auch geometrisch ins Zentrum seines Entwurfs rückte. Seine einheitliche Fassadenarchitektur und die regelmäßige Anlage der Portiken deuten auf Einflüsse der Florentiner Palastarchitektur; der Aufwand an Grundfläche ist aber erheblich größer, und die nur zweigeschossige Umbauung führt zu glücklicheren Lichtverhältnissen, als sie in den vergleichsweise beengten Palastbauten städtischer Kaufleute möglich waren. Die großzügigen Raumverhältnisse in Urbino erinnern denn auch an einen architektonischen Prototyp fürstlichen Ursprungs, das Visconti-Kastell in Pavia, das sich bis heute als einer der prächtigsten Schloßbauten des ausgehenden Mittelalters in Italien darbietet. Federico kannte diese vorbildliche Residenz des *Trecento* gut; bei seinem Besuch im Frühjahr 1468 fertigte er dort sein Patent für Luciano Laurana aus, und man kann sich vorstellen, wie er dabei von einem Palast träumte, der seinen eigenen, nochmals gesteigerten Ansprüchen gerecht zu werden versprach.

Wie wurde der *cortile* praktisch genutzt? Alberti beantwortet diese Frage, indem er noch einmal auf die Verwandtschaft zwischen Stadt und Haus zu sprechen kommt: »Im Haus sollen das Atrium, der Saal und ähnliche Räume so angelegt werden wie Plätze und Hauptstraßen in der Stadt, also nicht in der Peripherie des Gebäudes, an unauffälliger Stelle oder beengt, sondern gut sichtbar und direkt mit den übrigen Teilen des Gebäudes verbunden. Hier münden Treppen und Gänge, hier werden Besucher begrüßt und geehrt.« Die Analogie zum Städtebau wählt Alberti wohl auch, um die Komplexität der Bauaufgabe ›Palast‹ zu betonen und deutlich zu machen, daß es zu ihrer Bewältigung eines wissenschaftlich denkenden Architekten bedarf.

Gerade der Innenhof des Palazzo Ducale läßt in der Tat einen beträchtlichen Aufwand an planerischer Intelligenz erkennen. Alle Portiken sind vier Meter breit, nicht zu eng für Wandelgänge und auch breit genug, um formelle Begegnungen zu gestatten. Eine Vermischung von Verkehrs- und Aufenthaltszwecken wird vermieden – anders als in Florenz, wo einzelne Portiken immer breiter bemessen sind als andere, um sie zusätzlich als sommerliche Festräume nutzen zu können. Auch die Vermeidung allzu strikter Symmetrie verrät Überlegung. Nur die Eingangsachse wird durch eine mittlere Bogenstellung betont; die Arkaden erstrecken sich hier über fünf Joche. Die seitlichen Portiken sind dagegen mit sechs Bögen länger bemessen, können aber wegen der geraden Jochzahl keine begehbare Mittelachse ausbilden, so daß sie sich in der perspektivischen Wahrnehmung des Ganzen deutlich unterordnen.

Die neue Auffassung fürstlicher Repräsentation, die für Urbino so charakteristisch ist, zeigt der *cortile* besonders im Dekor. Herzog Federico macht sich dem Besucher sogleich als gebildeter Herrscher be-

Ein Bild vollendeter Ordnung bietet der Innenhof des Palazzo Ducale, unter Herzog Federico Kulminationspunkt höfischer Repräsentation und Zentrum eines riesigen Dienstleistungsbetriebs.

kannt: Die Säulenkapitelle imitieren mit archäologischer Präzision Vorbilder römischer Imperialarchitektur, Heraldik – ihrem Ursprung nach ein mittelalterlicher Repräsentationsgestus – wird strikt vermieden und durch eine klassische Lapidarinschrift in den Gebälkfriesen über den Portiken ersetzt. All dies vertritt *dignitas*, im Konzept Albertis die höchste Stilebene der Architektur, die Bauten und Orten besonderen Anspruchs vorbehalten bleiben soll. Würde zeigt ein Bau nach Albertis Auffassung in der Beschränkung auf wenige Motive, in besonderer Kostbarkeit der Materialien und in der Klassizität seiner Formen.

All diese Forderungen erfüllt Lauranas Entwurf höchst genau. In einem signifikanten Detail geht er freilich noch weiter und präsentiert eine Entwurfslösung, die sich dem Kenner als gebauter Kommentar zu einer der Hauptschwierigkeiten zeitgenössischer Palastarchitektur offenbart: der korrekten und zugleich optisch überzeugenden Eckausbildung in der Kontraktion von Bogenstellungen. Statt wie in den Florentiner Palästen oder in Pienza zwei Bögen einfach im Neunzig-Grad-Winkel auf einer gemeinsamen Ecksäule abzustützen, rahmt Laurana jeden Säulenportikus für sich durch seitliche Pilaster, die bis zum Architrav des Geschoßgebälks aufragen. Absichtsvoll verrät der Entwurf damit seine Schulung an der Architektur Brunelleschis, der diese Form der pilasterflankierten Arkaden an der Fassade des Florentiner Findelhauses Jahrzehnte zuvor erstmals erprobt hatte. Auf eine Hofsituation mit ihren eingeschlossenen Ecken übertragen, ermöglicht das Motiv nicht nur eine systematische Lesbarkeit des Geschoßaufbaus. Es erweist sich vielmehr auch als tauglich, den unvermeidlichen, aber wenig schönen ›Überlastungseffekt‹ isolierter Ecksäulen zu vermeiden, konzentriert es doch an den Schwerpunkten des architektonischen Kräftefeldes eine entschieden größere Mauermasse.

Die Gebälkinschrift gibt sich in der schönen *capitalis* ihrer Lettern besonders antikennah. Wer sie liest, erhält nicht nur beiläufigen Aufschluß über die Person des Auftraggebers, sondern eine präzise Lektion über Federicos monarchisches Selbstverständnis. Zwar werden Federicos militärische Siege resümiert, aber lediglich in der Vergangenheitsform; im Präsens nennt die Inschrift hingegen jene Tugenden, die Federico als Friedensfürsten ausweisen, im Sinne humanistischer Ideologie also als ›guten Herrscher‹ im Gegensatz zum Tyrannen qualifizieren. Der Palast ist dazu bestimmt, als monumentaler Zeuge für die Prosperität von Federicos Friedensregiment einzustehen. Dieses hat man sich, die Grammatik verrät es, auf dem traditionellen Bewährungsfeld des *condottiere* gründend vorzustellen, dem Krieg, als dessen gegenwärtige Konsequenz es verstanden werden will. Der Besucher sieht sich hier mit einer Lesart der herzoglichen Biographie konfrontiert, die seinen ganzen Weg durch den Palast begleiten und ihm helfen wird, dessen Raum- und Bilderfolgen immer neu auf die Person des Bauherrn zu beziehen.

Zu den *lochi publici* gehörte, vom Innenhof unmittelbar zugänglich, an prominenter Stelle die herzogliche Bibliothek. Links neben dem Eingang bezog sie in mehreren tonnengewölbten und damit besonders feuersicheren Räumen Quartier. Daß Bücher einer Feuersbrunst als erste und restlos zum Opfer fallen, hatte schon Petrarca in seinen ›Heilmitteln gegen Glück und Unglück‹ beklagt. »Von ihm weiß man«, sagt Petrarca über König Ptolemaios von Ägypten, »daß er in seiner Bibliothek zu Alexandria vierzigtausend Bücher angehäuft hatte, die jedoch, nachdem er sie sich aus den verschiedensten Orten lange mit großem Eifer beschafft hatte, alle zugleich verbrannten.«

In der Tat stellte die berühmte Büchersammlung Federicos einen seiner größten Schätze dar. Vespasiano da Bisticci, der es wissen mußte, beziffert die Bücherrechnungen, die Federico zwischen 1465 und 1482 beglich, auf die immense Summe von 30.000 Dukaten – in Florenz hätte man dafür etwa sechs stattliche Paläste bauen können. Mehr als 1000 Codices umfaßte die herzogliche Sammlung, wovon der Großteil über Jahre eigens für Federico kopiert und prächtig ausgestattet worden war. Für die Betreuung und Katalogisierung des Bestandes war der Bibliothekar Agapito – ein griechisches Pseudonym (›der Liebling‹), wie man es in gelehrten Kreisen schätzte – angestellt, der möglicherweise in den angrenzenden schmalen Räumen unter der Treppe wohnte.

Sein Name wird in den *Ordini* ausdrücklich genannt, und offenbar entsprach er den Erwartungen, die dort an einen Bibliothekar gerichtet werden: Er soll »gelehrt, gutaussehend, freundlich und sprachgewandt sein. Er führt das Inventar der Bücher, hält die Ordnung ein, so daß man alle Bücher, die man sucht, sofort findet, sowohl die lateinischen als auch griechischen als auch hebräischen oder was sonst gewünscht wird, er achtet auf Sauberkeit auch in den Räumlichkeiten, damit weder Käfer noch Würmer noch anderes Ungeziefer Schaden anrichten, aber auch nicht die Hand eines Unerfahrenen, Ignoranten oder Schmutzfinks. Personen von Autorität und Bildung soll er die Bücher behutsam zeigen, sie auf Schönheit und Vornehmheit von Schrift und Miniaturen hinweisen, und darauf achten, daß dabei kein Blatt geknickt wird. Wenn Ungebildete kommen, die nur aus Neugier etwas sehen wollen und nicht von allzu hohem Stand sind, so reicht ein kurzer Blick.«

Offenbar wurde die Bücherkollektion also gewohnheitsmäßig Besuchern vorgeführt. Die Bibliothek war aber nicht nur Prunkstück, und ihre Bedeutung erschöpfte sich auch nicht allein darin, dem Hof als Wissensreservoir zur Verfügung zu stehen. Sie war auch Studienort für jeden, der dem Bibliothekar einen ernsthaften Lektürewunsch vortragen konnte. Federico unterhielt eine der ersten öffentlichen Bibliotheken Italiens und damit eine Einrichtung, die dem zentralen gesellschaftlichen Reformanliegen der Humanisten, der Ablösung von Standes- durch Bildungsprivilegien, entgegenkam. Auch hier mochte sich Federico an das erinnert haben, was Petrarca über die Bibliothek von Alexandria schreibt. Denn exzessiven Reichtum, wie er sich in einer großen Bibliothek spiegelt, rechtfertigt der Erzhumanist vornehmlich durch »auf lange Zeit für den öffentlichen Gebrauch vorsorgende Absicht«.

Möglich war der große Schritt hin zu einer breiten Verfügbarkeit von Wissen – der sich freilich sichtbar Federicos Patronat verdankte und damit durchaus seinem Repräsentationsinteresse entsprach – wohl nur dank der innovativen Entscheidung, die fürstliche Bibliothek im Palast selbst unterzubringen und nicht etwa an ein Kloster zu delegieren. In diesem Sinne waren vorher andere Büchersammler verfahren wie Cosimo de' Medici, der in den 1430er Jahren die bedeutende Kollektion des Humanisten Niccolò Niccoli aufgekauft und sogleich dem Florentiner Dominikanerkonvent San Marco geschenkt hatte, um dann als Dreingabe seinen Hausarchitekten Michelozzo auch gleich noch einen ausgesucht schönen Bibliothekssaal bauen zu lassen. Cosimos Beispiel folgte dann der Stadtherr von Cesena, Federicos verhaßter Schwager Novello Malatesta: 1447 hatte er, ein durchaus ehrgeiziger Sammler, dem örtlichen Franziskanerkloster für seine Codices sogar einen mehrgeschossigen Bibliothekstrakt mit Skriptorium und Lesesaal gestiftet; letzterer entsprach in seiner dreischiffigen Anlage mit doppelter Belichtung weitestgehend dem Florentiner Vorbild.

Diese Konkurrenz, in der sich Bildungsstolz mit architektonischem Ehrgeiz bereits eindrucksvoll paarte, durch Gründung einer neuen Bibliothek zu übertrumpfen, war nicht leicht. Gewiß, an Umfang des Bestands und Pracht der Buchausstattung, wenn auch nicht in jedem Fall an Textqualität, übertraf Federicos Sammlung alle anderen bei weitem. Wie selbstbewußt man dieses Ziel im Auge hatte, geht übrigens schon daraus hervor, daß in Urbino Bibliotheksinventare aus Rom, Florenz, Pavia und Oxford zur vergleichenden Einsichtnahme auslagen. Aber eine ähnlich großzügige Raumlösung wie in Florenz oder Cesena war im abgesteckten Rahmen des Palastgrundrisses schlechthin nicht erreichbar.

So erscheint es nur folgerichtig, wenn Federico sich zwar mit einem bescheideneren, vergleichsweise sogar beengten Quartier für seine Bibliothek zufriedengab, dafür aber das einzigartige Privileg in Anspruch nahm, alle Bücher im eigenen Haus zu behalten und ihnen doch – im Unterschied zu reinen Privatbibliotheken – den Status einer allgemein zugänglichen Sammlung zu verleihen. Diese Bibliotheksstrategie war neu, und sie sollte sich langfristig schon deshalb als die richtige erweisen, weil sie entschlossen mit der überholten Vorstellung monastischer Wissensmonopole brach und statt dessen eine Allianz zwischen Bildung, Öffentlichkeit und Macht stiftete, wie sie einerseits dem Interesse der Humanisten, andererseits aber auch dem Legitimationsbedürfnis neuzeitlicher Herrscher entsprach.

Wie wir uns die Einrichtung der Bibliothek vorzustellen haben, geht aus Beschreibungen hervor, die vor dem Abtransport der Bücher in den Vatikan unter Papst Alexander VII. (1655–67) entstanden sind. Acht Schränke zu je sieben Fächern, an den Wänden aufgereiht, nahmen die kostbaren *codices* auf; je drei bis vier Bände lagen übereinander. In der Mitte des Raumes standen lediglich Tische, Bänke und ein Lesepult. Was sich aus heutiger Sicht kaum spektakulär ausnimmt, stellte im

Raum und Licht für Bücher und Leser: die Bibliothek des Dominikanerklosters S. Marco in Florenz, gestiftet von Cosimo de' Medici und gebaut von Michelozzo (1435–1445).

Bereitet auf Höheres vor: Die noch immer beispielhaft komfortable Treppe im Palazzo Ducale.

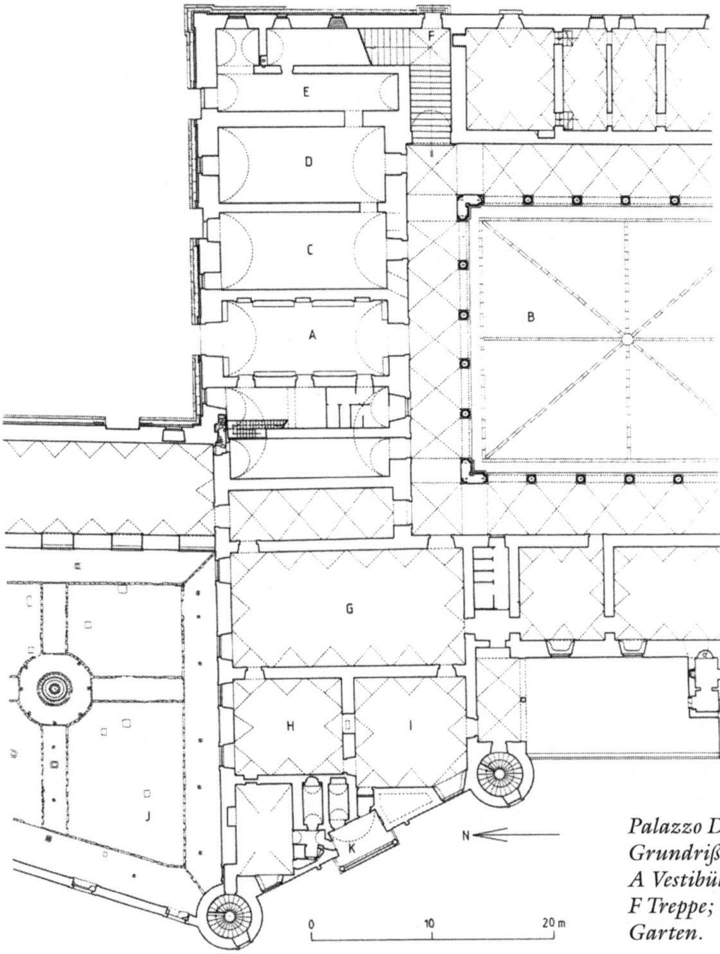

Palazzo Ducale,
Grundriß des Erdgeschosses (Nordflügel):
A Vestibül; B Innenhof; C-E Bibliothek;
F Treppe; G-K unteres Appartement und
Garten.

15. Jahrhundert in Italien und anderswo etablierte Lesepraxis auf den Kopf. Üblicherweise konnte man nämlich Bücher nur dort zur Hand nehmen, wo sie auch aufbewahrt wurden – an Pulten, in deren Sockel Magazinschränke eingebaut waren. Die Medici-Bibliothek in Florenz besaß 32 solcher Schrankpulte, die den größten Teil des geräumigen Saals einnahmen und sicherlich immer nur zu geringem Teil besetzt waren.

Die Trennung von Aufbewahrungs- und Leseort, wie sie in Urbino erfunden wurde – nur in England und Frankreich gab es vereinzelte Vorläufer, und erst ein Jahrhundert später sollte sich die Wand- statt der Pultbibliothek endgültig durchsetzen – dürfte sich freilich nicht nur als platzsparendes Arrangement erwiesen haben. Sie zog auch im Umgang mit dem Buch gravierende Konsequenzen nach sich. Erst jetzt war es leicht möglich, eine aktuelle, jeweils neu zu treffende Auswahl beliebiger Bücher an einem Leseort zu versammeln. Die vergleichende Konsultation von Texten, für jeden wissenschaftlichen Buchgebrauch unerläßlich, wirkte sich damit erstmals bestimmend auf die Möblierung eines Bibliotheksraums aus. Natürlich wundert es unter diesen Umständen nicht, daß die *Ordini* den Bibliothekar besonders eindringlich ermahnen, Ordnung unter den Büchern zu halten: War doch das Buch nun von der Kette gelassen und seine Anwesenheit am Standort nicht mehr von vornherein garantiert.

Empor!

Bewunderung für die funktionale Sorgfalt, mit der Laurana die Räume des Palastes entwarf, erfüllt den Besucher auch bei Fortsetzung seines Rundgangs allenthalben. Die Treppe des Palazzo Ducale ist breiter, bequemer und besser belichtet als alle früheren Palasttreppen Italiens. Man erklimmt sie nicht, man schreitet sie empor. Noch heute teilt sich jedem, der den Fuß auf ihre Stufen setzt, eine Ahnung vom gemessenen Rhythmus längst vergangener Zeremonien mit. In Urbino wird die Treppe erstmals zum Raumgebilde, das man stolz vorzeigt. Der Antrittslauf setzt die Eingangsloggia des Hofes in voller Breite fort; jeder Besucher nimmt also gleich nach Verlassen des Vestibüls die funktionale ›Hauptader‹ des Baus in den Blick, die ihn zu den Prunkräumen des *piano nobile* und in die Nähe des Hausherrn führen wird.

Diese Lösung angemessen zu würdigen, fiel im 15. Jahrhundert gewiß leichter als heute, hätte doch jeder, der mit der zeitgenössischen Architektur einigermaßen vertraut war, die wenigen Bauten aufzuzählen gewußt, in denen bis dahin Treppen überhaupt als integrale Bestandteile der Grundrisse behandelt worden waren. Üblich war es, sie einfach in verfügbare Resträume abzudrängen. Nur wenige Jahre zuvor hatte Papst Pius II. die Treppe seines Palastes in Pienza allein deshalb rühmen können, weil alle Stufen gleich hoch waren und ihr Wendepodest ein Fenster besaß. Nicht nur dieses bescheidene Anspruchsniveau gebauter Wohnarchitektur läßt der Palast von Urbino souverän hinter sich. Lauranas Treppe scheint selbst dem Reflexionsstand Albertis vorauszueilen, der in *De re aedificatoria* die Treppen noch abschätzig als ›Störenfriede‹ der Gebäude apostrophiert hatte und der Schwierigkeit ihres Entwurfs am liebsten dadurch entgangen wäre, daß er zur eingeschossigen Bauweise antiker Villen zurückkehrte.

Die spektakuläre Aufwertung der Treppe in Urbino hängt offensichtlich nicht nur mit gewachsenen funktionalen Ansprüchen, sondern auch mit einem neuen Interesse an der optischen Inszenierung von Wegen zusammen. Es zeigt sich gleichfalls in den zahlreichen Verbindungstüren, die oft auf Achse gesetzt sind und so die Verknüpfung von Raumfolgen sinnfällig machen, oder in einer Vielzahl von Portiken und Korridoren, die sich strikt auf Portale ausrichten.

Daß diese Entwicklung einer veränderten Nutzungspraxis entsprach, ist wahrscheinlich, wenn auch aus Schriftquellen nicht belegbar. Gerade die Treppe lädt mit ihrer dichten Folge von Podesten zum Verweilen ein; das Stufenformat ist so großzügig bemessen, daß auch das Gefolge eines Gastes bequem stehen kann, während der Herr auf dem nächsthöheren Podest mit einer Begrüßungsrede empfangen wird. Die Unterhaltung des Auges übernimmt währenddessen reicher Dekor, der sich wiederum auf die Podeste konzentriert und gleich zu Beginn in dem großen Staatswappen – dem einzigen, das sich überhaupt im Palast findet – seinen Kulminationspunkt erreicht.

Piano Nobile

Im ersten Stock angekommen – unweigerlich drängt sich die italienische Bezeichnung *piano nobile* auf –, kann man geradeaus das ältere *appartamento della Iole* betreten. Im herzoglichen Palast beansprucht die ehemalige Hauptraumfolge zwar nur noch sekundären Rang. Wenn sie dennoch ein aufwendig gerahmtes Portal erhält, so deshalb, weil der Eingang in der Fortsetzung der Treppenachse liegt; das optische Ziel an sich wird wichtiger genommen als der funktionale Rang der Räume, die es erschließt.

Die neue Prunksuite beginnt dagegen – eine der wenigen Konzessionen, die dem Anschluß des neuen Flügels an älteren Bestand geschuldet sind – rechts der Treppenmündung und verlangt dem Besucher folglich eine Wendung ab. *Sala* und *salotto*, zwei Säle abgestufter Größe, gehen dem Wohnbereich des Herzogs voraus. Im 16. Jahrhundert wird man die ganze Raumfolge als zusammenhängendes Appartement auffassen, während die *Ordini* beide Säle noch den *lochi publici* zurechnen und die *camera del Duca* als geheimen Bereich einstufen.

Auch der Grundriß unterscheidet erkennbar zwischen Sälen und Wohnräumen. Schon der *salotto* respektiert nicht mehr die Fluchtlinie des Hofkarrees; die kleineren Räume ragen deutlich darüber hinaus. Andererseits gilt bis zum *salotto* das übersichtliche Kompositionsprinzip der öffentlichen Raumfolgen. Je weiter man in den Wohnbereich vordringt, desto verschachtelter und komplizierter stellen sich die räumlichen Zusammenhänge dar.

Diese subtilen Differenzierungen waren es, die dem Besucher zu Bewußtsein brachten, daß das herzogliche Appartement trotz seiner Nähe zum öffentlichen Bereich einen separaten Distrikt darstellte. Überraschenderweise kehrt sich hier denn auch die bis dahin horizontale Richtung in der Verknüpfung der Raumfolgen um. Das Appartement ist nämlich im Obergeschoß jenes Komplexes gelegen, der nach außen in der Talfassade in Erscheinung tritt; in den Flankentürmen hat Laurana elegant gedrehte Wendeltreppen untergebracht, die als geheime Verbindungswege dem Herzog und seiner persönlichen Bedienung vorbehalten waren. In absteigender Folge erschließen die Spindeln zunächst ein analoges Appartement auf Hofniveau, das möglicherweise dem Thronfolger vorbehalten war, sodann – ungewöhnlich genug – das Bad des Herzogs im Souterrain und schließlich eine unauffällige Tür, durch die der Herzog inkognito ins Freie gelangen konnte.

Wohntürme waren ein typisches Element traditioneller Fürstenarchitektur. Ein prominentes Vorbild bot der Papstpalast in Avignon, der unter Benedikt XII. (1334–42) seine definitive Gestalt erhalten hatte. Schon hier waren zwei Speisesäle, *grand tinel* und *petit tinel*, den Geheimgemächern vorgeschaltet, und schon hier gab es, anders als in Italien, ein Bad und ein *estude* zum persönlichen Gebrauch des Hausherrn.

Die *sala publica* ist der größte Innenraum des Palastes, ihr majestätisches Format – je 13 Meter breit und hoch, 34 Meter lang – verschlägt noch heute jedem den Atem, der sie durch eines der beiden Eingangsportale betritt. Ein weitgespanntes Muldengewölbe, das von den wandgebundenen Stichkappen zur Raummitte hin erst allmählich seine maximale Höhe gewinnt, vermittelt trotz der gewaltigen Dimensionen den Eindruck räumlicher Geschlossenheit. Der Dekor hat offiziellen Charakter; die Embleme und heraldischen Motive der Kaminfriese und des oberen Wandregisters wurden ursprünglich durch eine flämische Teppichserie mit Szenen des Trojanischen Krieges ergänzt – sie allein war so teuer wie ein Palastbau mittlerer Größe –, die wohl nur zu besonderen Anlässen die Wände bedeckte. Thema des Ganzen war der Ruhm Federicos als Feldherr und Staatsmann: ein Bildprogramm, das dem Hauptzweck des Raums als Bankett- und Festsaal entsprach.

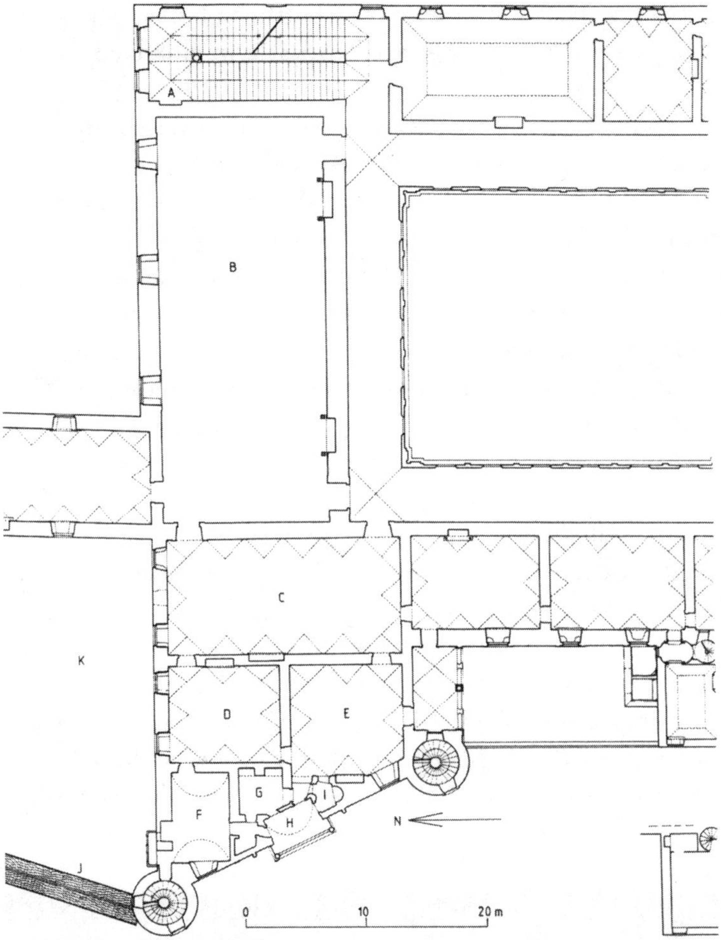

Palazzo Ducale, Grundriß des Piano nobile mit dem herzoglichen Appartement:
A Treppe
B sala
C salotto
D Federicos Schlafzimmer
E camera
F guardaroba
G studiolo
H Balkon
I Kapelle (16. Jahrhundert)
J Gartenmauer mit geheimem Verbindungsgang zu den Frauengemächern
K Garten

Aber auch im Alltag hatte die *sala publica* ihre Aufgaben zu erfüllen. Laut Hausordnung mußten im Winter die Kamine immer unter Feuer stehen, damit sich Hofstaat, Dienerschaft und auswärtige Gäste aufwärmen konnten.

In anderem Zusammenhang und ohne präzise Lokalisierung beschreiben die *Ordini* den Speisesaal (*tinello*), in dem der größte Teil des Haushalts die täglichen Mahlzeiten einnahm. Tische und Bänke waren U-förmig aufgestellt; an einer der Schmalwände stand die Kredenz. Die Tischordnung spiegelte jene Hierarchie, die das ganze Hofleben bestimmte; jedem Mitglied der *familia* war ein fester Platz zugewiesen.

Relativ hohe Anforderungen wurden an die Tischsitten gestellt. Bestimmte Gruppen der Dienerschaft aßen in ihren Arbeits- oder Schlafräumen, vermutlich deshalb, weil sie die geforderte Etikette nicht beherrschten und damit die gesellschaftliche Norm des Speisesaals verfehlten. Die Elite des Hofstaats speiste in einem separaten, kleineren *tinello.*

Sala publica und *salotto* waren die einzigen Räume des Palastes, die diesen Anforderungen genügen konnten. Auch die verblüffend ähnliche Anordnung der Räume im Papstpalast von Avignon spricht dafür, die Funktionen der *tinelli* im Palazzo Ducale an dieser Stelle zu lokalisieren, also vor dem Eingang zu Federicos Wohnräumen. Daraus ergibt sich ein aufschlußreiches Bild der damaligen Hofgesellschaft: Einerseits deutet die Tatsache, daß sich die *familia* täglich zum Essen in Räumen des herzoglichen Appartements versammelte, auf die Fortgeltung traditioneller, patriarchaler Prägungen hin. Der gesamte Hof versteht sich als zusammengehörig, die Mahlzeiten – im Idealfall unter dem Vorsitz des Hausherrn – fassen diese Einheit in ein geordnetes Bild.

Andererseits stellt die räumliche Separierung von Ober- und Unterschichten diese Geschlossenheit bereits in Frage, läßt die ersten Anzeichen einer Entwicklung erkennen, die später zur Trennung zwischen Hofstaat und Gesinde führen wird. Die humanistische Architekturtheorie bejaht diesen Spaltungsprozeß, in Albertis Programm des Fürstenpalastes gibt es keinen allgemeinen Speisesaal. Gefordert wird das Gegenteil: »Die kreischende Bande der Mägde muß vom Bereich der führenden Männer ferngehalten werden, genauso der Schmutz der Dienerschaft.«

Die sala publica des Palazzo Ducale mit ihrem weitgespannten Muldengewölbe – zu Federicos Zeiten nicht nur Festraum, sondern als Speisesaal des Hofes täglich in Betrieb (Aufnahme um 1900).

Vom offiziellen Bildrepertoire des salone deutlich abgesetzt, deuten spielende Putten im Kaminsims des salotto den Übergang zur persönlichen Lebenssphäre des Herzogs an.

Der Herzog konnte *in camera* speisen, aber auch gemeinsam mit Gästen und Hofstaat im *salotto*. Dabei blieben die Türen zur *sala publica* meist geöffnet. Andernfalls mußten sie durch Wachen vor dem Andrang Neugieriger geschützt werden. In der Geheimküche zubereitet und stets separat aufgetragen, zeichneten sich die Speisen des Herzogs durch demonstrative Schlichtheit aus: *temperantia*, Mäßigung, war das Tugendideal. Andererseits zierten die herzogliche Tafel besonders kostbare Tischtücher, edles Geschirr und Besteck. Tischzeremoniell war in Urbino immer auch Bildungszeremoniell. Eigens bestallte Lektoren lasen aus antiken Historikern und Epikern, in der Fastenzeit aus Bibel und Kirchenvätern.

Auch während der Audienzen hatten *sala* und *salotto* wichtige Aufgaben zu erfüllen. Alberti streicht die Bedeutung von Audienzen für die Raumdisposition von Fürstenpalästen heraus. Seine Empfehlungen richten sich an zeitgenössische Höfe, auch wenn sie durch antike Exempla illustriert werden: »Ich lese bei Seneca, daß zuerst Gracchus, dann Livius Drusus die Sitte einführten, nicht allen Besuchern am selben Ort Audienz zu gewähren, sondern Unterschiede zu machen. Einige wurden in geheimer Audienz empfangen, andere in Gruppen, andere öffentlich: so deutete man Rangunterschiede in der Freundschaft an. Es wird richtig sein, eine Vielzahl von Türen einzuplanen. Auf diese Weise hat man verschiedene Möglichkeiten, Besucher zu empfangen und zu entlassen, ohne diejenigen zu beleidigen, die nicht vorgelassen werden.«

Daß diese Ratschläge in Urbino befolgt wurden, ja den Ausgangspunkt für Lauranas Kunst der Raumdisposition gebildet haben, zeigt wiederum ein Blick auf den Grundriß. Als Vermittler zwischen öffentlichem und geheimem Bereich nimmt der *salotto* eine Schlüsselposition innerhalb der Repräsentationsräume ein. Er kann über den großen Saal, den oberen Hofumgang oder über ein benachbartes Appartement betreten und verlassen werden.

Obwohl der *salotto* noch nicht zum engeren Wohnbezirk gehörte und relativ vielen Besuchern offenstand, wird seine Dekoration von Liebesthemen bestimmt – hier blieb Federico der Richtung treu, die er schon zu Beginn seiner Kunstpatronage, in der *sala della Iole* des älteren Palastflügels, eingeschlagen hatte. In den kunstvollen Intarsien der Türflügel sieht man den Triumph der Liebe nach Petrarca dargestellt; dessen *Trionfi* waren 1470 erstmals gedruckt worden und reüssierten seitdem immer glänzender als Vorlage allegorischer Bildentwürfe. Hinzu treten spielende Eroten im Kaminfries sowie die Darstellung des Sündenfalls in einem figürlichen Kapitell, das sich wie zufällig über einem der beiden Zugänge zum Appartement befindet.

All das war nichts als Fiktion und diskrete Andeutung: Federicos Eheleben fand natürlich in diesem Raum niemals statt, vermutlich auch nicht in den Gemächern des angrenzenden Appartements, sondern in der Wohnung der Gemahlin, die Federico separat hinter den dicken Mauern des *castellare* einrichten ließ. Aber dem Gast, der hier mit dem Herzog sprach oder auf eine Geheimaudienz wartete, sollte der Kontrast zu den offiziellen Schauplätzen der Herrscherrepräsentation bewußt werden, die er vorher durchquert hatte. Jetzt war er im Begriff, in Federicos personale Sphäre einzutreten, eine Auszeichnung, die nicht jedem zuteil wurde und die ihm die Aufnahme in einen engeren Kreis von Vertrauten signalisierte.

Zwei Zimmer mit Bad

Zwischen verbildlichter und tatsächlicher Raumfunktion sind hier die Bezüge sichtlich gelockert. Der Schein von Abläufen, die ihren Ort in Wirklichkeit anderswo haben, verstellt dem Betrachter absichtsvoll den Blick auf die gelebte Wirklichkeit. Präsenz und Repräsentation des Herrschers, das kann man in Urbino lernen, sind zweierlei. Dieser Eindruck bestätigt sich, wenn man Federicos Geheimappartement betritt. Die frühen Quellen sprechen von der *camera* des Herzogs immer in der Einzahl. Tatsächlich gab es aber zwei Räume, die diese Bezeichnung für sich in Anspruch nehmen konnten.

Das eigentliche Schlafzimmer betritt man vom *salotto* aus durch die rechte Tür, seine Fenster sind zum Garten orientiert. Hier befand sich ein fest installiertes Waschbecken mit Abfluß; laut Hofordnung kamen ein gläsernes Urinal und eine transportable Toilette mit Wasserspülung hinzu. Hygiene wurde wichtig genommen in Urbino, ganz im Gegensatz zur generellen Tendenz des ausgehenden Mittelalters, Körperpflege zu vernachlässigen. Geradezu exotisch muß Federicos Bad im Untergeschoß des Wohnturms auf Gäste und Besucher gewirkt haben. Kein Geringerer als Francesco di Giorgio hatte es entworfen und – in seinem Architekturtraktat stolz beschrieben – mit raffinierten Heiz- und Wasserinstallationen versehen. Ein gemauertes, in den Boden versenktes Bekken konnte mit heißem Wasser gefüllt werden, eine umlaufende steinerne Sitzbank bot bis zu acht Personen Platz.

Dieses Arrangement erlaubt immerhin die Vorstellung, daß Baden in Urbino eine gesellschaftliche Angelegenheit war wie früher in den Thermen Roms. Ob es vertraute Höflinge oder auch Besucher waren, mit denen Federico sein Badewasser teilte: Kein anderer Fürst konnte einen ähnlichen Komfort bieten. Aber nicht nur Reinlichkeitsbedürfnis oder Interesse an intimen Formen der Geselligkeit verrät der kleine Raum. Die anspruchsvolle Gestaltung mit Pilastern und Gebälk zeigt vielmehr an, wie hoch er in der Hierarchie der Zwecke rangierte und wie entschieden er als Rückgriff auf die große, verschüttete Kultur des Badens in der Antike gedacht war. Der beispielhafte hygienische Standard im Palazzo Ducale läßt sich also durchaus als ein Gestus der Klassizität verstehen, getragen von reichem literarischem Wissen über das römische Thermenwesen, wie es unter anderem bei Vitruv verfügbar war.

Zur Ausstattung des Schlafzimmers gehörte selbstverständlich auch ein Bett. Wohl besaß Federico eine Liegestatt in außerordentlich luxuriöser Ausführung – jenen aufwendig gezimmerten und reich bemalten Alkoven, der vergessen und in Einzelteile zerlegt auf dem Dachboden des Palastes die Jahrhunderte überdauert hatte und den man erst in den 1950er Jahren zufällig wiederfand. Klassische Pilastervorlagen, gemalte Wappen und angedeutete Landschaftsausblicke, die hinter fingierten Vorhängen größtenteils verborgen sind, schmücken dieses außergewöhnliche Möbel, das nach seinem stattlichen Format – mehr als vier Meter Seitenlänge im Quadrat – beinahe ein kleines Bauwerk ist. Im Schlafzimmer allerdings, das bestätigt ein Blick auf den Grundriß, hätte das Prunkstück schwerlich Platz gefunden. Türen, Fenster und der Kamin links des Eingangs stellen sich jedem Versuch einer entsprechenden Plazierung in den Weg.

Viel wahrscheinlicher ist, daß sich das Bett schon zu Lebzeiten Federicos im Nachbarzimmer befand, wo es in späterer Zeit mehrfach erwähnt wird. Gegenüber der Fensterseite scheinen hier die Wände einen hinreichend geräumigen Winkel auszusparen, der geradezu betont von allen Öffnungen und Einbauten freigehalten ist. Federico stand also eine zweite *camera* zur Verfügung, ein allem Anschein nach fiktives Schlafzimmer, das privaten Audienzen gedient haben mag, vielleicht sogar für Besichtigungen durch Gäste zur Verfügung stand.

Auch die unterschiedliche Einbindung beider Räume in die Wegeführung des Appartements spricht dafür, sich eine solche Teilung zwischen praktischen und demonstrativen Zwecken vorzustellen. Über das nördliche, also allem Anschein nach das ›echte‹ und für Gäste unzu-

Spektakulär: der Alkoven des Federico da Montefeltro, heute im Ostflügel des Palazzo Ducale aufgestellt.

Tatsächlich schlief der Herzog wohl im Zimmer nebenan – aber die camera mit dem Alkoven war eine zentrale Station in der zeremoniellen Raumfolge des Palazzo Ducale.

gängliche Schlafzimmer betritt man die *guardacamera*, die Schatzkammer, deren exklusiver Verfügung durch den Herzog die zurückgezogene Position im Grundriß entspricht und die mit ihrer massiven Tonnenwölbung – ähnlich wie die Bibliothek – eine besonders feuersichere Konstruktion besitzt. Ein schmaler Zugang führt zu dem durchfensterten Erker, der Federico offenbar eine diskrete Kontrolle über den Garten erlaubte – jenen Palastbezirk, der in seiner baulichen Anlage vor äußeren Einblicken völlig geschützt ist und der ganz offensichtlich exklusiv Battista Sforza mit ihrem Hofstaat zur Verfügung stand. Gleich nebenan erreicht man die nördliche Wendeltreppe. Auf diesem Weg konnte Federico geradewegs zu seinem Bad und weiter zum Geheimausgang am Fuß der Talfassade gelangen, wahlweise aber auch zum Flügel der Gemahlin abzweigen, zu dem ein geheimer Gang oberhalb der Gartenmauer führt.

Die zweite, südliche *camera* gibt dagegen einen bequemen Durchgang frei zu *studiolo* und Aussichtsbalkon, den zentralen Orten im repräsentativen Raumprogramm. Auch kann man über die südliche Wendeltreppe die Prunkräume des unteren Appartements am einfachsten erreichen – unter anderem die mit kostbarem Buntstein getäfelte *cappella del perdono* sowie ein zweites *studiolo,* das eine wohl erst nach Federicos Tod gemeißelte Inschrift als Musenheiligtum tituliert.

In dieser Disposition des herzoglichen Wohnbezirks, die ihre Raffinesse eigentlich erst beim Studium der Pläne offenbart, erkennt man unzweifelhaft Lauranas entwerferische Meisterschaft. Auf kleinster Grundfläche sind zwei parallel geschaltete Raumfolgen und Wegesysteme untergebracht, und das in einer scheinbar zwanglosen Virtuosität der Grundrißbildung, wie sie im 15. Jahrhundert keine Parallele fand und auch in späteren Residenzen nur selten gelang. Neu war an Lauranas Konzeption weniger die repräsentative Nutzung von Wohnräumen – sie stellte in den Palästen des Mittelalters und der Renaissance allenthalben den Normalfall dar –, sondern, im Gegenteil, die Abgrenzung eines persönlichen Lebensbereichs, der sich öffentlicher Kontrolle entzog und dem Herrscher erstmals die Qualität unbeobachteter Lebensführung zugestand. So betrachtet, eröffnet Federicos *camera* eine Etappe der fürstlichen Architektur, die Jahrhunderte später in Barockschlössern mit ihren *appartements doubles*, Tapetentüren und Paradebetten gipfeln wird.

Kult der Gelehrsamkeit oder: Unordnung im Bücherschrank

Das *studiolo* ist der kleinste Raum in Federicos Appartement. Seine Fläche beträgt nur 3,30 mal 3,60 Meter, und die Höhe von fünf Metern beschert ihm angesichts dieser Grundmaße erst recht unbehagliche Verhältnisse. Durch ein kleines, hochgelegenes Westfenster wird er außerdem nur notdürftig erhellt. Das herzogliche Studierzimmer unterscheidet sich damit radikal von den lichtdurchfluteten, harmonisch proportionierten Räumen, die ihm vorgeschaltet sind und die der Besucher eben erst durchquert hat. Weshalb ist diese Schreibstube, in der man sich gerade einmal umdrehen kann und an deren Dämmerlicht sich das Auge zu jeder Tageszeit mühsam gewöhnen muß, der berühmteste Innenraum der italienischen Renaissance geworden?

Antwort darauf gibt die kaum zu schildernde Bilderfülle, die alle Wände des Gemachs bedeckt. Sie bringt die tatsächlichen Raumgrenzen zum Verschwinden, ersetzt sie durch fiktive Erweiterungen und Ausblicke, lenkt die Aufmerksamkeit einerseits auf zahlreiche Figuren, in deren Gesellschaft man sich auf einmal versetzt sieht, andererseits auf ein erstaunliches Durcheinander von Büchern und Instrumenten hinter halb geöffneten Schranktüren.

Erst allmählich gewinnt man eine erste Orientierung. Eine vergoldete Inschrift unterhalb der reich verzierten Kassettendecke nennt zum zweiten Mal seit der Signatur im Innenhof Federico beim vollen Namen und zählt seine Titel auf – das begehrte *DUX* fehlt natürlich nicht –;

außerdem wird in römischen Ziffern das Datum 1476 mitgeteilt. Von der Wandzone darunter blicken aus Studierzimmern früherer Zeiten 28 heidnische, jüdische und christliche Autoren auf den Besucher herab, einige würdig und ernst, andere gestikulierend, wieder andere wie versonnen. Joost van Gent hat sie in leuchtenden Ölfarben auf Holz gemalt und durch Inschriften namentlich identifiziert. Die ursprüngliche Reihung steht zwar nicht zweifelsfrei fest, läßt sich aber zumindest im Groben rekonstruieren.

In der oberen Reihe, gleich unter der Inschrift, hängen ausschließlich Halbfigurenbildnisse; hier haben sich Gelehrte, Staatsmänner und Dichter der Antike wie Platon und Aristoteles, Ptolemaios von Ägypten – der Gründer der berühmten Bibliothek –, Cicero oder Seneca versammelt. Nur vereinzelt gesellt sich ein Zeitgenosse hinzu wie Vittorino da Feltre, der berühmte Pädagoge und frühere Lehrer Federicos in Mantua. Diese Autoren hat man als Vertreter der weltlichen Wissenschaften zu verstehen. Darunter treten als Dreiviertelfiguren – daher auf Bildtafeln höheren Formats gemalt – Autoritäten geistlichen Wissens auf; zu ihnen gehören vier Kirchenväter, berühmte Theologen des Mittelalters wie Thomas von Aquin oder Duns Scotus sowie Propheten des Alten Testaments. Dante und Petrarca, die berühmtesten Dichter des 14. Jahrhunderts, scheinen nicht recht hierher zu passen. Als persönliche Huldigung an einen Gönner ist in diese Reihe aber auch das Porträt Pius' II., des kürzlich verstorbenen Humanistenpapstes, aufgenommen, selbst wenn dieser nie als Theologe geglänzt hatte. Was alle Bildnisse gemeinsam verkörpern, ist ein hoher, etablierter Kanon der Gelehrsamkeit.

›Keine Experimente‹ scheint das Kriterium der Auswahl gelautet zu haben. Die Werke derer, die Zutritt zu dieser exklusiven Galerie der Weisen erhalten hatten, konnten von jedermann als grundlegend und unbedenklich akzeptiert werden, sie fanden sich auch allesamt in Federicos Bibliothek. Keinesfalls wollte es der Herzog seinem Todfeind Sigismondo gleichtun, der die Nischen an den Außenflanken des Tempio Malatestiano mit den Steinsärgen seiner Hofhumanisten hatte füllen lassen, und irgendwelchen obskuren Zeitgenossen Eingang in sein Allerheiligstes gewähren. Nur die Hälfte der Porträts ist heute an Ort und Stelle noch im Original zu sehen. Nach dem Erlöschen der Montefeltro-Dynastie im 17. Jahrhundert hatte man die Tafeln auseinandergeschnitten und an verschiedene Orte verbracht. Aus Rom kehrten später immerhin 14 Porträts in das *studiolo* zurück, die fehlenden ersetzte man durch Kopien in Grisaille.

Seine Argumente an den Fingern aufzählend, stellt Justus van Gent im studiolo des Palazzo Ducale den franziskanischen Theologen Duns Scotus dar. Die Tafel gehört zu jenen Gelehrtenbildnissen, die sich nach wie vor in Urbino befinden (Galleria Nazionale delle Marche).

Auf Augenhöhe nehmen den Besucher dagegen spektakuläre Intarsien gefangen, die unter den strengen Blicken der Gelehrten ein alles andere als ernstes Spiel mit Schein und Wirklichkeit treiben. Wahrscheinlich sind diese Einlegearbeiten, die zu den schönsten der Renaissance zählen, in einer Florentiner Werkstatt gefertigt und von dort aus nach Urbino transportiert worden. Ihr hervorstechendes Merkmal ist nicht nur die täuschende Nachahmung von Realität, wie man sie von dieser klassischen Gattung der Perspektivkunst erwartet, sondern auch ein nie versagender Erfindungsreichtum in der Darstellung scheinbarer Zufälle. Sobald man den Raum betreten hat, weicht man unwillkürlich offenstehenden Schranktüren aus oder nimmt sich vor Gegenständen in acht, die im nächsten Moment von oben herabzufallen drohen. Fast möchte man auf den einladend ausgeklappten Sitzbrettern Platz nehmen, lägen nicht schon kreuz und quer ein Clavichord, zwei Lauten und eine Gitarre darauf herum. Erst ungläubiges Tasten verschafft letzte Sicherheit, daß man nichts sieht als eine polierte Fläche, ein aus farbigen Hölzern kunstfertig zusammengesetztes Bild.

Von einem wohlgeordneten Studierzimmer, wie man es im herzoglichen Appartement erwartet, kann keineswegs die Rede sein. Ein solches Musterstudiolo, offenbar gerade erst verlassen und doch hinlänglich aufgeräumt, zeigt sich an der Rückwand der kleinen Nische, die sich rechts vom Eingang öffnet. Das Auge wird hier ein weiteres Mal getäuscht; von der zweiten Wirklichkeit einer fingierten Einrichtung sieht es sich unvermittelt in die dritte eines nicht existenten Raums versetzt. Was der fensterartige Durchblick an dieser Stelle nämlich offenlegt, ist ein weiteres Studiergemach, gleichfalls von quadratischem Format und holzgetäfelt, mit Schreibpult und umlaufender Sitzbank, auf der griffbereit Bücher stehen. Ähnlich werden auch in der zeitgenössischen Malerei *studioli* dargestellt.

Um so eindrücklicher registriert der Besucher das wenig präsentable Chaos, das ihn in Federicos Studiergemach umgibt. Gewiß, die Schrankwände sind schön gegliedert und säuberlich eingeteilt, aber in Ordnung bringen zu wollen, was die halb geöffneten Gittertüren von ihrem Innenleben preisgeben, wäre hoffnungslos. Bücher verschiedenen Formats liegen wild gestapelt herum, Notizzettel und Schriftrollen, eine erloschene Kerze oder eine Sanduhr mischen sich darunter. Eine kostbare Armillarsphäre balanciert auf einem überstehenden Buchdeckel. Mit dem Saum zwischen zwei Bände geklemmt sieht man ein nasses, scheinbar gerade erst ausgewrungenes, bemaltes oder besticktes Tuch trocknen – es zeigt wie beiläufig den eben erst an Federico verliehenen Hosenbandorden –, gleich darunter hat jemand ein Schwert an ein Bücherbrett gehängt und achtlos auch noch zwei Faszienbündel, Symbole herrscherlicher Gewalt, in den Schrank geschoben. In einem anderen Fach sieht man ein Tintenfaß und eine gesiegelte Urkunde aufbewahrt – immerhin in sinnvoller Nachbarschaft, möchte man meinen, lehnte da nicht im Hintergrund ein facettierter Haarreif schräg an der Wand, wie man ihn aus den Bildern Paolo Uccellos kennt.

Nach erster Inspektion des Durcheinanders gelingt es immerhin, Herrschaftssymbole und persönliche Rangabzeichen dem Hausherrn Federico zuzuordnen, während Bücher und Instrumente offenbar für das breite Spektrum der Wissenschaften und Künste stehen, die am Hof von Urbino gepflegt wurden. Und das waren, wie man etwa am Uccello-Ring erkennen kann, keineswegs nur die Sieben Freien Künste, auf die sich nach mittelalterlicher Überlieferung alles wirklich Wissenswerte beschränkte, sondern auch moderne Disziplinen wie Optik und Perspektive, auf deren Beherrschung ja alles hier so kunstvoll Gezeigte beruht.

Weitere Orientierung bieten die drei weiblichen Statuen, die über den Raum verteilt in schön gezeichneten Nischen stehen. Attribute weisen sie als die christlichen Tugenden Glaube, Hoffnung und Liebe aus. Sie fundieren und lenken den furiosen Akt des Studiums, der in der Anarchie der Objekte so eindrucksvolle Spuren hinterlassen hat. In gleicher Größe wie die Statuen dargestellt, aber respektvoll in den Hintergrund einer weiteren Nische gerückt, sieht man schließlich den Herzog selbst, wie er in einen Philosophenmantel gehüllt den Raum betritt. Die Lanze, die er trägt, ist als Zeichen des Friedens nach unten gekehrt; seine Rüstung hat er gleich nebenan in einen Garderobenschrank verstaut, als gehöre sie nicht hierher.

Das Porträt enthebt den Hausherrn der Präsenzpflicht in seinem *studiolo*. Auch wenn es nicht der Herzog selbst ist, der ihn durch den Irrgarten der Bilder führt, kann der Besucher keinen Augenblick zweifeln: Es ist der Friedensfürst Federico, der in diesem Raum sein Laboratorium der Macht eingerichtet hat. Nur er gebietet souverän über die Bücher und Instrumente, die man aus Bibliothek und Schatzkammer her-

Unordnung im Bücherschrank zeugt von rastlosem Studium: eine der raffinierten Intarsien des Urbinater studiolo.

Die Lanze nach unten gekehrt, betritt Federico die konfliktfreie Zone des Studierzimmers.

beigeschafft hat. Er bedient sich allen verfügbaren Wissens mit einer Übersicht, die auf vorgezeichnete Ordnungen keine Rücksicht zu nehmen braucht. Und er, der Hochdekorierte, kann es sich leisten, kostbare Auszeichnungen wie Lesezeichen oder persönliche Accessoires überall zu verstreuen. Der Herzog ist nicht begleitet. Das Privileg, hinter die Kulissen des Regierens zu schauen, teilt er nur mit dem Besucher, der tatsächlich an diesen Ort vorgedrungen ist.

Sogar den perspektivischen Blick auf den Staat, das *arcanum* des Herrschers, bietet Federico ihm zu ungehinderter Einsichtnahme dar. Auf dem Wandfeld, das sich zwischen die beiden Nischen schiebt, öffnet sich eine fingierte Loggia, durch deren Bogenstellungen man entfernt eine Stadtsilhouette inmitten fruchtbarer Hügel und Felder erkennt. Im Vordergrund hockt auf der Aussichtsplattform ein Eichhörnchen, das einen Korb voll Nüsse gesammelt hat – Symbol der *providentia*, der herrscherlichen Vorsorge für Volk und Land.

Abseits von konventionellen Formeln des Herrscherlobs, vielmehr auf Bildwitz und Verblüffung des Betrachters setzend, liefert Federico in seinem *studiolo* eine einzigartige Begründung herrscherlicher Autorität. Zeitgenossen und Nachfahren zeigt er sich als wissender Fürst. Von den Weisen aller Zeiten beglaubigt, ruht seine Regierung auf dem Fundament christlicher Tugend. Er vertraut auf Einsicht statt auf Drohung, lenkt den Staat in engster Allianz mit Wissenschaften und Künsten. Niemand, so die Strategie, wird in diesem Raum auf den Gedanken kommen, nach Herkunft und legitimer Erbfolge zu fragen.

Diesem *studiolo* gesellte sich ursprünglich noch ein weiteres im unteren Appartement des Palastes hinzu, ein gleichfalls winziger Raum, den Federico vermutlich seinem Sohn Guidobaldo zugedacht hatte; die Ausstattung mit Bildern der neun Musen sollte Ottaviano degli Ubaldini erst nach Federicos Tod in Auftrag geben. So beredt dieses reiche Repertoire an *studioli* (ein weiteres befand sich noch im Palast von Gubbio, Federicos Zweitresidenz) auch über Person und Existenz des Hausherrn Auskunft gab – zum Studieren, ja zu jeder praktischen Tätigkeit waren alle drei Kammern denkbar ungeeignet. Es fehlt an Licht, an jeglicher Ablagefläche. Und vor allem: die Räume sind allesamt zu klein, als daß der Herzog hier die Dienste seiner Vorleser hätte beanspruchen können.

Mit ihrer kostbaren Ausstattung boten die herzoglichen *studioli* in Urbino und Gubbio hingegen ideale Voraussetzungen für Einzelempfänge ohne Gefolge, wie sie ranghohen Besuchern vorbehalten waren.

Ihnen enthüllte sich hier, im *piano nobile* von Urbino sogar am Ende einer grandiosen Raumsequenz, das Bild des *princeps doctus* – so bedacht inszeniert und so kunstvoll in Materie gefaßt, daß es jede denkbare Wirklichkeit übertraf.

Der sehende Fürst

Als visuelles Band, das alle Räume des herzoglichen Appartements von Urbino miteinander verknüpft, erlebt man beim Durchschreiten der Gemächer die Sequenz der Aussichten. Es scheint, als gewännen die Rechte und Privilegien des Herrschers erst im Medium gelenkter Blicke definitive Gestalt. Nur die Fenster der *sala publica* richten sich auf die Stadt und zeigen ein Szenario, das dem Besucher aus dem Alltag schon vertraut ist. Beginnend mit dem *salotto* setzt dann ein Wechsel in der Blickregie ein. Die erhöht gelegenen Fenster gewähren Einsicht in den *giardino segreto* und signalisieren damit die Teilhabe an einem visuellen Monopol des Fürsten. Danach weiß die fingierte Landschaftsperspektive im *studiolo* diese exklusive Erfahrung noch einmal zu steigern.

All diese Perspektiven kulminieren schließlich in dem lichterfüllten Überblick, den man gleich nach Verlassen des dämmrigen *studiolo* vom herzoglichen Balkon aus genießen kann. Man betritt die Plattform nicht etwa durch eine gerahmte Tür, sondern durch eine geheime Öffnung, die sich unmerklich in die Darstellungen der Intarsienzone einpaßt und damit die Überraschung erst perfekt macht. Es ist der komplettierte Blick des Herrschers, den der Besucher hier für sich in Anspruch nehmen darf. Und nach den vielen kunstvollen Bildern, die man vorher im Palast gesehen hat, stellt dieser zugleich gelenkte und reale, durch Architektur gerahmte Blick alle Techniken der Illusion in den Schatten. Der ganze Besitz Federicos, Land und Stadt, Zufahrtsstraße und Marktplatz, bietet sich in gestaffelter Perspektive dem Auge dar. Alles fügt sich zu einem Bild, das Wirklichkeit umgreift und doch ästhetisch überhöht. Erst von hier aus, von oben gesehen, erkennt man in der verwickelten Geschichte der städtebaulichen Eingriffe, die von unten so schwer durchschaubar erscheint, den überlegenen Plan Luciano Lauranas und seines Herrn.

Der Palazzo Ducale in Urbino besiegelt eine Urbanisierung und Zivilisierung des Fürsten, wie sie im fünfzehnten Jahrhundert zwar verschiedentlich gefordert, aber nirgendwo anders wirklich vollzogen wor-

Für schlechte Zeiten: ein Sinnbild herrscherlicher Vorsorge im studiolo.

den ist. Einige Jahre vor dem Neubauprojekt Lauranas findet sich ein vergleichbares Architekturprogramm allein in Albertis Architekturtraktat. Das fünfte Buch präsentiert einen Typenkatalog monarchischer Wohnarchitektur, der sich streng an politischen Kategorien ausrichtet. Alberti teilt die Alleinherrscher in Tyrannen und Könige – ein Synonym für den ›guten Fürsten‹. Als erster stellt Alberti die Forderung auf, daß sich der gute Herrscher auch in seiner Architektur vom Tyrannen unterscheiden müsse. Diesem wird eine perfekt gesicherte Burg als Wohnsitz zugewiesen, jenem eine *domus regia*, ein königlicher Palast, der im Stadtzentrum liegen und leicht erreichbar sein soll. Die vornehmsten Gebäude der Stadt – Tempel, Theater, Paläste der Aristokratie – stellen die angemessene Umgebung dar.

Humanistisch inspirierte Vorschläge zum Bau von Städten wurden am Hof von Urbino offenbar mit großem Interesse aufgenommen. Bester Beleg dafür sind die drei gemalten Idealstadtveduten, die heute auf verschiedene Museen in Europa und den USA verteilt sind. Autorschaft, exakte Datierung und der ursprüngliche Zusammenhang, in dem die Bilder standen, sind heftig umstritten. Höchst wahrscheinlich ist aber, daß sie alle aus dem Palazzo Ducale stammen und um 1480, noch zu Lebzeiten Federicos, gemalt worden sind. Eine solche Vedute – vielleicht keine der erhaltenen – war einem Inventar des 16. Jahrhunderts zufolge oberhalb einer Tür in Federicos *camera* angebracht.

Alle drei Bilder, die wir heute noch kennen, zeigen Einblicke in Stadtsituationen, die sich im Verhältnis zur zeitgenössischen Realität als idealisiert und antikisierend überhöht erweisen. Als meisterhafte Perspektiven kultivieren sie eine Disziplin, die nirgends so minutiös studiert worden ist wie in Urbino und die dem Bildverständnis der Renaissance erst seine eigentliche Signatur verliehen hat. Wenn man sie sich, wofür es gute Gründe gibt, ursprünglich in Wandvertäfelungen einbezogen denkt und sie in Federicos Appartements lokalisiert, dann lassen sie sich unschwer als fingierte Fenster verstehen. Schon Alberti hatte in seinem Malereibuch von 1434 das perspektivische Bild von seiner optischen Konstruktion her mit dem Blick aus einem Fenster verglichen. Andererseits sperrt sich der ganze Bereich der herzoglichen Wohnung in der Orientierung seiner Wandöffnungen vehement dagegen, einen Blick auf das tatsächliche Urbino freizugeben. Wie reizvoll muß es Federico erschienen sein, sich selbst und seine Besucher mit der Illusion von Fenstern zu umgeben, die statt dessen Perspektiven in eine ideale Welt der Stadt eröffnen.

Ohne die Lektüre zeitgenössischer Architekturtraktate ist das bauliche Repertoire der Veduten schwer vorstellbar. Das zeigt bereits die heute in Berlin aufbewahrte Tafel, die von einer Säulenhalle aus den Blick auf eine breite, gepflasterte Straße und schließlich auf ein Schiff

Ein exklusives Panorama für den Fürsten – Blick vom Balkon des herzoglichen Appartements in Urbino.

mit geblähten Segeln lenkt. Was die Lage der Stadt am Meer, aber auch ihre bauliche Ausstattung angeht, könnten hier Vitruvs Empfehlungen zum Bau von Hafenstädten ins Bild gesetzt worden sein.

Enge Berührungen mit Albertis *De re aedificatoria* weisen hingegen die Tafeln in Urbino und Baltimore auf. Das Urbinater Bild, heute ein Blickfang in der Gemäldesammlung des Palazzo Ducale, zeigt auf einem regelmäßig geformten Platz einen imposanten Rundtempel inmitten klassisch anmutender, säulengeschmückter Häuser und Paläste. Der Bau erfüllt alle Kriterien, die Alberti an den idealen Tempel richtet: Er steht allseits frei in würdiger Umgebung, stellt würdigsten Schmuck zur Schau, ist über einem perfekten Zentralgrundriß errichtet und verhindert durch hochgelegene Fenster jede Ablenkung von der Andacht.

Noch aufschlußreicher ist das Gemälde aus der Walters Art Gallery in Baltimore, auch in der Gestaltung die eindrucksvollste unter allen drei Veduten. Um einen großen Platz gruppiert, versammelt es in perspektivischer Ordnung ein Theater und vornehme Paläste, Bautypen, die Albertis Fürstenpalast umgeben sollen. Ein Tempel und Bildsäulen treten hinzu. Kein Monumentalbau besetzt die Symmetrieachse, die sich statt dessen durch einen Triumphbogen hindurch ins Unendliche verliert. Eine Erklärung mag darin liegen, daß der Betrachter sich selbst im größten Gebäude des Areals befindlich wähnen darf: dem Fürstenpalast. Die Vedute öffnet also den Blick aus einem ideal postierten Fenster, einen gemalten Herrschaftsblick, wie ihn auf andere Weise die Architektur des Palastes bereits geboten hat. Es ist der symbolische Raum der Stadt, ein vollkommenes Spiegelbild fürstlicher Planung und Leitung, der in diesem Bild ein weiteres Mal triumphiert.

Die erträumte Stadt, wie sie auf einer der berühmten Veduten aus dem Palazzo Ducale in Urbino erscheint (unbekannter Maler um 1480; Baltimore, Walters Art Gallery).

KRIEG UND FRIEDE

Das italienische Mobile

Der Untergang Sigismondo Malatestas und der gewaltsame Tod Piccininos waren warnende Beispiele dafür, welche Folgen es haben konnte, wenn man die Regeln des italienischen Machtspiels nicht beachtete. Federico hatte sich bisher als Meister darin erwiesen. Mit dem Tod Pius' II. und der Wahl Papst Pauls, eines Venezianers, wurde indes die Lage für den Grafen von Urbino kompliziert. Er war ja *gonfaloniere* des Heiligen Stuhls und so *condottiere* des neuen Papstes; als Generalkapitän der italienischen Liga stand er zugleich im Sold potentieller Gegner der Serenissima. Der erste Auftrag, den der Montefeltro für Paul erledigte, war aber unkompliziert: Wir finden ihn in der Umgebung des Bracciano-Sees nördlich von Rom, wo er einige Burgen der Grafen von Anguillara, geschworener Gegner des Heiligen Stuhls und der Aragonesen, ausräucherte. Die harte Militäraktion gegen den Raubritter-Clan stellte die Autorität des Heiligen Stuhles auch in diesem Teil Latiums wieder her.

Als am 20. November 1465 Novello Malatesta das Zeitliche segnete, sah sich der Graf von Urbino in einer heiklen Situation, denn Paul II. wollte das Erbe dem Kirchenstaat einverleiben. Federico da Montefeltro wurde beauftragt, Cesena zu besetzen und dafür zu sorgen, daß die Stadt und anderer Besitz wieder unter die Herrschaft Roms gelangten. Aber Neapel, Mailand und Florenz, die anderen Auftraggeber des Urbinaten, stellten sich gegen die Annexionsgelüste. Der Graf von Urbino lavierte, taktierte, wartete mit der Ausführung des Mandats ab; hinter dem Rücken des Papstes suchte er mit den anderen Mächten eine Kompromißlösung. Sie sah so aus, daß man für Sigismondos Bastard Roberto westlich von Cesena eine kleine Signorie einrichtete, während der Papst Cesena behalten durfte. Paul II. schäumte; Federico da Montefeltro muß in Rom mit goldener Zunge geredet haben, um dem Papst den Handel plausibel zu machen. Jedenfalls erreichte er, daß seine *condotta* erneuert wurde.

In jener Zeit entstand der Mythos von Federico da Montefeltro als einem politischen Feinmechaniker, der mit ruhiger Hand am italienischen Mobile hantierte, damit es nicht aus dem Gleichgewicht geriet. In Wirklichkeit folgte die politische Räson des Urbinaten einfach dem Erfordernis, sich mit den Verhältnissen zu arrangieren, mit widerstreitenden Kräften zu kalkulieren; das italienische Gleichgewicht war dabei wohl weniger politisches Ziel als eben jener Zustand, der einem Staat wie dem seinen am günstigsten war. In einer Balance der Mächte hatte ein solches Gebilde mehr als nur eine Option und damit einen gewissen Spielraum.

Wo das ›Design‹ für die urbinatische Außenpolitik entworfen wurde, ist allerdings nicht völlig klar. Natürlich hatte Federico da Montefeltro das letzte Wort; doch bestand der Hof ja nicht allein aus ihm. Der innere Zirkel gruppierte sich um seinen Bruder Ottaviano Ubaldini della Carda, *il cor suo fratello*, wie Santi schreibt; auf einem Steinrelief wird er buchstäblich auf Augenhöhe mit Federico abgebildet (Abb. S. 193): weniger Untergebener als Partner des Herrschers von Urbino. Andere, wie der Kanzler Pierantonio Paltroni und der Dichter Angelo Galli, waren sicher an Beratungen beteiligt. In den Quellen treten sie eher als Funktionäre hervor, deren Aufgaben im diplomatischen Bereich angesiedelt waren. Sicher ist, daß Ottaviano die Politik Urbinos bestimmte, wenn sein Bruder mit seiner Truppe von Schlachtfeld zu Schlachtfeld zog – und das war ziemlich oft der Fall. 1474 wird Federico den Papst veranlassen, Ottaviano S. Angelo in Vado, Mercatello und Sassocorvaro – das alte Erbe der Brancaleoni – als Lehen zu übertragen.

Der Streit um das Erbe Novello Malatestas läßt die Gesetze, von denen die Verhältnisse auf der Halbinsel in den folgenden Jahrzehnten bestimmt wurden, bereits erkennen; man kann sie durch zwei ganz einfache Formeln ausdrücken: 2 : 3, 3 : 2. Sie waren es, die den *status quo* garantierten: wenn sich eine Allianz formte, zum Beispiel Neapel mit dem Papst gemeinsame Sache machte, stellte sich ihr umgehend ein Gegenbund der drei anderen Großmächte in den Weg. Versuchte ein ›großer Fisch‹, sich durch Verzehr eines der kleineren Fische zu bereichern, ließ die Reaktion nicht auf sich warten. Die meisten kleineren Staaten hatten sich des Schutzes durch einen der größeren Staaten versichert. Die Bündnisse, die da geschlossen wurden, erscheinen als reine Zweckallianzen von mehr oder weniger begrenzter Dauer.

Was die Partner solcher Allianzen zusammenbrachte, war weder italienischer Patriotismus noch der Ehrgeiz, das Abendland zu verteidigen, es waren vielmehr Angst und Neid. Die Angst, der Feind könne zu stark werden; die Befürchtung, er werde mehr Glanz und Ruhm gewinnen, als die Eigenliebe vertrug. Andererseits blieb die Konzeption eines Sicherheitssystems zur Befriedung Italiens lebendig, auch wenn die Vereinbarungen von Lodi immer wieder unterlaufen wurden. In Verträgen, die einzelne Mächte miteinander schlossen, wurde ein ums andere Mal betont, sie richteten sich nicht gegen die italienische Liga. Mehrmals wurde ihre Erneuerung in Aussicht genommen. Man sollte die realpolitische Bedeutung der *Idee* der *lega italica* nicht unterschätzen, auch wenn der italienische Frieden vor allem davon abhing, daß bis ins letzte Jahrzehnt des 15. Jahrhunderts außer der Türkei keine der europäischen Mächte in der Lage war, energisch in die Angelegenheiten der Halbinsel einzugreifen.

Todesfälle

Künstler des 15. Jahrhunderts zeigten den Markuslöwen gerne mit den Hinterläufen in den Fluten des Mittelmeeres, mit zwei Pranken aber auf dem Land: Über dem Abwehrkampf gegen die im östlichen Mittelmeerraum vordringenden Osmanen verlor Venedig die italienischen Angelegenheiten niemals aus den Augen. Der Besitz auf dem Festland war für die *Serenissima* Versorgungsbasis und militärisches Glacis. Entsprechend aufmerksam registrierte man am Rialto zwei Todesfälle, die Chancen auf Erweiterung der *terra ferma* zu eröffnen schienen.

1464 war Cosimo de' Medici, der heimliche *signore* von Florenz, gestorben; zwei Jahre darauf segnete Francesco Sforza das Zeitliche. Allerdings erfüllten sich Venedigs Hoffnungen, in Mailand würden sich die bei Herrscherwechseln üblichen Wirren einstellen, nicht. Francesco Sforzas Sohn Galeazzo Maria – ausnahmsweise ein legitimer Sproß, er entstammte der Ehe des *condottiere* mit Bianca Maria Visconti – wappnete sich sofort gegen mögliche Angriffe. Er nahm den Grafen von Urbino unter Vertrag und schloß Bündnisse mit Neapel und Florenz. Federicos Chronisten stellten heraus, daß ihr Held zugleich ein verlockendes Angebot der venezianischen Konkurrenz erhalten und mit großer Geste ausgeschlagen hatte.

In der toskanischen Stadtrepublik war inzwischen Cosimo de' Medicis Sohn Piero *il Gottoso*, »der Gichtbrüchige«, dem Vater nachgefolgt, doch war seine Macht noch unsicher. Hier überstürzten sich nach dem Tod Francesco Sforzas die Ereignisse. Eine Oppositionspartei um Luca

Pitti unternahm einen Putschversuch, der jedoch niedergeschlagen werden konnte. Pitti und seine Anhänger wurden aus Florenz verbannt und boten sich Florenz' Gegnern als willige Alliierte an. Für Venedig schien die Gelegenheit, loszuschlagen und die alte strategische Allianz zwischen Mailand und Florenz aufzubrechen, günstig wie nie.

Der Mann aus Bergamo

Generalkapitän der Serenissima war damals ein Mann, der zu den mythischen Figuren der Renaissance zählt: Bartolomeo Colleoni – *Bartolomeo da Bergamo*, wie ihn die Zeitgenossen nannten. Sein legendärer Ruf hat heute vor allem mit Verocchios Reiterdenkmal vor dem Ospedale *S. Marco* in Venedig zu tun und mit seinem über die Maßen prächtigen Mausoleum in Bergamo. Auch die Mauern dieses Gebäudes hat der Krieg finanziert: Colleoni war um die Mitte des 15. Jahrhunderts einer der am besten bezahlten Heerführer Italiens.

Der wahrscheinlich 1400 geborene Feldherr hatte ein ambivalentes Image. Er galt als erfahrener ›Profi‹; als junger Mann hatte er noch vor l'Aquila gegen Braccio von Montone gekämpft. Doch sein eigentlicher Ruhm als Heerführer ging auf das Frühjahr 1448 zurück: Im Dienst der Ambrosianischen Republik war es ihm bei Bosco Marengo gelungen, ein französisches Invasionsheer zu schlagen, dessen Oberbefehlshaber gefangenzunehmen und dann auch noch die Stadt Tortona für Mailand zurückzugewinnen. Gewöhnlich war aber auch Colleoni ein Meister darin, blutige und damit ökonomisch desaströse Schlachten zu vermeiden. Seit 1454 war er Generalkapitän der venezianischen Landstreitkräfte.

Überschattet wurde Colleonis Ruf freilich von seiner sprichwörtlichen Illoyalität. Er wechselte ein ums andere Mal die Fronten, verhandelte mit Gott und der Welt, um möglichst günstige Bedingungen für seine *condotte* herauszuschlagen. Seine Habgier war legendär. Machiavelli nennt ihn in seiner Philippika als erstes Beispiel in der Reihe der von ihm so verabscheuten Spezies der *condottieri*, noch vor Roberto von Sanseverino und dem Grafen von Pitigliano.

Als am Rialto die Kriegspläne gegen Florenz und Mailand geschmiedet wurden, hatte Colleoni seine beste Zeit längst hinter sich; er war ein ›Altstar‹, der vom Ruhm früher Taten zehrte. Der reichte immerhin bis nach Burgund; so wird sich zeitweilig kein Geringerer als Karl der Kühne bemühen, Colleoni in seine Dienste zu nehmen. Doch versuchte

Furchtgebietend, aber nicht für Federico: Bartolomeo Colleoni (Reiterstatue von Andrea del Verrocchio in Venedig, 1479–96).

Venedig alles, den unsicheren Kantonisten bei der Stange zu halten. Die Signoria lockte, drohte, vor allem aber: sie zahlte. Und sie machte dem Bergamasken schließlich ein Angebot, das er nicht ausschlagen konnte.

Die Ränke der Serenissima

Venedig entschied sich 1466 nicht für einen offenen Krieg gegen Mailand und Florenz. Die Kräfte der Republik waren durch den Kampf gegen die Türken beansprucht; der Unterhalt der Flotte verschlang gigantische Summen. So rang man sich am Rialto zu einer Strategie des »Sowohl-als-auch« durch. Die *Serenissima* deckte zwar die Malatesta-Signorie, den Krieg aber ließ man Roberto Malatesta führen. Einen langen Waffengang mit unkalkulierbarem Ausgang wollte sich der Rat der Zehn nicht leisten. Den Florentiner Verbannten wurde Unterstützung zugesagt. Colleoni wurde in Marsch gesetzt, doch sollte er seinen Krieg ohne offizielles Mandat führen.

Die *condotta*, die er 1467 erhielt, kam einem Blankoscheck gleich. Ein geheimer Vertrag garantierte ihm die Bezahlung des Heeres, doch war er nicht zur »Anwesenheit« verpflichtet, wie es in dem Papier hieß.

Mit anderen Worten: Colleoni hatte die Lizenz, auf eigene Faust Krieg zu führen und sich mit Hilfe der ihm anvertrauten Truppen Stücke aus dem Florentiner Kuchen oder der Mailänder Torte zu schneiden. Im Erfolgsfall würde Venedig ihm den Gewinn als Lehen übertragen. Verlief die Kampagne unglücklich, konnte die *Serenissima* sich herausreden, der *capitano* habe eigenmächtig gehandelt.

Das war eine verlockende Aussicht für Colleoni. Er stammte aus kleinem Adel, hatte wohl das eine oder andere Stück Land zwischen Bergamo und Crema gewonnen – der Traum vom Staat war auch für ihn aber bislang nicht in Erfüllung gegangen. Vermutlich spukte in ihm die Idee, es Francesco Sforza gleichzutun und den Herzogsthron von Mailand zu gewinnen. Doch vor der Verwirklichung solcher Träume stand die Wirklichkeit, diesmal in Gestalt Federico da Montefeltros.

Colleoni hatte sich nach Süden gewandt, als klar wurde, daß der Thronwechsel in Mailand, anders, als man in Venedig gehofft hatte, reibungslos vonstatten ging. Ziel war zunächst die Toskana, die er über einen Apenninenpaß zu erreichen hoffte: Florenz erschien in diesem Moment als das ›weichere‹ Ziel. Doch riegelten die von Federico da Montefeltro geführten Truppen der Liga die Übergänge ab. Während des Frühsommers belauerten sich die beiden Feldherren. Der Urbinate habe taktiert wie einst Fabius Maximus gegenüber Hannibal, erzählt Vespasiano da Bisticci: »Er hielt sich stets in Bartolomeos Nähe, ohne dabei zuzulassen, daß er sich in den Besitz irgendeines festen Platzes brachte. Immer blieb er mit seinen Truppen in zwei bis drei Meilen auf Tuchfühlung; sobald Bartolomeo ein Lager verließ, bezog es Federico. Solche Umsicht ließ er walten, da die Venezianer über die Blüte der Krieger Italiens geboten.«

Am Ende entschloß sich Colleoni, es nun doch mit einem Stoß auf Mailand zu versuchen. Wieder verlegte ihm Montefeltro den Weg. Nicht weit von Imola, bei der Villa *La Riccardina*, wagte er einen Überraschungsangriff auf die Streitmacht Colleonis. Die Schlacht am 25. Juli 1467 dauerte nach Paltronis Bericht 17 Stunden; sie zählte, wegen des massiven Einsatzes von Artillerie, zu den blutigsten Treffen der Epoche. Die zeitgenössische Chronistik berichtet von Hunderten von Toten und Verlusten an Pferden. Zynisch gesagt: die Sache wurde von Stunde zu Stunde immer teurer. So einigten sich die beiden Heerführer einfach, den Kampf einzustellen. Es war schon Nacht, der Kampf war im Schein von Fackeln geführt worden. Am Ende reichten sich die beiden *capitani* in aller Form die Hände.

Es verwundert nicht, daß die Zeitgenossen endlos darüber diskutierten, wer die Schlacht nun eigentlich gewonnen habe. Daß Paltroni Federico zum Sieger erklärte, bedarf keiner Erklärung. »Es war ein Tag von großer Bedeutung und der Erinnerung würdig«, resümiert er, »und zwar deshalb, weil die Heere sehr groß waren.« Er schreibt (wahrscheinlich übertreibend) von 8.000 Reitern und 8.000 *fanti* auf Seiten des venezianischen Heeres. Gerolamo Muzio, Autor einer 1605 erschienenen Biographie Federico da Montefeltros, berichtet, daß an dem Treffen insgesamt 40.000 Mann beteiligt gewesen seien. Colleoni zog sich in ein unzugängliches, von Sümpfen und Wasserläufen geschütztes Gebiet bei dem Gehöft *La Molinella* zurück (in der älteren Literatur wird die Schlacht gelegentlich nach diesem Ort benannt).

Im Februar 1468 verkündete Papst Paul II. einen allgemeinen Frieden; Colleoni sollte mit dem Oberbefehlshaber eines Heeres abgefunden werden, das für den Krieg gegen die Türken bestimmt war. Das Vorhaben scheiterte, wie vorhersehbar, an der mangelnden Bereitschaft Mailands und anderer Staaten, die erforderlichen Mittel aufzubringen. So blieb der alte Haudegen Generalkapitän der venezianischen Landstreitkräfte, eine Position, die er zu einem Privatkrieg gegen Galeazzo Maria von Mailand nutzte. Der Druck der italienischen Mächte verhinderte eine Eskalation des Konfliktes. Zwei Versuche des Herzogs, den *condottiere* mit Hilfe eines in seine Umgebung eingeschleusten Agenten zu vergiften, scheiterten; Colleoni wird erst am 2. November 1475 in seinem Kastell Malpaga bei Bergamo das Zeitliche segnen. Welch große Hoffnungen auf seinem Geschlecht ruhten, zeigen die Namen der beiden Enkel, die seine Ländereien erben sollten: Alessandro und Giulio Cesare.

Ein Strohmann in Rimini

Sigismondo Malatestas Geschichte hat noch einen Epilog. Auch sein Schicksal war nach der Niederlage gegen Federico da Montefeltro von den italienischen Großmächten bestimmt worden. Er hatte nicht nur seine Haut retten können, man hatte ihn auch im Besitz Riminis belassen. Venedig hielt die Hand über den politischen Bankrotteur. Die *Serenissima* war nicht dazu bereit, hinzunehmen, daß Malatestas ganzer Besitz und insbesondere die wichtige Hafenstadt Rimini dem Kirchenstaat zugeschlagen würden. In dieser Sache waren sich Florenz und Mailand ungeachtet aller sonstigen Differenzen mit der Markusrepublik einig. So wurde die Beute an Sigismondos regionale Rivalen und an einen Nepoten Pius' II., Antonio Piccolomini, verteilt. Auch Federico da Montefeltro bekam einen schönen Anteil.

Am Ende gewann Sigismondo Malatesta die Absolution vom Bannfluch des Papstes. Seine letzten Lebensjahre waren nicht ohne heroische Züge: Im Dienst Venedigs führte er auf der Peloponnes gegen die Türken Krieg. Danach kämpfte er, noch immer von großen Plänen umgetrieben, als *condottiere* des Heiligen Stuhls in Umbrien. Doch am 8. Oktober 1468 starb er, erst 51 Jahre alt.

Als Erbe betrachtete sich sein illegitimer Sohn Roberto. Federico da Montefeltro taktierte in diesem Krieg, wie schon in der Auseinandersetzung um Cesena, äußerst geschickt. Obwohl *condottiere* des Heiligen Stuhles und als solcher im Krieg mit Colleoni, unterstützte er als Generalkapitän der *lega italica* Roberto Malatesta. Als Marionette Venedigs konnte ihm der Sohn seines Erzrivalen nicht mehr gefährlich werden. Ein päpstliches Rimini lag kaum in seinem Interesse. Auch Neapel unterstützte den Malatesta.

Nach wechselvollen Kämpfen und dank trickreicher Diplomatie konnte Roberto sich gegen die Ansprüche des Heiligen Stuhles behaupten. Konkurrenten in Rimini, die Stiefbrüder Sallustio und Valerio, wurden 1470 gemäß der zeitüblichen Methode beseitigt, nämlich ermordet. Nachdem die Verhältnisse in Rimini auf diese Weise geklärt waren, lag es für Federico nahe, das eigene Haus mit dem neuen Machthaber zu verbinden: Nur wenige Monate später wurde in Urbino mit großem Pomp die Verlobung der neunjährigen Elisabetta, Federicos ältester Tochter, mit Roberto Malatesta gefeiert. Die Jahrhunderte währende Fehde zwischen den beiden Sippen schien beigelegt. Einige Jahre später, Federico steht da schon am Ende seines Lebens, werden die alten Gegensätze aber nochmals aufbrechen, als zwinge eine Gesetzmäßigkeit die beiden Sippen Montefeltro und Malatesta zum Krieg.

Im selben Jahr 1470 gelang es mit Not, die italienische Liga zu erneuern. Als Zünglein an der Waage, examen della bilancia, erschien zeitgenössischen Beobachtern Florenz, wo seit dem Tod Piero de' Medicis, 1469, Lorenzo der Prächtige die Zügel in der Hand hielt. Er wird zeitlebens versuchen, die italienischen Dinge im Gleichgewicht zu halten als ein virtuoser Vollender des traditionellen florentinischen Konzepts von Außenpolitik.

Anfang 1472 konnte Federico da Montefeltro in Gubbio ein freudiges Ereignis feiern. Seine Frau Battista war am 24. Januar 1472 mit einem Sohn niedergekommen. Man taufte ihn Guidobaldo, nach Guido, dem großen Vorfahren, und Ubaldo, dem Stadtheiligen von Gubbio. Es war Battistas neunte Schwangerschaft. Vorher hatte sie bereits acht Mädchen zur Welt gebracht. Mit Guidobaldo war nun der Fortbestand der Montefeltro-Herrschaft in Urbino gesichert.

Auch das politische Tableau gestaltete sich damals im Sinn des Grafen von Urbino. 1471 war Paul II. gestorben, dessen Territorialpolitik in den Marken eine Bedrohung auch für Urbino gewesen war. Sein Nachfolger Sixtus IV. aus dem Haus della Rovere war, wie Federico selbst, Ferrante von Neapel eng verbunden, so daß sich auch mit dem Urbinaten bald eine *entente cordiale* entwickelte. Fürs erste erkannte der neue Pontifex die Signorie Roberto Malatestas an.

Mit Galeazzo Maria von Mailand kam es allerdings zu Spannungen. Federicos Vertrag als *capitano* der mailändischen Streitkräfte wurde nicht erneuert. Wahrscheinlich sah der Herzog wenig Sinn darin, mit dem Montefeltro einen Heerführer zu engagieren, der zugleich im Sold der italienischen Liga stand. Galeazzo Maria plante damals ein offensives Vorgehen gegen Venedig und seinen Heerführer Colleoni; schon die Auseinandersetzungen um Rimini hatten den Grafen von Urbino indes als Mann des *status quo* gezeigt. Jetzt, da die Macht der Malatesta gebrochen war, stimmte die Staatsräson Urbinos mit dem System von Lodi völlig überein. Für einen Krieg gegen Venedig wäre Federico da Montefeltro auf keinen Fall zu haben gewesen. Bezeichnenderweise erkundigte sich der Urbinate höflich bei den Mächten der Liga – auch in Mailand –, ob Einwände gegen ein Engagement bestünden, das ihm 1472 von Lorenzo dem Prächtigen angetragen wurde.

Es ging um Volterra, eine Florenz untertane Stadt im kargen Hügelland der südwestlichen Toskana. »Die italienischen Angelegenheiten befanden sich in größter Ruhe«, meint Paltroni, sowohl wegen des Todes von Papst Paul, als auch wegen der Wahl von Papst Sixtus, als, in diese so große Ruhe, der Umsturz von Volterra brach.« Hier hatte sich an einem Streit um Schürfrechte an einer neu entdeckten Alaun-Lagerstätte ein Aufstand entzündet. Die Rechte waren von einem Konsortium unter Führung der Medici unter dubiosen Umständen erworben worden. Die Sache hatte erhebliche wirtschaftliche Bedeutung. Für den Medici-Konzern ging es um die Verteidigung seines Alaunmonopols: Bis zur Entdeckung der Vorkommen von Volterra hatte die Bank die Produktion dieses Rohstoffes – Grundlage für ein unentbehrliches Beizmittel in der Tuchfärberei – kontrolliert. Sie besaß nämlich die Rechte auf Ausbeutung der Gruben von Tolfa im Kirchenstaat, der ertragreichsten Italiens.

Gegen die Praktiken des Kartells machte eine Gruppe von Volterraner Bürgern mobil. Die Auseinandersetzungen eskalierten bald zu einer Revolte, die sich gegen die Herrschaft der Medici überhaupt richtete. Lorenzo de' Medici mußte aufs höchste alarmiert sein, denn seine Macht war zu dieser Zeit alles andere als gefestigt. Ein Abfall Volterras hätte seine Stellung auch in Florenz in Frage gestellt. So beauftragte Lorenzo den Grafen von Urbino, die widerspenstige Stadt zu unterwerfen. Die italienischen Mächte stimmten der Aktion zu, selbst Neapel, wo man insgeheim einen Erfolg der Volterraner nicht ungern gesehen hätte, offene Hilfe aber verweigerte. Allein Venedig sandte ein Truppenkontingent.

Federico da Montefeltro umschloß die hochgelegene und gut befestigte Stadt mit einem Belagerungsring. Während er auf den Zuzug von Truppen wartete, deren Beteiligung an der Strafaktion von den übrigen Mächten der Liga in Aussicht gestellt worden waren, verhandelten er und die florentinischen Kriegskommissare mit den Volterranern um eine kampflose Übergabe der Stadt. Federicos Biograph Vespasiano da Bisticci berichtet, daß sich unter den Soldaten Ungeduld breitgemacht habe: »Ach, Herr«, hätten sie gemurrt, »da hatten wir jetzt eine große *condotta*, um hier über ein Jahr bleiben zu können – und eure Herrlichkeit ist bestrebt, zu einem Akkord zu kommen, sich die Unternehmung aus der Hand nehmen zu lassen und uns in Armenhaus zu schicken.« Die Stelle vermittelt einen Eindruck von den Nöten, die den Manager eines Kriegsunternehmens bedrängten: Er muß für Beschäftigung sorgen. Waffenstillstände, Akkorde, überhaupt der Friede waren die gefährlichsten Feinde des Söldners.

Tatsächlich kam es zu einer Vereinbarung; sie lief auf die vollständige Unterwerfung Volterras unter Florenz' Herrschaft hinaus. Insbesondere sollte die Stadt alle Autonomierechte verlieren. Den damals gängigen Spielregeln gemäß wäre sie damit von Plünderungen und Gewalt verschont gewesen. Aber es kam anders. Die Übergabe ging nicht reibungslos vonstatten. An einem Mauerabschnitt kam es zu einem Zwischenfall. Die einen behaupten, florentinische Truppen hätten dort trotz der bereits geschlossenen Übergabevereinbarung angegriffen, andere schieben die Verantwortung den Mailändern in die Schuhe. Jedenfalls kam es zu Tumult und zu Kämpfen; mag sein, daß sich die Enttäuschung der Soldaten über das rasche Ende des Volterra-Krieges Luft machte. In dieser Situation scheint der Urbinate einen Generalangriff befohlen zu haben. Seine Streitmacht – nach Machiavellis Schätzung waren es 10.000 Mann, tatsächlich wohl ein paar tausend weniger – überrannte die Verteidiger, unter denen sich nicht mehr als 500 Berufssoldaten befanden. Die Stadt wurde geplündert, es muß zu Morden und Vergewaltigungen gekommen sein. Ob Federico tatsächlich die Rolle des Ordnungsstifters spielte, ja die Plünderer mit der Waffe in der Hand in die Schranken wies, steht dahin. Vielmehr machte der Kriegsherr selbst wertvolle Beute aus irgendeiner Volterraner Kirche: Eine hebräische Bibel des 13. Jahrhunderts wird fortan seine Bibliothek bereichern, auch ein bronzenes Lesepult in Gestalt eines die Schwingen ausbreitenden Adlers nahm er mit.

Während sich die urbinatische Chronistik wie üblich bemüht, Federico da Montefeltro von der Schuld an dem Desaster reinzuwaschen, meint der Historiker Francesco Guicciardini, die Plünderung Volterras sei das Werk des Grafen von Urbino gewesen. In der Tat lag es nicht im Interesse der Florentiner Kriegskommissare, ihrer *signoria* eine zerstörte und ausgeraubte Stadt zu übergeben. Kaum war Volterra erstürmt, wurde ein Strafgericht gehalten – doch endeten nicht Plünderer aus den Reihen der Belagerungsarmee am Galgen, sondern der venezianische Befehlshaber der Verteidiger und ein gewisser Angelo da Siena. Einige den Medici feindlich gesinnte Bürger wurden aus ihrer Stadt verbannt.

Volterra markiert einen der nicht gerade strahlenden Höhepunkte in der militärischen Laufbahn Federico da Montefeltros. Die Episode illlustriert zugleich den neuen Politikstil, der mit Lorenzo dem Prächtigen in Florenz zur Geltung kam. Die Quellen zeigen, daß der Volterra-Krieg innerhalb der Florentiner Regierung umstritten war; tatsächlich lag das Kommandounternehmen mehr im Interesse der Medici-Bank als in dem der Kommune. Das Schicksal der widerspenstigen Stadt zeigte, daß der neue Machthaber Lorenzo de' Medici keine Skrupel hatte, Gegnern seiner Herrschaft mit brutaler Gewalt zu begegnen . Er fand aber auch die Zeit, seinem in der Sommerhitze ausharrenden Heerführer einige Fässer mit Granatapfelwein zukommen zu lassen, dem der Urbinate, wie er in seinem Dankesbrief an Lorenzo schrieb, im Übermaß zusprach.

Florenz bereitete dem Sieger ungeachtet der Schatten, die über seinem Erfolg lagen, einen triumphalen Empfang. Er wurde im Haus des

Erzbischofs untergebracht, die Signoria richtete festliche Bankette aus und machte dem *condottiere* reiche »Geschenke«, wie es in der Geschichtsschreibung vornehm heißt. Der edle Federico soll aus Liebe zu Lorenzo dem Prächtigen auf jedes Honorar verzichtet haben. Tatsächlich verbarg sich hinter den Präsenten, mit denen der Urbinate bedacht wurde, der Lohn für seine *condotta*: eine Villa samt Ländereien, ein Pferd mit kostbarem Zaumzeug, Gold und Silber im Wert von mehreren tausend Dukaten. Daneben berichten die Quellen von Tüchern aus Goldbrokat, Fahnen mit dem Wappen von Florenz und von einem fein ziselierten, juwelengeschmückten Prunkhelm, den der Goldschmied und Maler Antonio del Pollaiuolo gefertigt hatte.

Glück und Unglück lagen für den Grafen von Urbino 1472 eng beieinander. Noch in Florenz erreichte ihn die Nachricht, seine Frau sei schwer erkrankt. Federico eilte nach Gubbio, wo er Battista sterbend vorfand. Ihr Tod am 6. Juli scheint ihn tief getroffen zu haben. Nach allem, was die Quellen verraten, hat er die junge Frau wirklich geliebt. Sie war, als sie starb, gerade 26 Jahre alt. Seit 1460, als sie Federico da Montefeltro geheiratet hatte, war kein Jahr vergangen, in dem sie nicht schwanger gewesen war. Wenn er fortan, nach Bisticcis Bericht, allwöchentlich das Kloster S. Chiara besuchte, dann auch deshalb, weil sich dort das Grab Battistas befand.

HERZOG

Ein Bild von Schuld und Sühne

Wahrscheinlich erinnert Piero della Francescas *Pala Montefeltro* (Mailand, Brera; Abb. S. 2) an den Tod Battista Sforzas. Man hat das Bild auf die Zeit nach 1472 datiert; vielleicht hat der Graf von Urbino die Tafel anläßlich der Geburt Guidobaldos gestiftet. Es könnte sich dann um einen Auftrag *ex voto* handeln, um die Erfüllung eines schon früher abgelegten Gelöbnisses. Man kann sich aber auch vorstellen, daß die Darstellung der Madonna zugleich auf das ›Martyrium‹ Battista Sforzas, auf ihre Leiden im Kindbett und ihren frühen Tod anspielen soll; der Schlaf des Christuskindes gäbe sich dann als Andeutung des späteren Opfertodes zu verstehen. Um Madonna und Kind hat Piero juwelengeschmückte Engel gruppiert, daneben sechs Heilige: Johannes den Täufer, Hieronymus und Bernardino von Siena links, Franziskus, Petrus Martyr und einen Evangelisten oder Apostel rechts. Manche meinen, dies sei der heilige Ubaldo, der Patron von Federicos Geburtsstadt Gubbio.

Die Aufmerksamkeit der Exegeten hat schon immer das Straußenei auf sich gezogen, das von der Decke des gemalten Raumes herabhängt. Der Maler gibt ihm durch die Kunst seiner perspektivischen Konstruktion eine überdimensionale Größe (was indes dem unbefangenen Blick nicht gleich bewußt wird). Zu Pieros Zeit wurden mit dem Straußenei wundersame Eigenschaften assoziiert: Nach einer Überlieferung, die auf die Spätantike zurückgeht, wurde es von der Sonne ausgebrütet. So konnte es als Symbol der jungfräulichen Geburt Christi gelten, der Fleischwerdung des Heilands durch das Licht Gottes, der ›wahren Sonne‹. Demgemäß wurden in spätmittelalterlichen Kirchen gelegentlich Straußeneier oder deren Nachbildungen aufgehängt, manchmal im Kontext von Marienaltären.

Die *Pala Montefeltro* hat ihr Vorbild wahrscheinlich wieder in einem Altargemälde flämischen Ursprungs: dem früher in Pesaro, heute in Brüssel befindlichen ›Sforza-Triptychon‹ des Rogier van der Weyden (oder seines Umkreises), das Federicos Schwiegervater in Anbetung Mariens zeigt. Das Gemälde dürfte um 1458 entstanden sein. Sforza stand damals im Dienst Karls VII. von Frankreich. Das Votivbild zeigt Federicos Schwiegervater in seiner ›Berufskleidung‹, einer eisernen Rüstung. Die virtuose Darstellung des schimmernden Metalls ist buchstäblich Glanzstück des Altarbildes. Die spektakuläre Inszenierung solcher Lichteffekte – erzielt durch lasierende Farbschichten – war eine niederländische, auf Jan van Eyck zurückgehende Erfindung. Das ›Sforza-Triptychon‹ ist eines der wenigen flämischen Gemälde, von dem sich mit großer Wahrscheinlichkeit annehmen läßt, Piero della Francesca habe es gesehen; Vasari erwähnt jedenfalls einen Aufenthalt des Malers in Pesaro. Überdies bestanden enge Verbindungen zwischen den Höfen von Pesaro und Urbino. Es kann sogar sein, daß Alessandro Sforza es war, der Piero an Federico da Montefeltro empfohlen hat.

Die *Pala Montefeltro* befand sich zu Beginn des 16. Jahrhunderts auf dem Hochaltar von S. Bernardino, der Begräbniskirche Federicos und seiner Familie. Vermutlich war sie zunächst in S. Donato aufgestellt, wo man den *condottiere* ursprünglich beigesetzt hatte. Jedenfalls ist die Tafel eine der bedeutendsten religiösen Stiftungen des Grafen – auch

Federicos Schwiegervater Alessandro Sforza als Stifter auf Rogier van der Weydens Sforza-Triptychon (Brüssel, Musées Royaux des Beaux-Arts; Ausschnitt).

in finanzieller Hinsicht. Piero della Francesca war damals einer der bestbezahlten Künstler Italiens, und er verdiente selbst mit viel kleineren Altarbildern enorme Summen.

Die *pala* ist, wie man sagen könnte, ein Bild von Schuld und Sühne: Der Realismus Pieros läßt das konkrete Individuum Federico da Montefeltro in buchstäblich ewiger Anbetung verharren, unablässig um sein Seelenheil flehend. Über die Psychologie des *condottiere* wissen wir kaum etwas; es gehört indes nicht viel Phantasie dazu, sich die Motive auszumalen, die ihn zu dem Auftrag bestimmt haben dürften. Federico hatte, wie wir wissen, nicht wenig Anlaß, sein Konto mit Gott zu bereinigen. Morde, Hinrichtungen, die Verantwortung für Gewalttaten und Plünderungen auf den zahlreichen Feld- und Raubzügen, zuletzt der *sacco* von Volterra – all das muß das Gewissen des Feldherrn schwer belastet haben. Der frühe Tod Battistas erinnerte ihn nachdrücklich an die Vergänglichkeit alles Irdischen; so reagierte er, wie jeder spätmittelalterliche Mensch, indem er seinem Gott eine Opfergabe darbrachte.

Herzog von Urbino

Auf Piero della Francescas Bild trägt der *condottiere* weder die Orden, mit denen er 1474 ausgezeichnet wurde, noch die Insignien der Herzogswürde, die er im selben Jahr erhielt. Der Stifter wird vom übrigen Personal abgerückt gezeigt, in betender Haltung; nach der Tradition hätte der Platz gegenüber seiner Frau gehört. Da Federico sehr stolz auf seine Titel und Ehrenzeichen war und sonst keine Gelegenheit versäumte, sie ins Licht zu rücken, hat die zeitliche Eingrenzung der Pala Montefeltro auf die Jahre zwischen 1472 und 1474 einiges für sich, obwohl Piero della Francesca sonst nicht so rasch zu arbeiten pflegte.

Federico da Montefeltro wurde am 21. August 1474 von Papst Sixtus IV. in Rom zum Herzog erhoben; die entsprechende Bulle war auf den 23. August datiert. Das war, wir bemerkten es schon, auf den Tag genau 30 Jahre und einen Monat nach dem Mord an Oddantonio: ein signifikanter Hinweis darauf, wie die Rolle Federicos in diesem Drama eingeschätzt wurde.

Die Erhebung zum Herzog kam einer Rehabilitierung Federicos gleich; sie machte auch die Zweifel an der Legitimität seiner Abstammung gegenstandslos. Zwei Orden, die er im Sommer 1474 erhielt, bekräftigten die Botschaft, die bereits im Herzogstitel zum Ausdruck kam. Wenige Tage vor den Feierlichkeiten der Herzogserhebung überreichte ihm ein Gesandter des Königs von England den Hosenbandorden, eine exklusive Auszeichnung der europäischen Hocharistokratie; ein paar Wochen später legte ihm König Ferrante auch noch Mantel und Kette des ›Hermelinordens‹ um. Das Hermelin war nach alter Tradition ein Symbol der Reinheit: es sterbe lieber, so sagte man ihm nach, als daß es seinen weißen Pelz beflecken lasse. So lautete die Devise: *Malo mori quam foedari* – »lieber sterben als befleckt werden«. Es ist schwer zu sagen, ob Ferrante und sein frischgebackener Ordensbruder ein Gefühl für die Ironie hatten, die über der Verleihungszeremonie in der Kapelle des *Castel nuovo* lag: einer der blutrünstigsten Tyrannen Italiens bedeckte da mit dem Hermelinmantel, Zeichen makelloser Unschuld, einen notorischen Mörder ...

Federico hat das Bild des Hermelins und das Zeichen des Hosenbandordens bald an vielen Stellen seines Palastes anbringen lassen. 1475 ehrte ihn Sixtus IV. noch mit der ›Goldenen Rose‹, einem Ehrenzeichen, das eigentlich gekrönten Häuptern vorbehalten war.

Rollenspiele oder: Vom Bild zum Image

Dreiunddreißig zeitgenössische Bildnisse Federicos lassen sich heute noch ausfindig machen, die meisten von ihnen hat er selbst in Auftrag gegeben. Das ist eine unerhörte Zahl. Wie zum Beispiel Cosimo de' Medici aussah, der weder ärmer war noch von geringerem Interesse für seine Zeitgenossen, wissen wir nicht, weil kein einziges authentisches Porträt existiert. Und selbst Pius II., zweifellos einer der prominenten Päpste der Renaissance, ist uns in seiner physischen Erscheinung nur durch zwei, drei bescheidene Bildzeugnisse gegenwärtig, die wenig genug von seinem Wesen verraten. Will man über die Großen des 15. Jahrhunderts etwas erfahren, muß man sich in aller Regel an die Schriftquellen halten. Biographien, Briefe und zeitgenössische Berichte gibt es genug, aussagekräftige Bilder bleiben rar.

Der Herzog von Urbino hingegen – erst nach der Rangerhöhung von 1474 kommt die Konjunktur um sein Bild wirklich in Schwung – sorgt dafür, daß er binnen weniger Jahre zum meistporträtierten Mann seines Zeitalters wird. Mehr noch, er ist der erste Herrscher seit der Antike, der mit aller Energie daran geht, sein markantes Profil zum Marken-

Battista Sforza, ihrem Ehemann Federico zugewandt. In fahler Blässe zeigt Piero della Francesca das Antlitz der jüngst Verstorbenen auf dem linken Flügel des Montefeltro-Diptychons (Florenz, Uffizien).

zeichen zu machen, seine Züge in das Gedächtnis von Zeitgenossen und späteren Generationen regelrecht einzugraben – nicht oder doch nicht nur, weil ihm die eigene Nase so gut gefiele, sondern weil er verstanden hat, daß »moderner Ruhm« (um mit Jacob Burckhardt zu sprechen) ohne die Überredungskunst des Bildes schon bald nicht mehr zu haben sein wird.

Daß es bei Renaissanceporträts in erster Linie um Ruhm und Ehre geht, die es immer neu zu bestätigen, oft genug auch vorwegnehmend einzuklagen gilt, stellt bereits Piero della Francescas berühmtes Ehebildnis der Montefeltro in den Uffizien klar. Die beiden kleinformatigen Temperagemälde (sie messen jeweils nur 47 auf 33 Zentimeter) dürften 1472 oder bald danach entstanden sein und überliefern damit das erste Porträt Federicos von herausgehobenem Anspruch. Sie waren ursprünglich wohl durch ein Scharnier verbunden, so daß sie sich wie ein Hausaltar zusammenklappen ließen. Beide Tafeln konnten also immer nur gemeinsam betrachtet werden; der fragmentierte Blick auf Federicos Silhouette (Abb. S. 9), wie er sich dank moderner Abbildungspraxis eingebürgert hat, geht an der Intention des Bildes entschieden vorbei.

Mit Blick auf die Unzertrennlichkeit der Bilder könnte man meinen, Piero habe vor allem Federicos Liebe zu Battista ins Bild setzen wollen und sei damit einem gewissermaßen privat motivierten Kunstbedarf seines Auftraggebers gefolgt. Gewiß, der Wunsch nach Erinnerung und ehrliche, durchaus unkalkulierte Trauer mögen im Spiel gewesen sein, als Federico bald nach Battistas Tod das Diptychon bei Piero bestellte. Die Malerei selbst gibt darüber freilich keine Auskunft. Was sie hingegen präzise festhält, sind Ansprüche und Erwartungen Federicos, die schleunigst kundzutun nach den jüngsten Ereignissen im Hause Montefeltro – dem Tod der Gattin und der späten Geburt Guidobaldos – immerhin ratsam erscheinen mochte. Diesmal ist alles mit rechten Dingen zugegangen, so die unausgesprochene Botschaft des Bildes; an der vorbildlichen Ehe des Grafenpaares darf, ja kann es keinen Zweifel geben. Und wie von selbst ergibt sich die nächste Folgerung: der jüngste Montefeltro-Sproß ist legitim, wie immer es um die Herkunft des Vaters bestellt sein mag.

Diese und ähnliche Eindrücke vermitteln jedenfalls die Rückseiten der Porträts, die in diesem Fall glücklicherweise erhalten sind und in

Auf dem Wagen des Ruhms: Federico da Montefeltro auf einer der Rückseiten des Montefeltro-Diptychons von Piero della Francesca (Ausschnitt; Florenz, Uffizien).

Auf Augenhöhe mit dem Herzog: Ottaviano degli Ubaldini, der Unentbehrliche, und Federico da Montefeltro in einem zeitgenössischen Relief (Urbino, Galleria Nazionale delle Marche).

der anfänglichen Montage der Tafeln eigentlich Außenseiten waren. Auf zwei Triumphwagen thronend, sieht man Federico und Battista vor prachtvoll gemalten Landschaften einherfahren, gezogen von Schimmeln und Einhörnern, gerahmt von zahlreichen Tugendpersonifikationen, geehrt von Allegorien der Keuschheit und des Ruhms. Als sei es damit nicht genug, werden beide Darstellungen auch noch durch scheinbar gemeißelte Inschriften kommentiert, die dem Betrachter unmißverständlich die richtige Lesart vorgeben. In hehren Worten feiern sie Battista als Zierde ihres Gatten, Federico als ruhm- und tugendreichen Herrscher. Der Montefeltro sei »den höchsten Fürsten ebenbürtig« (*parem summis ducibus*), behauptet der Text vollmundig zu einem Zeitpunkt, als der Thronfolger zwar endlich auf der Welt ist, die Erhebung des Vaters zum *dux* aber fatalerweise noch immer auf sich warten läßt.

Die Hauptseite des Bildes verzichtet auf solches Beiwerk. Lernen wir jetzt durch die Kunst Pieros nun endlich Federico kennen, wie er wirklich war? Jenes vielbeschworene *Individuum* also, dessen Entdekkung und Entwicklung die Renaissance doch angeblich ihre besten Kräfte widmete und das uns im Porträt, der großen neuen Bildgattung der Epoche, unverstellt und unverfremdet begegnen müßte? Pieros effektsicheres Brustbild ist überwiegend – und vermutlich ganz im Sinne des Malers – so gedeutet worden. Die Außenseite sei allegorischer Überhöhung gewidmet, gehöre ganz der Demonstration von Tugenden und Macht. Der Kopf vor dem Landschaftspanorama dagegen zeige nichts als die Person, befreit aus allen Rollenzwängen, enthoben der Pflicht zur Repräsentation. Gewiß, dieser Eindruck ist es, der sich im Kontrast zu den kommentarlastigen Rückseiten als erstes aufdrängt. Bei längerer

Betrachtung melden sich aber Zweifel an. Darf man Piero glauben, wenn er dem Fünfzigjährigen – einem alten Mann nach den Maßstäben jener Zeit – kein graues Haar, keine noch so kleine physische Schwäche durchgehen läßt? Wehrt nicht die wettergebräunte Epidermis, so detailversessen Piero jede Pore, jede kleine Falte schildert, jeden Blick hinter die Oberfläche ab wie eine undurchdringliche Schutzhülle? Und ist nicht das gespannte und doch perfekt balancierte Linienspiel des Profils in sich schon Botschaft genug, eine Allegorie überlegener Regierungskunst, ein Sinnbild nie versagender Kraft?

Pieros Meisterwerk stand nicht am Anfang der Federico-Porträts – mehrere Darstellungen waren ihm seit 1468 vorausgegangen –, aber es legte die Meßlatte hoch für alle Bildnisse des Herzogs, die nach 1474 zahlreich folgen sollten. Im statistischen Durchschnitt sind bis zu dessen Tod Jahr für Jahr jeweils mehr als zehn Porträts zu verzeichnen. Bilder, so scheint es, sollen nun jenen Erfolg auch beglaubigen, der den sehnsüchtig verfolgten – und immer wieder in Kunstwerken vorgetragenen – Ambitionen des Montefeltro am Ende doch noch beschieden war.

Eine ganze Anzahl von Steinreliefs etwa, in Urbino wie in anderen europäischen Sammlungen aufbewahrt, schreiben Pieros Bildprägung ungebrochen fort. Eine prachtvoll gemeißelte Tafel Francesco di Giorgios (?) im Bargello gehört dazu. Sprechend bezeugt sie die Gültigkeit der einmal gefundenen Profillinie: Kennt man das Uffizien-Bild, zweifelt man keinen Moment lang, wen man vor sich hat, auch wenn Federico jetzt barhäuptig und im Harnisch erscheint. Das schon erwähnte Reliefbildnis mit Ottaviano Ubaldini ordnet sich dieser Überlieferung gleichfalls ein; merklich bleibt es in Haltung und physiognomischem Lineament, im Schnitt der Augen und – natürlich – in der gekerbten Hakennase dem Archetyp verpflichtet.

Doch richtete Federico, um sein Bildnis zumindest in Urbino allgegenwärtig zu machen, sein Augenmerk keineswegs nur auf spektakuläre Gattungen wie Tafelbilder und Skulpturen, die man heute in Museen bewundern kann. Im Gegenteil, die weitaus meisten seiner Porträts sind in Miniaturen überliefert, wohlkonserviert zwischen den prachtvollen Buchdeckeln der Montefeltro-Bibliothek.

Federico – darüber weiter unten – war ein Büchernarr. Zweifellos teilte er die Einsicht von Humanisten wie Petrarca und Alberti, daß es Bücher sind, die Wissen am zuverlässigsten und dauerhaftesten überliefern. Daher rührte vermutlich sein Vertrauen in das Buch auch als bevorzugten Träger und Bewahrer des bildlichen Wissens um seine Person. Auf den Pergamentseiten der Codices findet man Federicos Konterfei immer wieder in prachtvolle Rahmenornamente eingestreut, flankiert vom umfänglichen Repertoire der Monogramme, Ehrenzeichen und persönlichen Impresen, das man aus der Dekoration des Palastes zu Genüge kennt.

Gewiß ist es Besitzerstolz, der sich in diesen bildlichen Exlibris niedergeschlagen hat. Aber es gibt auch ganzseitige Darstellungen, in denen Federico unumwunden als Protagonist auftritt. So bildet ihn eine Handschrift der *Historia florentina* des Poggio Bracciolini als stolzen Reiter vor dem besiegten Volterra ab – in jener Pose, die seit Simone Martinis Fresko des reitenden Guidoriccio da Fogliano von 1328 (es schmückt den großen Saal des Sieneser Rathauses) als klassisch für einen erfolgreichen *condottiere* gelten konnte.

Eine andere Darstellung zeigt Federico, wie er in Harnisch und rotem Barett – Kriegsheld und Fürst zugleich – einem bärtigen König entgegenreitet. Federico reckt sein Schwert empor, der Thronende hält ihm wie ein alter Schulmeister einen langen Stock entgegen. Der Text verrät, um wen es sich handelt: um Kyros, König der Perser, dessen Erziehung und Leben der griechische Historiker Xenophon ein ausführliches Werk (*Kyrupaideia*) gewidmet hat. Der Codex, auf dessen Titelblatt das eindrucksvolle Bild erscheint, ist das Federico gewidmete Exemplar von Francesco Filelfos lateinischer Übersetzung dieses ersten Bildungsromans der Weltliteratur. In Kyros, dem siegreichen Feldherrn und weisen Herrscher, hat Federico offenbar seinen neuen Vittorino da Feltre gefunden – jenen Lehrer, dessen gerade der Herrscher nach humanistischem Credo lebenslang bedarf. Wie einst Kyros gründet nun auch Federico seinen Herrschaftsanspruch auf die unablässige Bereitschaft zur Bildung. Und Bildung hieß für Federico vor allem: Kenntnis der Geschichte. Daß seine besondere Sympathie der Geschichtsschreibung galt – mehr als allen anderen Literaturgattungen –, wissen wir durch seine Biographen; waren es doch immer wieder antike Historiker, aus denen er sich während seiner kargen Mahlzeiten vorlesen ließ.

Eine andere Porträtgattung, auf deren ruhmstiftende Kraft Federico wie viele andere Granden seiner Zeit setzte, war die Medaille. Vor allem aus Münzbildern bezog ja das 15. Jahrhundert seine Kenntnis von der hohen Porträtkultur der römischen Antike. Und im gleichen Maß, wie antike Münzen an den Höfen Italiens zum begehrten Sammlungsgut wurden, steigerte sich auch der Anspruch an Vielfalt und Qualität der zeitgenössischen Produktion. Mit der Prägung von Bronzemedaillen, die zwar kein Zahlungsmittel waren, sich aber wie Münzen in höheren Auflagen herstellen und verbreiten ließen, nahm man im allgemeinen auf Anlässe von herausgehobener Bedeutung Bezug – das galt auch für Federico, wenn er wichtige Siege und auch Ehrungen durch Medaillen memorieren ließ.

An die Spuren, die antike und moderne Münzporträts in Pieros Brustbild hinterlassen haben, wurde oben bereits erinnert. In der Tat hatte Federico schon Jahre, bevor er das Diptychon in Auftrag gab – 1468, nach dem Sieg über Colleoni in der Schlacht von La Molinella – eine Medaille prägen lassen, die ihn im klassischen Büstenausschnitt zeigt. Und noch in seinem letzten Lebensjahr wird er bei Sperandio in Mantua eine besonders schöne Prägung bestellen, die nicht nur auf der Vorderseite sein Konterfei trägt, sondern auch auf dem Revers, (das sich sonst meist auf die symbolische Kommentierung des umseitigen Porträts beschränkt), mit einem Bildnis des Herzogs überrascht. Das Ereignis, das diesem Auftrag vorausging, war vermutlich die förmliche Bestätigung des Herzogs in seinem Amt als Generalkapitän der italienischen Liga vom 14. April 1482. So läßt sich erklären, daß Federico hier nicht nur in der Rolle des weisen Fürsten, sondern noch einmal auch in jener des unerschrockenen *condottiere* auftreten wollte: mit vorgerecktem Kommandostab einer imaginären Truppe vorausreitend, bereit, sich im nächsten Moment auf den wartenden Feind zu stürzen. Hält man sich die vielen Gebrechen vor Augen, die den längst schon Sterbenskranken in seinem letzten Lebensjahr plagten, so kommt man kaum umhin, in der betonten Vitalität dieses Porträts auch eine wehmütige Reminiszenz an bessere Zeiten angedeutet zu sehen.

Parallel zu diesen kleinformatigen, in der Kunstpraxis des *Quattrocento* durchaus geläufigen Porträtgattungen sind es zunehmend auch

Erinnerung an bessere Tage:
Federico in seinem Todesjahr 1482 auf einer Medaille des Sperandio
(London, Victoria & Albert Museum).

Unbequem, aber gesammelt: Pedro Berruguete, spanischer Maler in Federicos Diensten, zeigt den Herzog lesend mit Sohn Guidobaldo (um 1476; Urbino, Galleria Nazionale delle Marche).

große Gemälde, denen Federico die Sorge um seinen bildlichen Ruhm anvertraut. Zwei dieser Werke blieben erhalten, ein drittes ist nach seiner Zerstörung im Zweiten Weltkrieg immerhin noch als Fotografie verfügbar. Erstaunlich genug, daß alle drei Tafeln Federico als Mann der Bildung zeigen – sei es, daß er von einer schönen jungen Frau ein Buch empfängt wie auf dem verlorenen Berliner Gemälde (150 x 110 cm; Abb. S. 17), sei es, daß er gemeinsam mit dem acht-, vielleicht neunjährigen Guidobaldo einer gelehrten Vorlesung lauscht (Hampton Court, 130 x 212 cm). Die Rolle des kraftstrotzenden *condottiere*, so scheint es, hat der Herzog in diesen Bildern entschlossen hinter sich gelassen. Ungeteilte Aufmerksamkeit spricht aus den merklich gealterten Zügen, und selbst Demut ist ihm nicht fremd, wenn er vor der Inkarnation der Dialektik (oder der Rhetorik?) barhäuptig niederkniet.

Wo diese Bilder ursprünglich ihren Platz hatten, wissen wir nicht mit Bestimmtheit. Sicherlich darf man sie an prominenter Stelle in Federicos Palästen von Urbino oder Gubbio vermuten – sei es in der Bibliothek, sei es in den Prunkräumen der *piani nobili*. Auf jeden Fall arbeitet der Habitus, in dem sich Federico jetzt darstellen läßt, paßgenau jener Inszenierung eines *princeps doctus* zu, die sich auch in der Bildausstattung des Urbinater Studierzimmers so eindrucksvoll entfaltet. Sind es dort aber Produzenten von Gelehrsamkeit, die aus den Autorenporträts der oberen Wandzone auf den Besucher hinabblicken, so läßt sich Federico in seinen späten Bildnissen bevorzugt als Rezipient, als bereitwilliger Empfänger intellektueller Leistung darstellen. Am glanzvollsten spielt er diesen Part auf dem berühmten Porträt der Urbinater Galerie, das ihn – sekundiert von seinem kleinen Sohn – im Lehnstuhl sitzend beim Lesen zeigt (135 x 76 cm). Autor des Bildes war vermutlich Pedro Berruguete aus Spanien, der mit diesem kapitalen Werk (man kann es in die Jahre um 1476 datieren) wohl seinen Einstand an Federicos Hof gegeben hat.

Anders als etwa im Vorlesungsbild, das uns einen vergleichsweise intimen Einblick in Federicos Tagesablauf gewährt, hat man hier ein Staatsporträt vor sich – ein Gründungswerk dieser repräsentativen Gattung sogar, greift es doch dem später allgemein üblichen Typus des ganzfigurigen Herrscherbildnisses um einige Jahrzehnte voraus. Federicos Kleidung macht den offiziellen Status des Bildes deutlich, und zwar durch ihren hohen Grad an Unwahrscheinlichkeit: Über den silbrig schimmernden Harnisch hat er das prunkvolle Rot-Weiß eines pelzverbrämten Mantels gebreitet, das offizielle Ornat des Hermelinordens; der

Kampfhelm findet sich scheinbar achtlos auf der Türschwelle abgestellt, während ein perlenbestickter Hut (vermutlich eine Ehrengabe des Papstes) in gesuchter Beiläufigkeit auf der gotischen Konsole links oben Platz gefunden hat. Das ausgestreckte Knie weist überdies den legendären Hosenbandorden vor. Das goldene, vom Papst gespendete Szepter darf währenddessen Guidobaldo halten. All diese hoch repräsentativen Kleidungsstücke und Requisiten, die für die zivile wie die militärische Person des Herzogs stehen, dürfte Federico schon kraft physischer Überforderung kaum jemals gemeinsam getragen haben – so sinnfällig Berruguete sie auch ins Bild zu setzen verstand.

Aber nicht nur in der Staffage, auch in der thematischen Substanz des Bildes weiß der Maler überraschende Akzente zu setzen. So werden naheliegende Erwartungen des Betrachters planvoll durchkreuzt. Hat es sich Federico zum Lesen in seinem Lehnstuhl etwa bequem gemacht? Keineswegs; schon der Harnisch hätte dies kaum erlaubt, und auch das Buch scheint dem Herzog eher zufällig in die Hände geraten zu sein, eignet sich das hölzerne Wandmöbel, auf das er den gewichtigen Folianten stützt, eigentlich doch gar nicht als Lesepult. Auch dafür, daß er, (wie immer wieder behauptet), seinem Sohn aus dem Codex vorläse, spricht bei näherem Hinsehen wenig. Federico bleibt offensichtlich stumm; gebannt und im stillen scheint er sich an einer Stelle des Textes ›festgelesen‹ zu haben. Der kleine Guidobaldo in seinem Prunkkleidchen, der sich noch etwas unsicher mit dem schweren Szepter müht, sieht denn auch gar nicht zum Vater auf, sondern richtet seinen Blick aus dem Bild, während die Linke das Knie des Vaters umfaßt.

Gerade diese Nuancen machen den Rang des Porträts aus. Sicherlich bekräftigt Federico auch jetzt noch einmal seine wohlbekannten Ansprüche: auf Ruhm und Macht, auf Legitimität und ungeschmälerte Erbfolge über den eigenen Tod hinaus. Aber jenseits der sozusagen selbstverständlichen Mitteilungen, die das Bild zu machen hat, erfährt der Betrachter eben auch anderes, weniger Naheliegendes. Zum Beispiel, daß sich Guidobaldos Heranbildung zum ebenbürtigen Nachfolger eben nicht in expliziter Belehrung durch den Vater vollzieht, sondern vielmehr in vertrautem Dabeisein, in Beobachtung und spielerischer Nachahmung. Oder daß Federico seine Wißbegier keineswegs nur zu passenden Zeiten und an dazu geeigneten Orten zu stillen pflegt. Sondern daß er auch dann seiner Leselust nachgibt, wenn er eigentlich repräsentieren sollte. Gerade deshalb, so gibt uns das Bild zu verstehen, ist er ein guter Herrscher.

Die berühmte Bibliothek war für den Herzog gewiß nicht nur ein Instrument der Zerstreuung. Federico hat vielleicht nur für seine Bauten mehr Geld ausgegeben. Die Bibliothek war ein wichtiger, ja der zentrale Teil der gewaltigen Inszenierung, mit der Federico da Montefeltro Zeitgenossen und Nachwelt betörte. Sie war, wie die Hofordnung von Urbino vermuten läßt, durchaus weiteren Kreisen zugänglich. Die Büchersammlung spiegelte ihren Besitzer als Mann sublimer Bildung, als Kenner der antiken Philosophie ebenso wie als gläubigen Christenmenschen; die Bücher schoben sich vor das Bild des Militärs und des harten Machtpolitikers. Kein anderer Fürst der Epoche hat sich mit Hilfe von Büchern in vergleichbar subtiler Weise erfunden und ähnlich vielschichtig dargestellt. Viele der (heute im Vatikan aufbewahrten) urbinatischen Codices zählen zu den schönsten Buchkunstwerken aller Zeiten. Sie sind über die Maßen aufwendig illuminiert, prunken mit reichsten Verzierungen, mit Blattgold und Miniaturen, die Porträts der Autoren zeigen und Passagen des Textes verbildlichen.

Wie schon erwähnt, war der Florentiner Buchhändler Vespasiano da Bisticci zugleich eine Art ›Intendant‹ der Bibliothek. Er organisierte die Zusammenarbeit von Schreibern, Zeilenziehern, Miniaturisten, Buchbindern und den für die Beschläge zuständigen Silberschmieden. Aus Bisticcis Bericht läßt sich schließen, daß Federico kaum vor Mitte der 60er Jahre – also wieder nach dem Krieg gegen Sigismondo Malatesta – mit dem Vorhaben ernst machte, eine Bibliothek aufzubauen, die nicht einmal den Vergleich mit den Bücherbeständen des Vatikan zu scheuen brauchte. »Es ist nun vierzehn oder mehr Jahre her, daß er begonnen hat, diese Bibliothek zusammenzustellen« – so schreibt Bisticci in seinen *Vite*, in einer Passage, die sicher einige Zeit nach Federicos Tod entstand; damit deutet er die Zeitspanne systematischer Sammeltätigkeit an. Immerhin hat er aber schon 1448 Abschriften der Werke des Gelehrten und Pädagogen Guarino da Verona anfertigen lassen; zur gleichen Zeit ließ er einen Schreiber in Padua Texte kopieren. Mit dem Engagement Bisticcis begann der Ausbau der Bibliothek im großen Stil. Der Buchhändler schreibt: »Ununterbrochen hat er, sowohl in Urbino als auch in Florenz, dreißig oder vierzig Schreiber unterhalten, die für ihn tätig waren. Er hat jenen Weg eingeschlagen, den nehmen muß, wer eine berühmte und bedeutende Bibliothek wie diese einrichten möchte. Denn man begann zuerst bei allen Dichtern lateinischer Sprache; gab es

Die Kunst der Handschrift am Vorabend des Buchdrucks. Widmungsexemplar von Cristoforo Landinos Disputationes Camaldulenses aus der Urbinater Bibliothek (Roma, Biblioteca Apostolica Vaticana, Cod. Urb. lat. 508, fol. 1 r).

irgendeinen wichtigen Kommentar, ließ der Herzog ihn sich abschreiben. Darauf hat er sämtliche Werke aller Redner, das Gesamtwerk Tullios [=Ciceros] und die Arbeiten aller bedeutenden lateinischen Schriftsteller und Grammatiker kopieren lassen. Da blieb kein einziger Autor dieser Bereiche der lateinischen Literatur, dessen Bücher er für seine Bibliothek nicht begehrt hätte.«

Man merkt von Satz zu Satz, wie Bisticci, der Bücherfachmann, ja Bücherverrückte, sich beim Schreiben das Wunder der urbinatischen Bibliothek vergegenwärtigt und darüber immer mehr ins Staunen gerät. Der Herzog verschaffte sich griechische und hebräische Texte, Geschichtsschreiber der Vergangenheit und der Gegenwart, »alle« Werke über Astrologie, Geometrie und Arithmethik, über Jurisprudenz, Architektur und Kriegswesen; schließlich die Modernen, Dante, Petrarca, Boccaccio, die Aufzeichnungen Pius' II. Nach wie vor zentrale Bedeutung in seiner Sammlung haben religiöse Werke: sämtliche Schriften der Kirchenväter, theologische Texte – alles wollte Federico haben und in größter Vollständigkeit. »Und in welcher Schrift!«, bricht es aus Bisticci einmal heraus. »Und welche Bücher! Und in welcher Pracht!«

Die Werke wurden alle mit rotem Karmesin bespannt und mit silbernen Beschlägen versehen. »So gibt es dort unzählige Bücher dieser Art, was köstlich anzusehen ist. In jener Bibliothek sind alle Bücher in höchstem Maße schön, alle mit der Feder geschrieben, und es ist dort kein einziges gedrucktes Werk: Der Herzog hätte sich dessen geschämt. Alle sind auf die zierlichste Weise mit Miniaturen versehen, und keines ist dabei, das nicht auf Ziegenlederpergament geschrieben wäre«.

Die Behauptung, Federicos Bibliothek habe keine Druckwerke enthalten, stimmte nicht; der Herzog besaß tatsächlich einige Wiegendrucke, stellte sie aber offenbar nicht im Hauptraum der Bibliothek, sondern in einem anderen Zimmer auf. Bisticcis oft zitierte Äußerung zeigt aber, daß nicht erst moderne Medienrevolutionen Ressentiments der Traditionalisten hervorrufen, wenn auch Gutenbergs Erfindung eine tödliche Bedrohung für die Kunst bedeutete, von der Bisticci und seinesgleichen sich ernährten. Ottaviano Ubaldini della Carda hat ab 1475 eine Druckerei in Cagli finanziell unterstützt; in Urbino wurde erst viel später eine Offizin gegründet.

Der christliche Fürst

Bisticcis Bericht, die erhaltenen Codices und die Kataloge der urbinatischen Bibliothek zeigen alles andere als einen allein vom heidnischen Altertum faszinierten ›Renaissancemenschen‹. Christliche Autoren dominieren, und der Buchhändler hebt in seiner Beschreibung der Bibliothek Federicos eine äußerst prachtvolle Ausgabe der Bibel in zwei illuminierten Bänden hervor: »So reich und würdig, wie sich nur sagen läßt, waren sie, in Goldbrokat gebunden, mit wertvollsten Silberbeschlägen versehen. So kostbar hat er sie machen lassen, um sie als Haupt aller Bücher auszuzeichnen.« Bisticci meint die von einer Werkstatt um den großen Florentiner Miniaturisten Francesco di Antonio del Chierico zwischen 1476 und 1478 angefertigte Prachthandschrift, Codex Urbinatus Latinus 1 und 2 der Vatikanischen Bibliothek.

Der Aufwand ist symptomatisch. Die Bibel ist das Hauptstück der Bibliothek; Federico da Montefeltro präsentiert sich als christlicher

Fürst, der die Heilige Schrift wie eine Reliquie schmücken läßt, überhaupt religiöse Texte hoch in Ehren hält. Die Scholastiker haben ihren Platz neben humanistischen Autoren, Homer und Boccaccio bestehen neben den Schriften des heiligen Antonino von Florenz. Der ›Tempel der Musen‹ hat in der *cappella del perdono* sein Pendant, im *studiolo* sind christliche Heilige und Kirchenfürsten friedlich mit antiken Staatsmännern, Dichtern und humanistischen Gelehrten vereint. Die Bildwelt, in die sich der Herzog plaziert, formuliert dieselben symbiotischen Beziehungen zwischen Heidentum und Christentum, zwischen Religion und Welt, wie sie der Katalog der urbinatischen Bibliothek erkennen läßt. Die schroffen Gegensätze hat erst das 19. Jahrhundert konstruiert. Wieder war es Jacob Burckhardt, der ›seine‹ Renaissance mit jenem kräftigen heidnischen Anstrich versah, der ihr populäres Bild noch heute bestimmt. Selbst das Interesse für die Astrologie, das in Urbino vor allem von Ottaviano Ubaldini della Carda gepflegt wurde und sich auch in der Komposition der Bibliothek spiegelt, war keineswegs notwendig ›unchristlich‹.

Der vor der Madonna kniende Federico da Montefeltro ist viel eher die emblematische Gestalt der Epoche als der bronzene Colleoni in Venedig. Das Idealbild des ›christlichen Ritters‹, das Piero gibt, dürfte perfekt treffen, wie Federico gesehen werden wollte: als frommer Fürst, der wohl das Schwert zu führen verstand, dessen kräftige Hände indes nicht weniger zum Beten taugten als zum Fechten.

Vespasiano da Bisticcis Lebensbeschreibung des Herzogs bereichert das Image, das der Maler gibt, um weitere Nuancen. Der Buchhändler wird nicht müde, die Religiosität seines Helden hervorzuheben: Federico besucht allmorgendlich die Messe, er hält Fastengebote ein, auch wenn das seiner Gesundheit schadet. Er ist mildtätig und leutselig, gibt den Armen und fördert die Klöster von Urbino. Allwöchentlich spaziert er hinaus zum Nonnenkonvent von S. Chiara, um mit der Oberin fromme Gespräche zu führen. Er habe sein Haus nicht anders regiert als ein Haus von Mönchen, urteilt der Biograph: »Mochte er in seinem Haus auch 500 oder mehr Münder – auf eigene Kosten – zu stopfen haben, schien es keineswegs ein Haus von Soldaten zu sein; in einem Kloster nämlich lebte man nicht nach anderer Ordnung als bei ihm. Da wurde weder gespielt noch geflucht, vielmehr sprach man mit größter Bescheidenheit.«

Bisticcis *Vita* gestattet es, so etwas wie einen idealen Tageslauf des Herrn von Urbino zusammenzustellen. Noch vor Sonnenaufgang, so erzählt der Autor, habe der Herzog, nur von wenigen begleitet und ohne Waffen, einen Ritt ins Land hinaus unternommen. Nach der Morgenmesse pflegte er im Palastgarten Audienz zu gewähren. Zum Mittagsmahl, fährt Bisticci fort, »speiste er reichlich, Zuckerwerk aß er nicht. Aus Enthaltsamkeit trank er keinen Wein, außer solchem, der aus Granatäpfeln, Kirschen oder Äpfeln gemacht war. Wer, während er aß oder nachdem er gegessen hatte, mit ihm sprechen wollte, durfte das.«

Nach den Mahlzeiten habe sich der Herzog, beraten von einem seiner Appellationsrichter, an die Entscheidung von Streitfällen gemacht. Bisticci versichert, die Konversation mit dem Rechtsgelehrten sei in lateinischer Sprache vonstatten gegangen. Alle Bittsteller hätten ein offenes Ohr gefunden, wenn der Herzog durch die Straßen Urbinos gegangen sei. Am Abend ging er, wenn er sich nicht nach S.Chiara begab, zum Konvent des hl. Franziskus. Hier sei, wie Bisticci erzählt, eine »wunderschöne große Wiese« gewesen. »Von dort hatte man eine schöne Aussicht. Hier ließ er sich nieder. 30 oder 40 junge Leute entkleideten sich bis auf das Wams und ertüchtigten sich mit Speerwerfen, Ballspiel oder Ringen: Es war ein ansehnliches Schauspiel. Liefen sie nicht gut oder waren sie ungeschickt beim Fangen, tadelte sie der Herr, und all das ordnete er an, damit sie sich übten und nicht müßig blieben. Während dieser Übungen konnte wiederum jeder bequem mit dem Herzog sprechen …«.

Auch nach dem Nachtmahl habe der Herzog stets ein wenig gewartet, ob noch jemand komme, um ihn zu sprechen. »War das nicht der Fall, zog er sich in sein Zimmer mit seinen Vornehmen, mit Herren und Edelleuten, zurück und unterredete sich aufs vertraulichste mit ihnen. Manchmal sagte er zu ihnen: ›Morgen will ich früh aufstehen und in der Frische spazierengehen – ihr aber seid jung und schlaft gerne; da würdet ihr wohl sagen, ihr würdet kommen, tätet es aber dann doch nicht. Geht mit einer guten Nacht, alle mögen sich zur Ruhe begeben.‹ So schieden sie von Seiner Herrlichkeit; auf diese Weise war er wunderbar huldvoll mit jedem.« Wir haben hier übrigens eine jener Quellenstellen aus dem *Quattrocento* vor uns, aus denen der Mythos der Frührenaissance gemacht ist. Sie belegt ein ganz weltliches Empfinden für landschaftliche Schönheit, für diesseitige Freude am Spiel, das auch aus der prunkenden urbinatischen Festkultur jener Zeit spricht.

Die Beschreibung erinnert an die Wurzeln zivilisierter, als »höfisch« geltender Ideale in der Welt der Klöster. Frömmigkeit, Gemessenheit, Affektkontrolle, Milde oder Freigebigkeit erscheinen im Kern als monastische Tugenden. Allerdings ist das alles am Hof von Urbino entschieden ins Weltliche gewendet. So wird dem Herzog zwar schon zum Frühstück aus frommen Büchern vorgelesen, aber nur zur Fastenzeit; danach sind Passagen aus dem Geschichtswerk des Livius an der Reihe. Die freundlichen Gespräche am Abend, überhaupt die Atmosphäre heiterer Gelassenheit, die Bisticci beschreibt, weisen auf die Kultur des *Cortegiano* voraus, wie Castiglione sie geben wird. Der ›Hofmann‹ hat seine Bühne ja tatsächlich im Palast von Urbino, wie schon erwähnt: es besteht wenig Zweifel daran, daß die zivilisierte Welt, die das Buch vorführt, als fernen Spiegel den humanistischen Hof Federico da Montefeltros hat.

Nun zeigt Bisticci, der Federico gut kannte, nicht einfach einen verschlagenen Politiker, der sein wahres Wesen hinter zur Schau gestellter Leutseligkeit verbirgt. In der Tat begegnet uns in der Erzählung des Buchhändlers nicht der Mörder, Strippenzieher und Machtpolitiker, sondern der Privatmensch und Landesvater. Bisticcis Held ist der bereits etwas ältere *signore*, ein Mann auf der Höhe seiner Macht; die alten Blutflecken stechen aus dem Purpurrot seines Herzogsgewandes nicht mehr hervor. Von den geheimen Ränken, den Verschwörungen, in die sich der Montefeltro bis in seine späten Jahre mit Eifer verstrickte, weiß der biedere Vespasiano nichts.

Der Florentiner Buchhändler liebt natürlich besonders den Büchersammler und Mäzen. Angelo Poliziano wird Federico da Montefeltro deshalb als Wiederhersteller der Wissenschaften und der schönen Literatur feiern, und er wird ihn neben Lorenzo den Prächtigen als einen der Männer seines Jahrhunderts plazieren. Dann rühmt Bisticci den Landesvater. »In allem wandte er sein Augenmerk auf seinen Staat, um seine Untertanen auf die beste Weise in Zufriedenheit zu erhalten«, urteilt Bisticci. »Allen Untertanen ging es gut; er hatte sie reich gemacht, indem er ihnen an den vielen Bauunternehmungen, die von ihm in Angriff genommen worden waren, Arbeit gegeben hatte. In den Städten seines Landes sieht man niemanden, der bettelt.« Zwar wurde Urbino von außen tatsächlich gut ernährt, durch einen Kapitalzufluß, der sich aus den *condotte* des Herzogs speiste. Die Amtspflichten des ›Almosenmeisters‹ schildert die Hofordnung gleichwohl detailliert. Es gab, die entsprechende Passage lehrt es uns, durchaus Arme in Urbino: Wenn der Herzog ihnen begegnete, war es Sache des *helemosiniere*, genügend Kleingeld dabeizuhaben. Und wenn sich gar Bettler beim Palast sehen ließen, hatte der Almosenmeister dafür zu sorgen, daß sie »an einen unauffälligen Ort geleitet werden, damit man sie nicht mit ihren Sammelbüchsen und schmutzigen Sachen durchs Haus laufen sieht«.

Es fällt auf, daß der Biograph immer wieder die Milde und die Zugänglichkeit des Herzogs betont. *Umanità* ist für ihn eine der wichtigsten Eigenschaften des Herrschers: Sie besitze die Kraft, aus Feinden Freunde zu machen, während ihr Mangel gerade das Gegenteil bewirke. *Umanità*, ein Schlüsselbegriff der Epoche, heißt hier ›Menschlichkeit‹ im Sinne von Leutseligkeit, Milde, Freundlichkeit. Entsprechend läßt Martino Filetico in seinen *Iocundissimae disputationes* seine Schülerin Battista Sforza das Wort *humanitas* definieren: es komme dem nahe, was die Griechen »Philanthropia« genannt hätten, und entspreche überhaupt dem Begriff »Kultur«.

Daß dem Montefeltro – aus machtpolitischen Gründen – daran lag, populär zu sein, als Mann von Milde und Gottesfurcht zu gelten, ist kaum zu bezweifeln. Die Angst vor dem ›Pöbel‹, vor Verschwörungen und Putschen steckte jedem Fürsten jener Epoche in den Knochen. Die Geschichte der italienischen Signorien gleicht über weite Strecken einer Mischung aus *chronique scandaleuse* und Polizeibericht. Bisticcis Vita zeigt, daß es Federico da Montefeltro gelang, das Bild des ›guten Fürsten‹ gerade im persönlichen Umgang zu vermitteln. Kein Geringerer als Machiavelli wird im *Principe* die Menschlichkeit – *umanità* – als eine ambivalente Herrschereigenschaft aufführen und in der ihm eigenen Prägnanz bemerken, es sei schädlich, wenn man sie (wie weitere Tugenden) besitze, aber nützlich, wenn man sie zur Schau trage.

Der Herr von Urbino erscheint auch in dieser Hinsicht als Lehrmeister des großen Florentiners. Manchmal drängt sich der Eindruck auf, Machiavelli habe den Montefeltro als Muster des perfekten Fürsten vor Augen gehabt. Man denkt an Bisticcis Ruhmreden (und an Pieros berühmte *Pala*), wenn Machiavelli dem Herrscher nahelegt, er müsse als Muster von Milde, Treue, Redlichkeit und Gottesfurcht *erscheinen*. »Besonders der Schein dieser letzten Tugend ist für ihn unerläßlich«, schreibt Machiavelli, und er gibt zugleich eine Begründung, warum es sich für Staatsmänner lohnt, in Kunst zu investieren. »Die Menschen urteilen im allgemeinen mehr nach den Augen als nach den Händen; denn jeder ist in der Lage zu sehen, nur wenige haben Gelegenheit zu berühren. Jeder sieht, was der Fürst zu sein scheint, nur wenige können mit Händen greifen, was er ist ... Zudem beurteilt man die Taten der meisten Menschen, und insbesondere der Fürsten, die keinen Richter über sich haben, nach dem Erfolg. Ein Fürst braucht nur zu siegen und seine Herrschaft zu behaupten, so werden die Mittel dazu stets für ehrenvoll gelten und von jedem gepriesen werden. Denn der Pöbel läßt sich durch den Augenschein und den Erfolg bestechen, und in der Welt gibt es nur Pöbel ...«

Sixtus IV. und seine Nepoten

Und Federico hatte Erfolg. Nun, 1474, stand er im Zenit seiner Laufbahn. Er unterhielt einen lebhaften Briefwechsel mit den Königen und Fürsten in ganz Europa, mit dem Papst, mit Gelehrten; sein Hof zählte zu den bestinformierten Italiens. Allerdings, die politische Situation erschien im Sommer 1474 unübersichtlich und verlangte von Federico da Montefeltro das Äußerste an taktischem Geschick. Noch stand die Erneuerung der italienischen Liga zur Debatte. Galeazzo Maria von Mailand verfolgte eine schwankende, undurchsichtige Politik, hatte sich dem Herzog indes nach der Volterra-Kampagne wieder angenähert. Seine Ermordung im Dezember 1476 hatte keine direkten Auswirkungen auf die Bündnisstrukturen, doch wurde Mailand in der Zeit einer schwachen Regentschaft durch dessen Witwe Bona di Savoia das Ziel von Begehrlichkeiten. Auch Federico da Montefeltro versuchte sich ins Spiel zu bringen, wurde aber vom Papst an die Kandare genommen.

Überhaupt war es die Politik Sixtus' IV., die damals das italienische Mobile in Bewegung versetzte. Zur Bedrohung für das italienische Gleichgewicht wuchs sich der schrankenlose Nepotismus aus, den der Papst betrieb. Die Versorgung der eigenen Sippe mit Benefizien, mit einträglichen Ämtern und Kardinalshüten war zwar an sich nichts Neues. Neu war vielmehr das Ausmaß, in dem der della Rovere seinen Clan begünstigte. Er wird nicht weniger als sechs seiner Verwandten zu Kardinälen machen; unter ihnen erlangte Pietro Riario, der Erzbischof von Florenz, zweifelhaften Ruhm als Verschwender der Extraklasse und Frauenheld. Eine neue Dimension erreichte der sixtinische Nepotismus auch, als sich der Papst daranmachte, einem anderen Neffen, Gerolamo Riario, mit Geld und Gewalt einen eigenen Staat zu verschaffen. Riario, Sohn einer Schwester des Papstes, machte Karriere als politischer Ratgeber seines Onkels. Er war einer der großen Schurken des Jahrhunderts, ein brutaler Machtmensch, der vor Mord und Verschwörung nicht zurückschreckte, um seine ehrgeizigen Ziele zu erreichen.

Federico wußte, daß die weitausgreifenden Ambitionen des Papstes Gefahren bargen, denn es war kaum zu erwarten, daß die anderen Mächte Italiens eine Vergrößerung des Kirchenstaates hinnehmen würden. Der Versuch seines Neffen Gerolamo Riario – 1473 –, sich in Pesaro an die Macht zu putschen, mißlang zwar; nicht aber der Kauf Imolas im selben Jahr. Der Erwerb der kleinen Stadt wird eine wichtige Ursache des Konflikts sein, der dann in der Pazzi-Verschwörung eskaliert.

Federico verhielt sich zu jener Zeit abwartend, blieb, wie der mantuanische Botschafter notierte, in allen seinen Reden zweideutig: *doppio in ogni suo parlare*. Sein kryptisches Verhalten hatte den Zweck, den Preis für seine Loyalität nach oben zu schrauben. Neben harten Golddukaten brachte ihm diese Taktik schließlich auch den Herzogshut ein; die Standeserhöhung und alle möglichen Ehrungen waren darauf berechnet gewesen, den *condottiere* der päpstlichen Sache zu verpflichten.

Eine zu enge Bindung an die Politik Roms war indes nicht ratsam. Federico da Montefeltro lief Gefahr, die Gegnerschaft anderer Mächte auf sich zu ziehen; mindestens riskierte er, keine lukrativen Soldverträge von ihnen zu erhalten. Distanz zu Rom zu wahren, fiel indes noch schwerer. Der Heilige Stuhl war Quelle aller Rechtstitel, auf denen die Herrschaft Federicos beruhte; als *gonfaloniere* der Römischen Kirche war er dem Papst zu Gehorsam verpflichtet. Der politische Spielraum Montefeltros war also äußerst eng. Doch war sicher, daß im Ernstfall die Beziehung zu Rom den Vorrang hatte.

Das erwies sich Ende August 1474, als Sixtus den Urbinaten beauftragte, das von seinem Neffen, Kardinal Giuliano della Rovere – dem späteren Papst Julius II. – vergeblich belagerte Città di Castello unter die direkte Herrschaft des Kirchenstaats zu bringen. Es gelang dem Herzog, mit dem Signore der Stadt, Niccolò Vitelli, eine kampflose Übergabe auszuhandeln. Die kleine Stadt im oberen Tibertal war ein Grenzort; Florenz hatte die Signorie der Vitelli als Bollwerk gegen Rom gestützt. Dementsprechend argwöhnisch beobachtete man am Arno die Intervention des Montefeltro. Aber der Herzog überzeugte Sixtus IV., dem Vitelli akzeptable Bedingungen zu gewähren, so daß in Florenz die Rede ging, der Herr von Città di Castello sei der eigentliche Sieger geblieben. Noch einmal war es Federico da Montefeltro gelungen, es allen recht zu machen. Wo er stand, war indes umso weniger zweifelhaft, als er im Oktober Sixtus' Nepoten Giovanni della Rovere seine Tochter Giovanna verlobte. Der Papst übertrug Giovanni Senigallia und das Vikariat über Mondavio. Wahrscheinlich erinnert Piero della Francescas ›Madonna

Papst Sixtus IV. mit seinen Nepoten, gemalt von Melozzo da Forlì als Stifterbild für die neu errichtete Vatikanische Bibliothek (Vatikan, Pinakothek)

von Senigallia‹ an diese Verbindung. Die Ehe zwischen dem della Rovere und Giovanna wurde 1478 vollzogen, als die Frau das 16. Lebensjahr erreicht hatte. Vielleicht war das kleine Andachtsbild Hochzeitsgeschenk eines befreundeten Hofes, womöglich eine Gabe des Schwiegervaters Federico da Montefeltro.

Pazzi...

Es war vor allem die offensive Politik des Heiligen Stuhls, die eine Erneuerung der *lega italica* verhinderte und noch 1474 zu einer Umgruppierung der inneritalienischen Allianzen führte. Im November schloß Venedig einen Dreibund mit Mailand und Florenz; die nach den Gesetzen der italienischen Politik vorhersehbare Reaktion war ein Bündnis zwischen Rom und Neapel. Damit waren die Fronten geklärt.

Ins Zentrum der italienischen Politik rücken nun immer mehr die Spannungen zwischen Sixtus IV. und dem Florenz der Medici. Lorenzo der Prächtige war nicht dazu bereit, den Erwerb Imolas durch Gerolamo Riario hinzunehmen – und schon gar nicht, ihn zu finanzieren. Der Papst kündigte daraufhin die Geschäftsbeziehung mit der Medici-

Bank und vertraute das Amt des Generaldepositars Francesco de' Pazzi an, Mitglied einer mächtigen Familie, die in Florenz zu den gefährlichsten Gegnern der Medici zählte. Lorenzo sollte nicht nur durch die römisch-neapolitanische Allianz, sondern auch durch eine innere *Fronde* in die Zange genommen werden.

Versuche, die Situation zu entspannen, schlugen fehl. Die Oppositionsgruppe fand bald nicht nur in Rom, sondern auch in Neapel Unterstützung. Das Netz um die Medici schnürte sich immer enger. Aber Lorenzo versuchte, zurückzuschlagen. Er deckte den Versuch Carlo Fortebraccios, das Erbe seines berühmten Vaters anzutreten und sich der Signorie von Perugia zu bemächtigen. Das Unternehmen scheiterte; der Herzog von Urbino wurde mit einer Strafaktion beauftragt. Er machte kurzen Prozeß. Im September 1477 wurde das umbrische Bergnest belagert; es fiel vermutlich durch Verrat. Der Palast der Fortebracci wurde zerstört. Das harte Vorgehen hatte den Beigeschmack persönlicher Rache, denn der Fortebraccio war einst ein Parteigänger Sigismondo Malatestas gewesen. In den Rechnungsbüchern der apostolischen Kammer ist die Bestechungssumme vermerkt, die sich der in Gelddingen penible Herzog von Urbino zurückerstatten ließ: 208 *fiorini.*

Inzwischen wurden die Vorbreitungen für einen Mordanschlag auf Lorenzo den Prächtigen und seinen Bruder Giuliano vorangetrieben. Der Plan war, die Herrschaft der Medici durch ein papstfreundliches Regime unter Führung der Pazzi zu ersetzen. Als günstiger Zeitpunkt erschien den Verschwörern der Besuch des päpstlichen Legaten für Umbrien, des Nepoten Raffaele Sansoni Riario, in Florenz. In der Entourage des Kardinals würden Bewaffnete nicht auffallen.

Ein Rätsel ist, warum die Verschwörer es wagten, die Mordtat am 28. April 1478, als Höhepunkt der Ostermesse, zu planen. Diese Inszenierung war ein Akt der Blasphemie, eine Ungeheuerlichkeit für eine tiefreligiöse Epoche, als die wir uns das 15. Jahrhundert vorstellen müssen; sie wäre ganz und gar unglaubwürdig, würde sie nicht durch die Quellen bezeugt. Man wollte im Moment der Erhebung der Hostie losschlagen; nach anderen Quellen sollten die letzten Worte des Priesters abgewartet werden. Die dramatischen Szenen im Dom von Florenz sind oft beschrieben worden: wie die Verschwörer um Jacopo und Fancesco de' Pazzi sich um die Medici-Brüder drängen, worauf Giuliano de' Medici, von 19 Messerstichen tödlich getroffen, zusammenbricht; wie Lorenzo sich geistesgegenwärtig mit seinem zusammengerollten Mantel vor den Dolchen schützt und sich, gedeckt von einigen Getreuen, in die Sakristei

Wohl ein Verlobungsgeschenk und doch viel mehr: Piero della Francescas ›Madonna di Senigallia‹ (Urbino, Galleria Nazionale delle Marche).

flüchtet, hinter Luca della Robbias schwere Bronzetüren. Der Dichter Angelo Poliziano, der unter dem Gefolge Lorenzos war, hat einen Bericht über den Ablauf des Geschehens verfaßt, der sich wie eine gut erfundene Schauernovelle liest.

Lorenzo überlebte das Attentat leicht verletzt und hatte – dürfen wir Polizian glauben – die Nerven, eine Ansprache an die schockierte Menge zu halten, in der er sein Schicksal in die Hände des Volkes von Florenz legte. Der Aufstand brach jedenfalls rasch zusammen. Die Parole *Popolo e libertà*, »Volk und Freiheit«, verfing nicht, auf den Straßen war der Ruf nach den Medici zu hören: *Palle! Palle!* – womit das Wappen mit den sechs Kugeln gemeint war. Einige der Verschwörer wurden gelyncht. Francesco Salviati, den Erzbischof von Pisa, knüpfte man kurzerhand an einem Fenster des Palazzo Vecchio auf, den Papstnepoten Riario ließ Lorenzo der Prächtige in Geiselhaft nehmen. Es folgte ein Gemetzel, wie es die Hauptstadt der Künste und der humanistischen Kultur nicht einmal zu den Zeiten der Ciompi-Revolte erlebt hatte. Selbst an Toten wurde Rache geübt: Kinder gruben den vor einem Stadttor eilig verscharrten Leichnam Jacopo de' Pazzis aus, man zerrte ihn durch die Gassen von Florenz und warf den halb verwesten Toten unter Spottrufen in den Arno: *Giù per Arno se ne va*!

IN VIOLANTES ARMEN

Federico da Montefeltro und Lorenzo der Prächtige

Zu den Drahtziehern der Pazzi-Verschwörung zählte neben Sixtus IV. und seinem Nepoten Gerolamo Riario, wie man heute weiß, auch Federico da Montefeltro. Der erfahrene *condottiere* – und nicht minder erfahrene Verschwörer – wußte, welche Vorteile ein Unternehmen, das man heute ›Enthauptungsschlag‹ nennen würde, für die Sache der Allianz Rom-Neapel gebracht hätte. Wäre auch Lorenzo der Prächtige dem Attentat zum Opfer gefallen, hätte dies wohl das Ende der Macht der Medici bedeutet; der Papst hätte in Florenz einen Statthalter installiert, der Kirchenstaat wäre um das eine oder andere Nepoten-Territorium vergrößert worden. Allerdings wären wohl Reaktionen der anderen italienischen Staaten und vielleicht auch des mit Florenz traditionell verbündeten Frankreich nicht ausgeblieben.

Daß der Herzog von Urbino bei der Pazzi-Verschwörung seine Hände im Spiel hatte, wurde schon immer vermutet, auch wenn die Apologeten Federicos versuchten, seinen Anteil an dem gescheiterten Komplott herunterzuspielen. Dabei zählte politischer Mord seit 1444 zu den Optionen seiner Politik. Als im Sommer 1459 der Plan aufkam, den Störenfried Piccinino zu beseitigen, kommentierte er diesen Plan kühl als naheliegende, wenngleich damals nicht opportune Chance, ein lästiges Problem zu lösen. Erst 2003 gelang dem Historiker Marcello Simonetta die Dechiffrierung einer Geheimkorrespondenz, die Federico als Schlüsselfigur in dem Drama von 1478 zeigt. Zwei Monate vor dem Attentat analysiert er nüchtern die Vor-und Nachteile einer solchen Aktion; er gelangt zu dem Ergebnis, man solle losschlagen, »je eher, desto besser«, und signalisiert seine Bereitschaft zu einer militärischen Intervention.

Es war nicht ohne Chuzpe, wenn der Herzog schon im Juni 1478 wieder mit Lorenzo über die Fertigstellung der für Urbino bestimmten Prachtbibel korrespondiert; in Bisticcis Florentiner Werkstatt war man gerade an der Fertigstellung des zweiten Bandes. Federico da Montefeltro hegte, die, wie sich zeigen sollte, grundlose Befürchtung, das aufwendige Projekt könne durch die politische Krise zum Scheitern gebracht werden. Lorenzo, den der verhinderte Attentäter *Magnifice frater carissime* anredet, gibt sich generös und legt der Vollendung der Codices keine Steine in den Weg. Im Gegenteil: Er läßt sich sogar Grundrisse des Palazzo Ducale nach Florenz liefern, um die architektonischen Geheimnisse dieser längst nicht vollendeten, aber schon legendären Residenz in aller Ruhe studieren zu können.

Freund und Feind der späten Tage:
Lorenzo de' Medici in einem Medaillenporträt des Niccolò Fiorentino
(New York, Metropolitan Museum).

Wußte er nicht, mit wem er sich da auf freundlichste Weise austauschte? Die Beziehung zwischen dem Montefeltro und dem Medici, zwei der faszinierendsten Gestalten des *Quattrocento*, ist nicht einfach zu beschreiben. Sie hatten dieselben kulturellen Interessen und standen einander als Intendanten ihres eigenen Glanzes in nichts nach. Sie waren beide Aufsteiger, wenngleich der eine das renommierteste Bankhaus Italiens, der andere ein Vikariat und einen Grafentitel geerbt hatte; beide mußten sie sich in einer äußerst gefährlichen Umwelt behaupten, in der direkte Gewaltanwendung eines der geringeren moralischen Probleme darstellte. Sie lebten, kurz gesagt, in jener Welt, die Machiavelli im ›Fürsten‹ beschreibt. Besonders merkwürdig ist, daß Federico, der 1472 noch im Triumph Einzug in Florenz gehalten hatte, innerhalb weniger Jahre zum erbittertsten Gegner der Stadtrepublik mutiert zu sein scheint. Über die Kontakte zwischen Urbino und Florenz in den sechs Jahren zwischen Volterra-Krieg und Pazzi-Verschwörung ist wenig bekannt. Der Briefwechsel enthält belanglose Freundlichkeiten: es geht um das Kopieren von Büchern; der Montefeltro schickt Turnierpferde nach Florenz; einmal bittet er um eine Vergünstigung für Antonio Pollaiuolo.

Die Antwort auf die Frage nach dem Politikwechsel des Montefeltro liegt wohl am ehesten darin, daß er als Vasall des Papstes nicht anders konnte, als sich das politische Design, das an der Kurie entworfen worden war, zu eigen zu machen und willig zu exekutieren, was man von ihm verlangte. Federico verstand es wohl ebenso wie Lorenzo der Prächtige, Künste und Wissenschaften zur Beruhigung politischer Konflikte einzusetzen – zumindest dann, wenn es den eigenen Interessen dienlich schien. Die *condottieri* agierten in der kalten Welt von Realpolitik und Staatsräson jedenfalls emotionslos, eben professionell. Es machte ihnen nichts aus, die Fahnen zu wechseln. Sie kämpften allein, für sich selbst, um Dukaten, um Städte und Länder. Während die Kunst, die sie bezahlen, von Ruhm, Ehre und Heldentum erzählt, treibt sie – wir sagten es schon – die Furcht: die Angst, alles zu verlieren, im Kerker zu enden oder auf dem Schafott, das Leben durch die Dolche gedungener Mörder zu verlieren.

Goldbrokat und Eisen

Der Papst reagierte unverzüglich auf das Strafgericht, das die Medici über die Männer Roms verhängt hatten. Der ›Tyrann‹ Lorenzo wurde exkommuniziert, um der Freiheit der Florentiner willen: Das alte antipäpstliche *libertas* wurde gegen den Prächtigen geschleudert, die Stadt selbst verfiel dem Interdikt, Freiheit hin oder her. In der Toskana entwickelte sich ein mühsamer Krieg. Federico da Montefeltro führte die Truppen der Allianz zusammen mit Gerolamo Riario. Auch der Sohn seines neapolitanischen Patrons, Alfonso von Kalabrien, scheint sich immer wieder in die Entscheidungen eingemischt zu haben.

Federico selbst war damals körperlich schon lange nicht mehr auf der Höhe. Berruguetes Bild des ›lesenden Herzogs‹, das etwa zu dieser Zeit entstand, ein einzigartiges Emblem von gelassener Macht und der autonomen Würde der Gelehrsamkeit, hat mit der Realität jener Jahre nichts zu tun. Für die damalige Zeit war der Mittfünfziger ohnedies ein alter Mann. Im Dezember 1477 hatte er beim Sturz von einem Balkon in S. Marino schweren Schaden erlitten. Manche redeten von einem Mordanschlag (ob der »allerliebste Bruder« Lorenzo de' Medici die Hände im Spiel hatte?). Jedenfalls hatte er sich die Hüfte verletzt und ein Bein gebrochen, das nicht heilen wollte; der Herzog wird noch Jahre daran laborieren. Auf dem Pferd konnte er sich nur dank eines speziellen Sattels halten. Mailändische Diplomaten beobachteten, daß er vor Schmerz schrie, als man ihn vom Pferd hob.

Das Memorandum der Mailänder, es wurde Anfang Juni 1478 verfaßt, ist eine der bemerkenswertesten Nachrichten, die es über Federico da Montefeltro gibt. Der für Lorenzo den Prächtigen bestimmte Text formuliert das perfekte Kontrastbild zu Berruguetes Gemälde. Die Botschafter beschreiben den Urbinaten darin als alten, kranken Mann, der alles tut, um seine Gebrechen zu verbergen. Der Montefeltro habe viele Anstalten gemacht, so urteilen sie, um sich nur ja bei Kräften zu zeigen, *ha facto multa demonstratione de natura de pur volerse monstrare gagliardo*. Maliziös schildern sie, wie Seine Herrlichkeit höchstselbst den Soldaten ihr Geld auszahlt, sich bei Gelegenheit prahlerisch in einem schönen, von Goldbrokat überzogenen Küraß spreizt und damit angibt, das gute Stück sei ein Geschenk Lorenzo de' Medicis. Das alles, so urteilen die Berichterstatter, sage und tue Federico *ad arte*, mit der Absicht, über seinen wahren Zustand hinwegzutäuschen. Die beiden Diplomaten durchschauen sein virtuoses Spiel. Sie zeigen uns den Herzog für einen Moment ganz ohne Verkleidung: als einen Renommisten, der eine Tragikomödie gibt, der seinen verfallenden Körper unter Goldbrokat und Eisen verstecken muß, so, wie er seine Staatsräson mit Kunst zu verbrämen pflegt. Es sind Verhehlungen, die sich völlig in Federicos Psychogramm fügen. Welches Maß an Selbstbeherrschung und Energie steckte hinter der peinlichen Aufführung! Allerdings: noch war das Spiel nicht zu Ende.

Die Stunde des Montefeltro

Trotz der körperlichen Hinfälligkeit ihres Generalkapitäns erzielten die päpstlichen Truppen nämlich Fortschritte. Ein Ort nach dem anderen fiel. Obwohl Roberto Malatesta, Federicos Schwiegersohn, die Umgebung der Montefeltro-Residenz Gubbio bedrängte – er hatte sich Lorenzo dem Prächtigen als *condottiere* verdingt –, behielt der alte Herzog die Nerven. Am 7. September 1479 überrannten seine Söldner ein befestigtes Lager der Florentiner bei Poggio Imperiale. Der Herzog von Urbino nahm daraufhin Poggibonsi, Certaldo, dann Monte San Savino. Am 13. November fiel die Burg von Colle im Tal der Elsa, nach wochenlangem, mörderischem Artilleriebeschuß. Der Weg nach Florenz schien frei.

Für Lorenzo den Prächtigen standen die Dinge zu diesem Zeitpunkt auf des Messers Schneide. In Mailand hatte sich inzwischen endgültig der neue Machthaber, Lodovico Sforza, den man wegen seiner dunklen Gesichtsfarbe *il Moro* nannte, durchgesetzt. Der ›Mohr‹ wurde von den Aragonesen unterstützt, so daß seine Bündnispolitik vorhersehbar war. Zu allem Übel näherten sich Venedig und der Papst einander an. Der Serenissima war es zudem gelungen, Roberto Malatesta aus der Verbindung mit dem Medici herauszukaufen und ihn so eines seiner fähigsten Heerführer zu berauben.

In dieser dramatischen Lage wurde Federico da Montefeltro für einen Moment zur Schlüsselfigur im italienischen Machtspiel. Anstatt auf Florenz zu marschieren, ließ er seine Truppen die Winterquartiere beziehen; seelenruhig begab er sich in die Bäder von Viterbo, um sich von den Strapazen des Sommerfeldzugs zu erholen und sein noch immer nicht geheiltes Bein zu kurieren.

Vielleicht sollte eine erneute Ehrung, mit der Sixtus seinen Feldherrn damals bedachte, dessen Kriegseifer beflügeln. Ein Gesandter des Papstes überreichte ihm einen ›geweihten Hut‹ und ein Schwert, Insignien, die Streiter für die Sache der Kirche auszeichnen sollten (vermutlich sind sie auf Berruguetes Porträt des lesenden Federico mit seinem Sohn abgebildet). Es nützte nichts; der Herzog blieb in Viterbo und zog sich dann nach Urbino zurück. Ein völliger Sieg des Papstes lag nicht in seinem Interesse. Im Geheimen hatte er längst Verbindung zu Lorenzo dem Prächtigen aufgenommen.

Es scheint, daß Federico da Montefeltro entscheidend an der Vorbereitung der berühmtesten diplomatischen Initiative des Jahrhunderts beteiligt war: an der Reise Lorenzo des Prächtigen nach Neapel, zu der er am 6. Dezember 1479 von Pisa aus aufbrach. Unter den staunenden Augen der italienischen Öffentlichkeit brachte ihn eine aragonesische Galeere an den Hof seines mächtigen Gegners König Ferrante. Der Medici kam allein, als ›einfacher Bürger‹ seiner Stadt. Als Geschenk brachte er, der auch von seinen Feinden bewunderte Impresario der Künste, das große Holzmodell eines Palastes *all'antica* mit, das er durch seinen Architekten Giuliano da Sangallo eigens für Ferrante (der freilich weiterhin im düsteren *Castel nuovo* wohnen blieb) hatte entwerfen lassen. Die Erfolgschancen der Verhandlungen ergaben sich aus den Gesetzen des italienischen Systems: auch Neapel konnte kein Interesse an einem um die halbe Toskana vergrößerten *Patrimonium Petri* haben. In dreimonatigen, schwierigen Verhandlungen gelang es Lorenzo, mit dem Aragonesen einen Friedensvertrag auszuhandeln. Ohne den Montefeltro, das ist so gut wie sicher, wäre es ihm wohl nicht gelungen, die gefährliche Krise zu überwinden. Der Urbinate, der gerade noch beinahe einer von Lorenzos Mördern geworden wäre (und bei Florentiner Banken in der Kreide stand), wird nun zu seinem Retter. Ein Bericht, nach dem Lorenzo der Prächtige 1481 persönlich nach Urbino gereist sei, um dem Herzog zu versichern, er hege keinen Groll mehr gegen ihn, ist durchaus glaubwürdig.

Türkisches Intermezzo

Resultat des ›Pazzi-Krieges‹ war das Wiederaufleben einer traditionellen Konstellation. Neapel, Florenz und Mailand rückten zusammen, dagegen standen der Kirchenstaat und Venedig. Damit ergab sich für Federico da Montefeltro eine schwierige Lage, denn seine wichtigsten Auftraggeber, der Papst und der König von Neapel, standen nun in verschiedenen Lagern. »Der durchlauchteste Herr Federico hat sich noch nie in einem solchen Labyrinth befunden und in solchem Kummer, angesichts des Umstands, daß es nun 32 Jahre sind, daß er immer ein Mann seiner Majestät des Herrn Königs war, und sich mit Seiner Majestät auch verschwägert hat; und sich nun in seinem Alter einer neuen Partei verschreiben und neue Unterstützung suchen muß« – so schilderte Matteo Contugi, ein Notar und Kopist am Hof von Urbino, gegenüber dem Markgrafen von Mantua die Situation. Gelindert wurde Federicos Schmerz durch den Umstand, daß die beiden Rivalen ihn nach wie vor fürstlich bezahlten. Keiner wollte das Risiko eingehen, daß sich der Herzog samt seiner Armee auf die Seite des anderen schlug. Die Summen, um die es ging, waren enorm: die *condotta*, die Federico 1479 mit den beiden Mächten abgeschlossen hatte, sah selbst für Friedenszeiten Überweisungen in Höhe von 50.000 Golddukaten vor; herrschte Krieg, sollten es genau 91.666 Dukaten sein. Doch ist klar, wie wenig die fortgesetzten Bemühungen des Herzogs, den König von Neapel und den Papst zusammenzubringen, mit einer Idee vom ›ewigen Frieden‹ zu tun hatten (der hätte ihn arbeitslos gemacht). Vielmehr war für ihn das doppelte Mandat zweier verbündeter Staaten die wünschenswerte Option, da das Amt eines Generalkapitäns der Liga sich angesichts der inneritalienischen Spannungen in Luft aufgelöst hatte.

Der Montefeltro kassierte dieses Geld nicht ganz ohne Gegenleistung. Im Auftrag des Papstes besetzte er Forlì, als dessen *signore* Pietro Ordelaffi gestorben war. Sixtus übertrug die Stadt mit Zustimmung Venedigs Gerolamo Riario. Den Papst kümmerte wenig, daß zur gleichen Zeit die Türken eine italienische Stadt, Otranto, einnahmen und unter der Bevölkerung ein Blutbad anrichteten. Der Fall von Otranto wurde zwar überall mit Bestürzung registriert, zu einer gemeinsamen Aktion der Staaten Italiens kam es aber nicht. Der Türkenkrieg wurde von der direkt betroffenen Macht, Neapel, geführt; Venedig hatte 1479 mit der Hohen Pforte Frieden geschlossen und war ängstlich bemüht, die Abmachungen nicht zu gefährden. Auch die *Serenissima* hatte die Macht des Sultans erfahren. Türkische Reiterei war während des Krieges bis ins Friaul vorgedrungen; vom Campanile des Markusplatzes aus hatte man den weißen Rauch der brennenden Dörfer sehen können.

Otranto wurde bald darauf durch den Herzog von Kalabrien zurückerobert. Ein Militäringenieur Federico da Montefeltros, Scirro Scirri aus Casteldurante, hatte offenbar großen Anteil an diesem Erfolg. Auf die italienischen Angelegenheiten wirkte sich der Türkenkrieg wenigstens für kurze Zeit günstig aus. Nach Machiavelli soll Lorenzo der Prächtige von einem »unverhofften Vorfall« gesprochen haben, denn der König von Neapel sah sich gezwungen, mit Florenz Frieden zu schließen und seine Truppen aus der Toskana abzuziehen. Und auch Sixtus IV. lenkte ein und arrangierte sich mit dem Medici. Der Friede war nur von kurzer Dauer.

Im Ringen mit einer »ausradierten Null«

Federico da Montefeltro führte damals den Feldherrnstab der päpstlichen Armee schon nicht mehr. Der Papst hatte ihn – wie der Chronist Stefano Infessura mitteilt – Gerolamo Riario übergeben und damit die Konsequenz aus der zweideutigen Haltung des Herzogs im Pazzi-Krieg gezogen; allerdings blieb der Urbinate, wenn auch nicht mehr als Oberbefehlshaber, nach wie vor im Sold auch des Heiligen Stuhles.

Seine *condotta* lief noch bis Anfang Juni 1482. Neapel machte dem Herzog Avancen; der König betonte, seine herzliche Zuneigung, *l'animo nostro bono et lo core*, gelte nicht nur »Seiner Herrlichkeit«, sondern auch dessen Söhnen: eine Anspielung darauf, daß für Urbino die Verbindung zu dem südlichen Königreich auch über den Tod Federicos hinaus von Nutzen bleiben würde. Aber Federico zögerte, sich zu erklären; einmal ließ er Venedig wissen, er sei nicht abgeneigt, mit der *Serenissima* ins Geschäft zu kommen.

Der Verstoß hatte wohl vor allem den Zweck, den Marktwert der Firma Montefeltro & Co. zu steigern, und blieb ohne Resultat. Ebensowenig führten die Versuche, die alten Partner Rom und Neapel wieder zusammenzubringen, zum Erfolg. Auf der anderen Seite versuchte Gerolamo Riario, der nun immer mehr in den Vordergrund der römischen Politik trat, Venedig für eine waghalsige Unternehmung zu gewinnen: einen Angriff auf Ferrara. Der Herzog von Urbino, der sich damals noch als offen für alle Allianzen gab, riet dringend von dem Abenteuer ab, das seine beiden potentiellen Partner in eine dramatische Konfrontation zwingen mußte. Ein Treffen, zu dem Riario Anfang September 1481 nach Urbino gereist war, endete nach dem Zeugnis des Chronisten Sigismondo Conti mit einem Eklat. Federico da Montefeltro führte ihm vor Augen, welche Bedrohung selbst ein geringer Machtzuwachs Venedigs für Italiens Freiheit bedeuten würde; doch zeigte sich der Papstnepote gegenüber allen Argumenten unzugänglich. Da verlor der Montefeltro die Contenance. Er brüllte den Günstling des Papstes an und überhäufte ihn mit schweren Beschimpfungen: Es sei unwürdig, unerträglich, soll der Herzog geschrien haben, daß die Freiheit Italiens von den verwegenen Ratschlägen zweier Grünschnäbel aufs Spiel gesetzt werde; daß sie es seien, die über Königreiche und Herrschaften entschieden: ... *esser cosa indegna e tale da non comportarsi, che la libertà d'Italia venisse compromessa da' temerarii consigli di due giovinastri e che da loro si decidesse sui regni et gli imperii.*

Damit waren die Unterredungen beendet. Riario reiste nach Venedig; im Zusammenspiel mit Roberto Malatesta – Federicos Schwiegersohn war der andere *giovanastro*, über den der Herzog von Urbino in Rage geraten war – gelang es ihm, die Regierung der Markusrepublik vom Sinn eines Krieges gegen Ferrara zu überzeugen. Er stellte dem Rat der Zehn den Gewinn Ferraras in Aussicht; dabei mag er sich selbst als künftigen Statthalter der *Serenissima* und zugleich Lehnsmann des Heiligen Stuhls gesehen haben. Roberto Malatesta erhoffte sich als Lohn die Wiederherstellung wenigstens eines Stückchens der alten, von Federico da Montefeltro einst zerschlagenen Herrschaft um Rimini.

Der Herzog von Urbino versuchte in den folgenden Monaten verzweifelt, den »furchtbaren Nepoten« doch noch aus dem Spiel zu bringen. Der alte Fuchs sandte zwei andere Papstneffen, seinen Schwiegersohn Giovanni della Rovere und dessen Bruder Giuliano, den späteren Papst Julius II. – natürliche Konkurrenten Gerolamo Riarios – nach Rom. Er schrieb an Sixtus und bezichtigte dessen Lieblingsneffen und auch Roberto Malatesta der schlimmsten Missetaten, ohne Rücksicht auf Diplomatie und Etikette. Schließlich verweigerten der Papst und Riario dem Botschafter des Montefeltro, Piero Felici, jede Audienz.

Damals war der Urbinate nicht mehr auf der Höhe seiner diplomatischen Fähigkeiten, zu denen bisher vor allem die Kunst der Verhehlung – *dissimulazione* – gezählt hatte. Der Wutausbruch gegen Riario zeigt einen Mann, der mit seinen Nerven am Ende ist: sein gewohntes politisches Koordinatensystem ist aus den Fugen, die Karten werden neu gemischt. Für den Bestand des Staates von Urbino und das Überleben der Dynastie ist das eine kritische Situation, ein kleiner Fehler kann den Untergang bedeuten. Im März 1482 sind indes die Karten ausgereizt: Federico unterschreibt eine *condotta* mit Neapel, Florenz und Mailand; das Risiko, gegen seinen eigenen Lehnsherrn und zugleich die Macht, die allein seine Herrschaft in Urbino legitimierte, Krieg führen zu müssen, nimmt er in Kauf. Eine Klausel des Vertrages lud zwar den Papst dazu ein, sich dem Bündnis anzuschließen; aber das waren bloße Worte. Die neue Liga gab dem Herzog von Urbino Garantien für den Bestand des Staates, falls er zu Laufzeiten der *condotta* sterben sollte. Außerdem wollte man Federicos zehnjährigem Sohn Guidobaldo mit 15.000 Golddukaten im Jahr unter die Arme greifen, sollte er vorzeitig Waise werden.

Seinen Sarkasmus hat sich der alte Herzog bei allem bewahrt. Gegenüber Vertrauten parodiert er den Mann, der ihn in die Zwickmühle gebracht hat, mit ätzenden Worten: »Ich, der Graf Hieronymo, bin eine ausradierte Null, aber es ist wohl wahr, daß Seine Heiligkeit, der Herr Papst, mich über alles liebt …«

Federicos letzter Krieg

In Rom und am Rialto waren die Würfel für den Krieg gegen Ercole d'Este längst gefallen. Ein durchsichtiger Anlaß – ausstehende Zahlungen für den von Papst Pius verliehenen erblichen Herzogstitel – war rasch gefunden. Der Herzog von Urbino brach Ende April zu seiner Armee auf. Zur Sicherheit hatte er die Besatzungen der Montefeltro-Festungen verstärkt. Wenn Vespasiano da Bisticci die Wahrheit erzählt, unternahm Venedig einen letzten Versuch, den Herzog zu bestechen. Ein Gesandter der Markusrepublik bot ihm 80.000 Dukaten allein dafür, daß er nichts unternehme. »Als dieser den Raum verlassen hatte, meinte einer von den Vornehmen, der Zeuge des Vorganges gewesen war: ›Es ist schon eine schöne Sache, für 80.000 *fiorini* im Jahr zu Hause zu bleiben!‹«, so Bisticcis Bericht. »Der Herzog, wie es Klugen geziemt, antwortete: ›Eine noch schönere Sache ist die Treue und das Handeln nach ihrem Maß. Das gilt mehr als alles Gold der Welt‹.« Was an der Geschichte stimmt, wissen wir nicht. Federicos zwielichtiges Verhalten im Pazzi-Krieg konnte jedenfalls Hoffnungen nähren, daß der *condottiere* es im Ernstfall mit dem Gehorsam gegenüber seinen Auftraggebern nicht immer ganz genau nahm. Aber Federico wußte auch, daß er, hätte er jetzt noch die Fahnen gewechselt, schutzlos den Angriffen der Allianz um Neapel ausgesetzt gewesen wäre. Zudem hätte er sich, wäre er zu Venedig übergangen, mit dem zutiefst verachteten »Grünschnabel« Gerolamo Riario arrangieren müssen.

So nahm der Krieg im Mai 1482 seinen Anfang. Die venezianischen Truppen unter dem Oberbefehl Roberto da Sanseverinos, der sein Handwerk einst bei Federico da Montefeltro gelernt hatte, trugen einen raschen Angriff auf ferraresisches Gebiet vor. Sanseverino soll seinem einstigen Lehrmeister damals als Geschenk einen Käfig geschickt haben, in dem ein Fuchs gefangen war: eine Anspielung auf den alten *volpe*, mit dem es nun die Klingen zu kreuzen galt. Der Herzog habe, darf man der Chronistik glauben, geschmunzelt; er nahm das Geschenk wohl als Kompliment.

Der venezianische *condottiere* zog mit 2.000 Reitern und 4.000 Fußsoldaten bis zum Nordufer des Po und besetzte dort Brückenköpfe. Der Herzog von Urbino legte daraufhin die Hauptmacht seiner Truppen nach Stellata, in ein flußabwärts gelegenes Dorf am südlichen Ufer; gegenüber, bei Ficarolo, ließ er seine Leute ein stark befestigtes Lager beziehen. Von hier aus konnte der Weg nach Ferrara gesperrt werden. Bemühungen der venezianischen Pioniere, eine Schiffsbrücke über den breiten Strom zu legen, scheiterten; es gelang Federicos Leuten, die Pontons in Brand zu schießen. Von Vorteil war die Unterstützung des Markgrafen von Mantua; Federico Gonzaga wußte genau, daß auch sein Staat aufs Höchste bedroht war, wenn Ferrara fiel. Denn der Appetit der großen Fische Venedig und Rom wäre durch den Verzehr des Herzogtums der Este gewiß nicht gestillt gewesen.

Die Kampagne gewann ihren Brennpunkt in harten und sehr verlustreichen Kämpfen um Ficarolo, das Ende Juni fiel – wie Bisticci behauptet, durch Verrat (mit anderen Worten: gewiß nicht durch strategische Fehler Federicos). Weitere Versuche der venezianischen Truppen, den Po zu überqueren, wurden von den Verteidigern vereitelt. Was als Blitzkrieg begonnen hatte, erstarrte nun zu einem mühsamen Ringen in den sumpfigen Uferregionen. Allein nördlich des Po machten die Venezianer Eroberungen: so wurden das kaum verteidigte Rovigo und Teile des Polesine besetzt – des begehrten, weil fruchtbaren Landstrichs zwischen unterer Etsch und Reno.

Mit dem Sommer mischte sich ein lautloser, mörderischer Gegner unter die Kombattanten: die Malaria. Sie ist häufige Begleiterin der Heere jener Epoche, äußert sich in über Stunden anhaltendem Schüttelfrost, schnellem Puls, dann heftigen Fieberanfällen; die Hitze brennt manchmal einen halben Tag lang im Körper, der Durst wird unerträglich. Danach kann sich der Kranke erholen, er schläft, bleibt aber häufig matt und ohne Appetit, bis eine neue Krise kommt. Im 15. Jahrhundert war die Malaria, die bald Organe wie Milz und Leber angreift, oft eine Krankheit zum Tod. Im Ferrara-Krieg müssen ihr Tausende zum Opfer gefallen sein. Sie kroch den Soldaten in die Glieder, verschonte auch die Heerführer nicht. Die Menschen glaubten damals, das Übel komme durch die schlechte Luft – *mal' aria* –, die aus den Sümpfen stieg. Zur Linderung oder Heilung sollten daher trockene und kühle Regionen aufgesucht werden.

Schon im Juni war auch der Montefeltro vom Fieber befallen worden. Er weigerte sich, aus der Poebene fortzuziehen, wollte, wie einer seiner Biographen rühmt, die Soldaten nicht im Stich lassen. Daß er, schon halb tot, noch eine Rede gehalten haben soll, in der er seine Strategie rechtfertigte, dürfte ein von der antiken Historiographie inspirierter literarischer Kunstgriff der Chronisten sein (die ihn – nach dem Vorbild etwa des Livius – häufig Ansprachen an seine Soldaten halten lassen).

Vom Krankenbett aus soll er noch Anordnungen getroffen und dem Kriegsrat präsidiert haben. Noch bis Ende August 1482 diktierte er Briefe, spann an diplomatischen Aktionen. Aber es ging allmählich dem Ende zu. Das Fieber kehrte wieder und wieder zurück. Der Versuch, ihn doch nach Urbino zu schaffen, mußte angesichts des kritischen Zustands, in dem sich Federico jetzt befand, abgebrochen werden. Man trug ihn auf einer Sänfte nach Ferrara, ins finstere Kastell Ercole d'Estes, dessen vier Türme noch heute ihre Schatten über das Herz der Stadt werfen.

Am 21. August erlitt das neapolitanische Heer unter dem Herzog von Kalabrien eine verheerende Niederlage. Die Schlacht in der römischen Campagna, bei einem Ort mit dem düsteren Namen Campomorto, war der glänzendste Sieg, den Roberto Malatesta in seiner Karriere errang. Sixtus IV. hatte sich vor den anrückenden Truppen Neapels bereits in die Engelsburg geflüchtet. Nun konnte er dem Malatesta einen triumphalen Empfang bereiten.

Als der Montefeltro vom Desaster der verbündeten Streitmacht auf dem »Totenfeld« erfuhr, sollen ihm Tränen in die Augen getreten sein. Zur gleichen Zeit scheiterte der Versuch, eine neue Front zu eröffnen. Florentinische Truppen unter Costanzo Sforza hatten Forlì, den wichtigsten Besitz Gerolamo Riarios, attackiert und waren unter schweren Verlusten zurückgeschlagen worden. So schien die Welt Urbinos im Zusammenbruch, während der Herzog auf seinem Lager im *Castello Estense* in Fieberphantasien versank.

Federico da Montefeltro starb am 10. Dezember 1482, an einem Dienstag, um die 16. Stunde. An seinem Totenbett fand sich auch seine Stiefschwester Violante ein, die nach dem Tod Alessandro Sforzas in das Corpus-Domini-Kloster Ferraras eingetreten war. Ob sie ihm nun, in den letzten Stunden, den Mord an Oddantonio verzieh?

Tatsächlich hat der Tod des Montefeltro etwas vom Ende einer dramatischen Erzählung. Das verdankt sich einer in elegischen Tönen schwelgenden Chronistik. Um die Sonne soll sich ein blauer Ring, ein *Halo*, geformt haben; Santi berichtet von geheimnisvollen, schattenhaften Wesen im Garten des Herzogspalastes. Nein, ein gewöhnlicher Sterblicher war da nicht ins Elysium entschwebt; zu denken gab außerdem, daß am selben Tag, nur einige Stunden zuvor, auch Roberto Malatesta das Zeitliche gesegnet hatte: Elisabetta da Montefeltro verlor so Vater und Ehemann zugleich.

In den Berichten von den letzten Lebensmonaten und vom Sterben des Herzogs schimmern die uralten Strukturen der mythischen Erzählung durch (mit der Wirklichkeit dieses Todes haben sie nichts zu tun). Die Texte erzählen von der letzten Katharsis, die jeder sterbende Heros erfahren muß. Er hat die Taten des Herkules verrichtet, hat gearbeitet und gekämpft; noch kurz bevor der Schlußvorhang fällt, erscheint er als Retter. Bis zuletzt ist er ein ›selbstloser‹ Streiter, ein Märtyrer, der sich für den Erhalt von Stadt und Staat opfert; für die Freiheit Passion und Tod erduldet. Solange der Held lebt, zwingt er die Dinge mit äußerster Anstrengung ins Lot.

Die Mythographen zeigen ihren künstlichen Federico während seines letzten Krieges in verzweifelter Lage, aber doch unbesiegt und ungebrochen. Nachdem er von der Niederlage des Herzogs von Kalabrien erfahren hat, sagt er nach ihrem Bericht kein einziges Wort. Er redet nicht mehr, bis der Tod kommt: das Schweigen am Ende der dramatischen Aufführung macht jedenfalls Effekt. Es fehlt nur, daß die Chronisten Federicos Leiche aufs Pferd binden wie die Verteidiger von Valencia den toten Cid. Der furchtgebietende Held lebt in seiner Reliquie weiter wie ein Heiliger.

Auch die Malaria, die den *condottiere* dahinrafft, hat mythologische Parallelen. Ihr Muster ist das mit dem Blut des Nessus gefärbte und vom Blut der Hydra durchtränkte Gewand des Herkules. Es beschert dem Heros eine letzte schmerzhafte Reinigung, bevor er in den Olymp auffahren darf. Die Gesetze des Mythos bereiten den großen Rettern der Geschichte, von Christus bis zu Wilhelm Tell, von Marcus Curtius bis zum Cid, ganz ähnliche Schicksale. Das letzte Leiden erinnert daran, daß der Archetypus des Helden das Opferlamm ist. So wird selbst Federico da Montefeltro, kein Held, aber doch ein mutiger Troupier und ein Staatsmann von brillanter Intelligenz, am Schluß zum Märtyrer: Die Erzählungen über seinen Tod belegen die merkwürdige Macht, die sich die mythische Denkfigur über die Jahrtausende bewahrt hat.

EPILOG

Eine schöne Leiche

Der Leichnam des *condottiere* wurde nach Urbino gebracht und in der alten Grablege der Montefeltro, der Kirche S. Donato, bestattet. Später hat man den Toten nach S. Bernardino überführt, in eine kleine Kirche außerhalb von Urbino, deren Auftraggeber Ottaviano Ubaldini della Carda war. Entworfen hat den schönen Bau Francesco di Giorgio aus Siena, den seinerzeit noch Federico selbst als Palastbaumeister nach Urbino berufen hatte. Piero della Francescas Altarbild, das vielleicht schon auf die Architektur S. Bernardinos berechnet war, repräsentierte den verwesenden Toten in seiner Gruft; zugleich gewährten ihm Beter aus Fleisch und Blut ewige Präsenz, ließen an seine unsterbliche Seele denken. Bei einer Rekognoszierung, die 1517 veranlaßt und ausführlich protokolliert wurde, sah man Federicos Leiche noch ganz unversehrt. Bernardino Baldi berichtet, der Tote habe einem Holzbildnis geglichen.

Mit dieser Bemerkung rückt Baldi seinen Helden in die Nähe der Heiligkeit und liefert dem Mythos den passenden Epilog. Bekanntlich bleiben die Leiber Heiliger unversehrt, und sie verströmen ambrosische Düfte. Daß Federico als Held lebte und als Märtyrer starb, erfährt durch die Beschaffenheit seiner Reliquie, einer ›schönen Leiche‹, höhere Bestätigung. Tatsächlich verdankte der tote *condottiere* seine Mumien-Existenz dem Umstand, daß man seinen Körper gleich nach dem Tod einbalsamiert hatte. Es war Hochsommer, und erst Wochen später wird man die Leiche mit allem Pomp zur letzten Ruhe betten. Ein Foto, das bei einer Graböffnung im vorigen Jahrhundert angefertigt wurde, zeigt nichts als Schutt und ein paar Knochen.

Guidantonio da Montefeltro, sein Großvater, aber auch viele andere Fürsten, Könige und Kaiser hatten wenigstens im Sterben *understatement* betrieben. Ihr letztes Gewand ist häufig die Mönchskutte oder ein schlichtes Totenhemd; demütig wollten sie vor ihren Schöpfer treten. Anders der Herzog von Urbino. Wie sein alter Rivale Sigismondo Malatesta, der sich gestiefelt, gespornt und ebenfalls von Brokat umschimmert auf seine letzte Reise gemacht hatte, begibt sich Federico prächtig ausstaffiert in die Ewigkeit. Man fand ihn bei der Graböffnung von 1517 noch angetan mit roten Gewändern; er hatte das Schwert an der Seite und trug, wie auf Piero della Francesca Diptychon, ein rotes Barett auf dem Kopf. So zeigt er sich als Herr der Legitimität, als erhabener Fürst Urbinos noch im Tod – als ließe selbst Gott sich täuschen.

Das Licht Italiens

In der Vorrede zu seinem *Cortegiano* von 1528 nennt Baldassar Castiglione den Mann, dessen Reste in S. Bernardino liegen, das »Licht Italiens«. Er erinnert an die Klugheit und Gerechtigkeit des Feldherren, an seinen Mut, seine *umanità*, seine Freigebigkeit. Der Inschrift im Hof des Herzogspalastes hatte Castiglione Glauben geschenkt: Federico da Montefeltro, so teilt er seinen staunenden Lesern mit, habe niemals eine Schlacht verloren und gewaltige Heere in den Staub geworfen.

Die Eloge auf den Herzog hatte damals einen nostalgischen Beigeschmack. Nur ein Jahr, bevor Castigliones *Cortegiano* erschien, hatten die Landsknechte Georgs von Frundsberg Roms Mauern überrannt und die Ewige Stadt geplündert. Der *sacco di Roma* erschien vielen als göttliches Strafgericht über die ›Hure Babylon‹, als Zeichen für das Ende einer großen Kulturepoche. In der Tat hatten sich seit den Tagen Federico da Montefeltros die politischen Verhältnisse des Landes grundlegend gewandelt, nicht zum Vorteil, wie es den Zeitgenossen schien.

Das System von Lodi war 1494 endgültig zerbrochen, als eine Armee Karls VIII. von Frankreich in Italien einmarschierte, um den Ansprüchen Anjous auf den neapolitanischen Thron Geltung zu verschaffen. Den schweren Panzerreitern, den Schweizer Reisläufern und der beweglichen Feldartillerie der Franzosen hatten die *condottieri* Italiens nicht viel entgegenzusetzen. Der König drang bis nach Süditalien vor, ohne auf nennenswerte Gegenwehr zu stoßen. Zwar blieb das Unternehmen Karls Episode, da Epidemien sein Heer schwächten und sich bald eine große internationale Koalition gegen den König formierte. Epoche machte der Italienzug des Franzosen aber insofern, als er am Beginn einer langen Phase der italienischen Geschichte steht: die Halbinsel ist von nun an mit nur wenigen Unterbrechungen Kampfplatz fremder Heere, ein Ziel unendlicher Begehrlichkeiten. Viele Städte sind ja wirtschaftliche Zentren ersten Ranges, die Lombardei erscheint wie noch heute als eine ökonomische Kernregion des Kontinents; in Rom inszenieren die Päpste die wiedergewonnene Stellung mit allem Prunk der Welt. Sie vergeben mit der Kaiserkrone ein Zeichen herrscherlicher Legitimität, dessen politischer Nutzen nur von seinem ideellen Wert übertroffen wird. Kurz: es gibt viele Gründe, sich – zum Nachteil der Italiener – um Italien zu kümmern. Die Könige von Spanien und Frankreich, die Habsburger, die Valois und Bourbonen, die deutschen Kaiser und Könige – sie alle sehen die Halbinsel in ihren Interessensphären. Die Einheit Italiens, eines italienischen Italiens, bleibt Utopie.

Federico von Urbino war weit davon entfernt, diese Utopie verwirklichen zu wollen. Sein Leben lang kämpfte er mit all seinem politischen Scharfsinn und seiner strategischen Intelligenz dagegen, daß sie realisiert wurde: er wollte kein einiges Italien, kein römisches oder mailändisches, und ein venezianisches schon gar nicht. Aus ökonomischen und politischen Gründen brauchte er jenes poröse Gebilde, in dem sein kleines Herzogtum einen Platz bewahren konnte. Er war, sieht man von dem Moment im Herbst 1479 ab, niemals die entscheidende Figur der italienischen Politik, allenfalls eine Art Unterteufel, der sich da und dort zu schaffen machte und auf diese Weise ordentliches Geld in seine Kassen häufen konnte. Mal streute er ein Sandkorn ins Getriebe der Politik, mal gab er einen Tropfen Öl dazu, er hat das eine oder andere Scharmützel für sich entschieden, einige Orte belagert und eingenommen; eine bedeutende, wirklich entscheidende Schlacht hat er niemals gewonnen. Seine Kunst bestand vielmehr darin, die großen Treffen nach Möglichkeit zu vermeiden, was gewiß nichts Geringes ist.

So blieb sein Tod für das italienische System, anders, als manche Geschichtsschreibung behauptet, ohne wesentliche Folgen. Das Mobile tarierte sich von selbst aus: als Venedigs Erfolge im Polesine die Macht der Serenissima über Gebühr anwachsen ließen, wechselte Sixtus IV. die Seiten, die *Serenissima* sah sich in die Schranken gewiesen. Die Markusrepublik konnte mit dem Frieden von Bagnolo, der 1484 den Ferrara-Krieg beendete, zwar ihre Grenzen bis zur Po-Mündung vorschieben, doch blieb Ferrara als Staat erhalten. Die Gefahr venezianischer Hegemonie erwies sich als ein flüchtiges Phantom.

Im selben Jahr starb Sixtus IV. Der Historiker Francesco Guicciardini urteilt: »Er war ein äußerst fähiger Mann, dabei ruhelos und so sehr ein Feind des Friedens, daß Italien zu seiner Zeit sich immer im Krieg befand.« Dann zitiert er die spöttischen Römer, die dem Anlaß ein bissiges Distychon gewidmet hatten: *Nulla vis saevum potuit extinguere*

Xystum / Audito tantum nomine pacis obit – »Keine Macht vermochte den wilden Sixtus zu töten / als bloß das Wort ›Frieden‹ er hört‹, schied er dahin«.

Italien und Urbino sind nun einige ruhigere Jahre beschert. Es gelingt Ottaviano Ubaldini della Carda, dem Bruder, vertrauten Berater und Freund Federico da Montefeltros, einen reibungslosen Herrscherwechsel zu organisieren. Für den kleinen, beim Tod des Herzogs erst zehnjährigen Guidobaldo, der auf Berruguetes Bild bereits das Szepter halten darf, übernimmt er die Regentschaft. Als Ottaviano 1498 stirbt, sitzt Guidobaldo fest im Sattel. Doch bleibt seine Ehe mit einer Gonzaga-Prinzessin kinderlos. Er adoptiert deshalb seinen Neffen Francesco Maria della Rovere, den Herrn von Senigallia und Nepoten Sixtus' IV. 1508, bei Guidobaldos frühem Tod, fällt ihm Urbino zu; bis zum Aussterben dieses Zweigs der della Rovere, 1631, wird das Herzogtum mit einer kurzen Unterbrechung in den Händen der Sippe verbleiben.

Federico da Montefeltro hätte sich im Grab umgedreht, wäre Kunde vom postumen Triumph seines alten Feindes zu ihm gelangt. Allein die Nachricht, daß der Alptraum seiner späten Jahre, Gerolamo Riario, 1488 in Forlì im Verlauf eines Aufstands ermordet worden war, hätte ihn wohl getröstet.

Die Kunst des Archivars

Der Staat der Montefeltro ist längst verschwunden. Geblieben sind Reste einer irisierenden Hülle, einer schönen Verpackung: die Bilder Pieros, Uccellos, Berruguetes; die von Gold glänzenden und in allen Farben leuchtenden Bücherwunder der urbinatischen Bibliothek; die intarsierten Szenerien der *studioli*; vor allem aber der Herzogspalast in Urbino. Es sind Dinge, die Wirklichkeit umhüllen und verbergen, eine historische Realität verschleiern, deren Horizonte durch die kritischste Interpretation nicht mehr wiederzugewinnen sind. Anders gesagt: Ihre Wirklichkeit ist die Realität der Phantasmagorie, hier die Vorspiegelung einer selbstvergessenen humanistischen Kultur, die sich hoch über die Schlachtfelder, über die verbrannten Ebenen der Romagna und die Sümpfe des Podeltas erhebt.

Es mag ein wenig ernüchternd sein, zu begreifen, daß der Innenhof des Palazzo Ducale von Urbino, vielleicht eines der schönsten Architekturgebilde aller Zeiten, der unverschämten Propaganda eines Kriegsunternehmens Werbefläche bietet; daß die Entstehung der urbinatischen Hofkultur eine Voraussetzung in der Absicht eines ebenso reichen wie eitlen Emporkömmlings zweifelhaften Leumunds hat, Mit- und Nachwelt zu täuschen. Man muß aber auch zugeben: Wir wissen einfach zu wenig über die Details, als daß sich die »Erklärung« der Kunst Urbinos in solchen Hinweisen erschöpfte. Welche Rolle spielt zum Beispiel der hochgebildete und, wie es scheint, integre Ottaviano Ubaldini in der ›Kulturpolitik‹ des urbinatischen Hofes? Er war in Urbino viel präsenter als sein kriegerischer Bruder, und er wird in den spärlichen Quellen mehr als einmal als Auftraggeber greifbar. Welches Gewicht haben ›machiavellistische‹ Staatsräson, die den schönen Schein wahren will, Religiosität, schlichte Freude an der Kunst, Kennerschaft und gelehrtes Interesse? Wie groß waren die Spielräume, die den Gelehrten und Künstlern gewährt wurden, und wie gestaltete sich die Zusammenarbeit unter ihnen?

So interessant und für das Verständnis des faszinierenden Gebildes Urbino die Kenntnis solcher Details wäre, so gerne wir um die Einzelheiten der gewaltigen Kapitaltransfers wüßten, die das Weltwunder in den Bergen des Montefeltro ermöglichten – es ist doch so, daß die ungebrochene Faszination, die von der urbinatischen Kultur ausgeht, ihren Grund zu einem guten Teil in den Rätseln hat, von denen sie umgeben ist. Das Schweigen der Dinge, nicht ihre Redseligkeit macht sie zu Kristallisationskernen des Mythos: Es nährt dieselbe angenehme »Sehnsucht nach etwas nicht Definierbarem«, die den melancholischen Engländer Sir Andrew Marbot beim Blick auf das Hügelpanorama um Urbino heimsuchte.

Daß die Schriftquellen nicht reichlicher fließen, ist – wir hörten es bereits – einem Florentiner Archivar des 19. Jahrhunderts zu verdanken. Um Platz zu schaffen, ließ er zentnerweise Aktenkonvolute aus Urbino vernichten. Damit brachte er die oft so geschwätzigen Freunde des Historikers zum Verstummen. Ihre Argumente wurden gnadenlos erstickt und zermalmt, ihre Kommentare verschwanden im Nichts. Belege für Zahlungen an Piero della Francesca – zerfetzt. Hinweise auf Baudaten, auf Honorare für Francesco di Giorgio oder Luciano Laurana – für immer verloren. Beweise für oder gegen Federico und seine Crew – vernichtet. Man kann den Mann mit der Hakennase zum Friedensfürsten machen, zum Brudermörder, zum Tyrannen oder zum ›Vater des Vaterlandes‹: ein entschiedenes Veto ist kaum zu befürchten. Die Reihe der Zeugen ist wesentlich dezimiert.

Dem Quellenmörder waren natürlich Zorn und Verachtung der Antiquare gewiß. Aber hat er nicht unbezweifelbare Verdienste um den Mythos des Montefeltro und seiner Kultur ? Durch seine Aufräumarbeit bereicherte der gute Mann schließlich die Fülle des Undefinierbaren im Sinne Marbots beträchtlich. Indem er mit den Dokumenten Geschichte zum Verschwinden brachte, öffnete er der Phantasie weite Räume. Der namenlose Archivar ist einer der Konstrukteure von Urbinos Geheimnis. Durch seine beherzte Vernichtungstat versanken erdennahe Gründe der urbinatischen Kultur in den Papiermühlen; damit entschwebten Federico und seine Kunst noch ein Stück weiter zum Himmel, dem Urbino, glauben wir August von Platen, ohnedies näher ist als andere Orte.

Herzog Guidobaldo da Montefeltro, Sohn und Nachfolger Federicos, stirbt mit 36 Jahren kinderlos. 1508 geht Urbino für mehr als ein Jahrhundert in den Besitz der Familie della Rovere über (Relief im Palazzo Ducale von Urbino).

AUSWAHLBIBLIOGRAPHIE

I. Quellen

Leon Battista Alberti, L'architettura (De re aedificatoria), hg. v. Giovanni Orlandi, 2 Bde., Mailand 1966 (dt. v. Max Theuer, Wien/Leipzig 1912, Nachdruck 1972).

–, De statua, De pictura, Elementa picturae – Das Standbild, die Malkunst, Elemente der Malerei, hg. v. Oskar Bätschmann u. Christoph Schäublin, Darmstadt 2000.

Vespasiano da Bisticci, Le Vite, hg. v. Aulo Greco, 2 Bde., Firenze 1970 (dt. v. Bernd Roeck, München 1995).

Baldesar Castiglione, Das Buch vom Hofmann, übersetzt und erläutert v. Fritz Baumgart, München 1986.

Sigismondo dei Conti da Foligno, Le storie de' suoi tempi dal 1475 al 1510, 2 Bde., Roma 1883.

[Federico da Montefeltro], Patente a Luciano Laurana, hg. v. Arnaldo Bruschi und Domenico De Robertis, in: Arnaldo Bruschi u.a. (Hg.), Scritti rinascimentali di architettura, Mailand 1978, S. 1–22.

Federico da Montefeltro. Lettere di stato e d'arte, hg. v. Paolo Alatri, Roma 1949.

Francesco Filelfo, Commentari della vita e delle imprese di Federico da Montefeltro, hg. v. Giovanni Zannoni, Tolentino 1901.

Francesco di Giorgio Martini, Trattati di architettura, ingegneria e arte militare, hg. v. Corrado Maltese u. Livia Maltese Degrassi, 2 Bde., Mailand 1967.

Cronaca di Ser Guerriero da Gubbio dall'anno MCCCL all'anno MCCCCLXXII, hg. v. Giuseppe Mazzatinti (RIS 21,4), Città di Castello 1902.

Niccolò Machiavelli, Der Fürst. Aus dem Italienischen übertragen von Ernst Merian Genast, mit einer Einleitung von Hans Freyer, Stuttgart 1986.

Ordini et Officij de Casa de lo Illustrissimo Signor Duca di Urbino, hg. v. Giuseppe Ermini, Urbino 1932.

Pierangelo Paltroni, Commentari della vita et gesti dell'illustrissimo Federico Duca d'Urbino, hg. v. Walter Tommasoli, Urbino 1966.

Piero della Francesca, De prospectiva pingendi, hg. v. G. Nicco-Fasola, Firenze 1984.

Pius II. (Enea Silvio Piccolomini), Commentarii rerum memorabilium que temporibus suis contigerunt, hg. v. Adrian van Heck, 2 Bde., Città del Vaticano 1984.

Giovangerolamo de' Rossi, Vita di Federico di Montefeltro, hg. v. Vanni Bramanti, Firenze 1995.

Fert Sangiorgi (Hg.), Documenti urbinati. Inventari del Palazzo Ducale (1582–1631), Urbino 1976.

Giovanni Santi, La vita e le gesta di Federico da Montefeltro, duca d'Urbino. Poema in terza rima (Codice Vat. Ottob. Lat 1305), hg. v. Luigi Michelini Tocci, 2 Bde., Città del Vaticano 1985.

G. Soranzo (Hg.), Cronaca di Anonimo Veronese 1446–1488 (Reale Deputazione veneta di storia patria III: Cronache e diarii, Bd. IV), Venezia 1915/ parte inedita: Verona 1955.

Giorgio, Vasari, Le Vite (Opere, II, hg. v. Gaetano Milanesi), Firenze 1906, Nachdruck 1981 (dt. Neuausgabe v. Alessandro Nova, Berlin 2004ff).

II. Federico da Montefeltro

Bernardino Baldi, Della vita e dei fatti di Federigo di Montefeltro duca d'Urbino, 3 Bde., Roma 1824.

Giorgio Cerboni Baiardi, Giorgio Chittolini, Piero Floriani (Hg.), Federico da Montefeltro. Lo stato – le arti – la cultura, 3 Bde., Roma 1986.

Maria Grazia Ciardi Duprè dal Poggetto, Paolo Dal Poggetto (Hg.), Urbino e le Marche prima e dopo Raffaello, Ausstellungskatalog, Firenze 1983.

Cecil H.Clough, The Duchy of Urbino in the Renaissance, London 1981.

James Dennistoun, Memoirs of the Dukes of Urbino, Illustrating the Arms, Arts, and Literature of Italy, from 1440 to 1630, 3 Bde., London 1851.

Gino Franceschini, I Malatesta, Varese 1973.

–, I Montefeltro, Varese 1987.

–, Saggi di storia montefeltresca e urbinate, Selci Umbro 1951.

Ser Guerriero da Gubbio, Cronaca, hg. v. Giuseppe Mazzatinti, (R.I.S. 21,4), Città di Castello 1902.

Jan Lauts, Irmlind Luise Herzner, Federico da Montefeltro, Herzog von Urbino. Kriegsherr, Friedensfürst und Förderer der Künste, München 2001.

Gerolamo Muzio, Storia de' fatti di Federico da Montefeltro, duca d'Urbino, Venezia 1605.

Walter Tommasoli, La Vita di Federico da Montefeltro, 1422/1482, Urbino 1978.

III. Die Nase Italiens

Eugenio Battisti, Piero della Francesca, 2 Bde., Milano 1971.

Carlo Bertelli, Piero della Francesca. Leben und Werk des Meisters der Frührenaissance, Köln 1992.

Andreas Beyer, Das Porträt in der Malerei, München 2002.

Claudia Brink, Arte und Marte. Kriegskunst und Kunstliebe im Herrscherbild des 15. und 16. Jahrhunderts in Italien, München/Berlin 2000.

Jacob Burckhardt, Die Cultur der Renaissance in Italien. Ein Versuch (zuerst 1860), hg. v. Werner Kaegi, Basel 1930.

Christiane J. Hessler, Piero della Francescas Panorama, in: Zeitschrift für Kunstgeschichte 55 (1992), S.161–179.

Johan Huizinga, Herbst des Mittelalters, hg. v. Kurt Köster, Stuttgart 1969.

Marilyn Aronberg Lavin, Piero della Francesca, London/New York 2002.

IV. Graf von Urbino/Adler, Schlüssel und Tiara

Luciano Ceccarelli, ›Non mai‹. Le ›imprese‹ araldiche dei Duchi d'Urbino, gesta e vicende familiari tratte dalla corrispondenza privata, hg. v. Giovanni Murano, Urbino 2002.

Gino Franceschini, La prima giovinezza di Federico da Montefeltro ed una sua lettera ingiuriosa contro Sigismondo Pandolfo Malatesta, in: Atti e Memoria della Deputazione die Storia Patria per le Marche, S.IX/XI (1956), S.46–49.

–, Notizie e documenti inediti su Oddantonio da Montefeltro primo duca d'Urbino (20 febbraio-22 luglio 1444), in: ders., Saggi di storia montefeltresca e urbinate, Selci Umbro o.J., S.212–233.

Hessler, (s.o., III).

Gregor Müller, Mensch und Bildung im italienischen Renaissance-Humanismus. Vittorino da Feltre und die humanistischen Erziehungs-Denker, Baden-Baden 1984.

Peter Partner, The Papal State under Martin V. The administration and government of the temporal power in the early fifteenth century, London 1958.
Giovanni Scatena, Oddantonio da Montefeltro. 1° Duca di Urbino, Roma 1989.

V. Kunst, Staat und Kriegshandwerk

Peter Blastenbrei, Die Sforza und ihr Heer. Studien zur Struktur-, Wirtschafts- und Sozialgeschichte des Söldnerwesens in der italienischen Frührenaissance, Heidelberg 1987.
David S. Chambers, Cecil H. Clough, Michael E. Mallett (Hg.), War, Culture and Society in Renaissance Venice. Essays in Honour of John Hale, London 1993.
Cecil H. Clough, Towards an Economic History of the State of Urbino at the Time of Federigo da Montefeltro an his Son, Guidobaldo, in: ds., Duchy (s.o., II).
Michael E. Mallett, Mercenaries and Their Masters, London 1974.
Piero Pieri, Il Rinascimento e la crisi militare italiana, Torino 1952.
Sergio Pretelli, L'agricoltura di città, terre e castelli nello stato feltresco secondo gli statuti, in: Cerboni Baiardi/Chittolini/Floriani (s.o., II), Lo stato, S. 103–119.
Bernd Roeck, Krieg, Geld und Kunst. Federico da Montefeltro als Auftraggeber, in: Wilfried Feldenkirchen, Frauke Schönert-Röhlk, Günther Schulz (Hg.), Wirtschaft, Gesellschaft, Unternehmen. Festschrift für Hans Pohl zum 60. Geburtstag, 2. Teilband, Stuttgart 1995, S. 695–711.
L. J. Andrew Villalan, Donald J. Kagay, (Hg.), Crusaders, Condottieri and Canon. Medieval Warfare in Societies around the Mediterranean, Leiden/Boston 2003.
Gianni Volpe, Francesco di Giorgio. Architetture nel ducato di Urbino, Milano 1991.

VI. Machtspiele

zu *Ein Bild als Mordanklage:* dieses Kapitel skizziert eine Neuinterpretation der »Geißelung«, die Bernd Roeck vorgenommen hat. Die Ergebnisse werden – in Buchform – unter dem Titel »Piero della Francesca: ›Geißelung‹. Ein Gemälde der Renaissance als Mordanklage« [Wien 2005] publiziert werden).

Cecil H. Clough, Federico da Montefeltro and the Kings of Naples: a study in fifteenth-century survival, in: Renaissance Studies 6, 2 (1992), S. 113–163.
Gino Franceschini, Violante Montefeltro Malatesti signora di Cesena, in: Studi Romagnoli 1 (1950), S. 133–190.
Charles Hope, The Early History of the Tempio Malatestiano, in: Journal of the Warburg and Courtauld Institutes 55 (1992), S. 51–154.
Gino Luzzato, I banchieri ebrei in Urbino nell' età ducale, Padova 1903.

VII. Ein ›Städtchen‹ am Metauro

Bernardino Baldi, Memorie concernenti la città di Urbino [1590], Roma 1724.
Brink (s.o., III).
Leonardo Benevolo, Paolo Boninsegna, Urbino, Roma/Bari 1986.
Ciardi Dupré dal Poggetto (s.o., II).
Bernhard Degenhart, Michele di Giovanni di Bartolo: Disegni dall'antico e il camino ›della Iole‹, in: Bolletino d'arte 35 (1950), S. 208–215.

Francesco Paolo Fiore, Siena ed Urbino, in: ds. (Hg.), Storia dell'architettura italiana. Il Quattrocento, Milano 1998, S. 272–313.

Walter Fontana, Affreschi di Paolo Uccello nel Palazzo Ducale di Urbino, in: Cerboni Baiardi/Chittolini/Floriani (s.o., 11), Le arti, S. 131–150.

Roland Günter, Stadt-Kultur und frühe Hof-Kultur in der Renaissance. Federico Montefeltro von Urbino, Luciano Laurana, Francesco di Giorgio Martini. Zusammenhänge zwischen Politik und Ästhetik, Essen 2003.

Janez Höfler, Maso di Bartolomeo e la sua cerchia a Urbino, in: G. Morolli (Hg.), Michelozzo scultore e architetto (1936–1472), Firenze 1998, S. 249–255.

Werner Lutz, Luciano Laurana und der Herzogspalast von Urbino, Weimar 1995.

Stanislaus von Moos, Turm und Bollwerk. Beiträge zu einer politischen Ikonographie der italienischen Renaissancearchitektur, Zürich 1974.

Maria Giannatiempo López (Hg.), Urbino Palazzo Ducale. Testimonianze inedite della vita di corte, Ausstellungskatalog Urbino, Milano 1997.

Gianni Volpe, Rocche e fortificazioni del ducato di Urbino (1444–1502), Fossombrone 1982.

VIII. Montefeltro gegen Malatesta

Cecil H. Clough, Daughters and Wives of the Montefeltro: outstanding bluestockings of the Quattrocento, in: Renaissance Studies 10, 1 (1996), S. 31–55.

Angela Donatis, Il potere, le arti, la guerra. Lo splendore dei Malatesta, Ausstellungskatalog, Milano 2001.

Franco Gaeta, La ›leggenda‹ di Sigismondo, in: P. J. Jones u. a., Studi Malatestiani, Roma 1978.

Philipp J. Jones, The Malatesta of Rimini and the Papal State. A Political History, Cambridge 1974.

–, The End of the Malatesta Rule in Rimini, in: E. F. Jacob (Hg.), Italian Renaissance Studies, London 1960, S. 240–244.

Pier Giorgio Pasini, Piero e i Malatesti. L'attività di Piero della Francesca per le corti romagnole, Valconca 1992.

Maria Grazia Pernis, Laurie Schneider Adams, Federico da Montefeltro and Sigismondo Malatesta. The Eagle and the Elephant, New York u. a. 1996.

Giacomo Bandino Zenobi, Tra famiglia e ›famiglia‹: i bastardi delle case signorili di area marchigiana, in: Cesare Mozzarelli (Hg.), ›Famiglia‹ del principe e famiglia arisocratica, Roma 1988, S. 415–435.

IX. Herr über die Künste/Ein Palast in Form einer Stadt

Hartmut Biermann, Die Talfassade des Palazzo Ducale in Urbino. Versuch einer inhaltlichen Deutung, in: Kunstgeschichtliche Gesellschaft zu Berlin. Sitzungsberichte, N. F. 31 (1982/83), S. 10–11.

–, War Leon Battista Alberti je in Urbino?, in: Zeitschrift für Kunstgeschichte 65 (2002), S. 493–521.

Charles Burroughs, The Italian Renaissance Palace Façade. Structures of authority, surfaces of sense, Cambridge 2002.

Castiglione (s.o., 1).

Luciano Cheles, The Studiolo of Urbino. An Iconographic Investigation, Wiesbaden 1986.

Claudia Cieri Via, Ipotesi di un percorso funzionale e simbolico nel Palazzo Ducale di Urbino attraverso le immagini, in: Cerboni Baiardi/Chittolini/Floriani (s.o., 11), Le arti, S. 47–64.

Cecil H. Clough, Art as Power in the Decoration of the Study of an Italian Renaissance Prince: The Case of Federico da Montefeltro, in: artibus et historiae 31 (1995), S. 19–50.
–, Federico da Montefeltro's Artistic Patronage, in: Clough, Duchy (s.o., II).
Peter Fidler, Loggia mit Aussicht – Prolegomena zu einer Typologie, in: Wiener Jahrbuch für Kunstgeschichte XL (1987), S. 83–101.
Francesco Paolo Fiore, Manfredo Tafuri (Hg.), Francesco di Giorgio architetto, Ausstellungskatalog, Milano 1993.
Hannelore Glasser, Artists' Contracts of the Early Renaissance, 2. Aufl., New York/London 1977.
Ludwig Heinrich Heydenreich, Federico da Montefeltro as a Building Patron. Some remarks on the Ducal Palace of Urbino, in: Studies in Renaissance and Baroque Art presented to Anthony Blunt on his 60th Birthday, New York/London 1967, S. 1–6.
Kerstin Kühnast, Studien zum Studiolo in Urbino, Köln 1987.
Lauts/Herzner (s.o., II).
Wolfgang Liebenwein, Studiolo. Die Entstehung eines Raumtyps und seine Entwicklung bis um 1600, Berlin 1977.
Maria Luisa Polichetti (Hg.), Il Palazzo di Federico da Montefeltro. Restauri e ricerche, Ausstellungskatalog, 2 Bde., Urbino 1985.
Pasquale Rotondi, Il Palazzo ducale di Urbino, 2 Bde., Urbino 1950/51 (engl. Ausgabe rezensiert von Howard Saalman, in: The Burlington Magazine 113 [1971], S. 46–51).
–, Francesco di Giorgio nel Palazzo Ducale di Urbino, Novilara 1970.
Andreas Tönnesmann, Le palais ducal d'Urbino. Humanisme et réalité sociale, in: Jean Guillaume (Hg.), Architecture et vie sociale. L'organisation intérieure des grandes demeures à la fin du Moyen Age et à la Renaissance, Paris 1994, S. 137–153.
–, Il Palazzo Ducale di Urbino: economia e committenza, in: Arnold Esch, Christoph Luitpold Frommel (Hg.), Arte, committenza ed economia a Roma e nelle corti del Rinascimento, Torino 1995, S. 399–413.
–, Renaissancebibliotheken. Zur Lesbarkeit von Architektur, in: Sylvia Claus u.a. (Hg.), Architektur weiter denken. Werner Oechslin zum 60. Geburtstag, Zürich 2004, S. 23–39.
Carroll William Westfall, Chivalric Declaration. The Palazzo Ducale in Urbino as a political statement, in: Henry A. Millon, Linda Nochlin (Hg.), Art and Architecture in the Service of Politics, Cambridge (Mass.)/London 1978, S. 20–45.

X. Krieg und Friede

Marinella Bonvini Mazzanti, Battista Sforza Montefeltro. Una ›principesssa‹ nel Rinascimento italiano, Urbino 1993.
Dietrich Erben, Bartolomeo Colleoni. Die künstlerische Repräsentation eines Condottiere im Quattrocento, Sigmaringen 1996.
Nicolai Rubinstein, Das politische System Italiens in der zweiten Hälfte des 15. Jahrhunderts, in: ›Bündnissysteme‹ und ›Außenpolitik‹ im späten Mittelalter (Zeitschrift für Historische Forschung, Beiheft 5), Berlin 1988, S. 105–119.

XI. Herzog

Mariano Apa, Cultura figurative e dibattito sull'astromomia ad Urbino nel secolo XV, in: Cerboni Baiardi/Chittolini/Floriani (s.o., II), La cultura, S. 247–267.

Carlo Bertelli, Le corti italiane del Rinascimento, Milano 1985.

Beyer (s.o., III).

Hartmut Biermann, Federico da Montefeltro und sein Sohn Guidobaldo. Das Bild als ein Dokument dynastischer Ansprüche, in: Musis et litteris. Festschrift für Bernhard Rupprecht zum 65. Geburtstag, München 1993, S. 117–142.

Patrizia Castelli, Matematici e astrologi tedeschi alla ›corte‹ dei Montefeltro, in: Die Kunst und das Studium der Natur vom 14. bis zum 16. Jahrhundert, Weinheim 1987, S. 237–251.

Cecil H. Clough, Federigo da Montefeltro: The good Christian Prince, in: The Bulletin of the John Rylands University Library of Manchester, LXVII (1984), S. 293–348.

Annarosa Garzelli, La Bibbia di Federico da Montefeltro. Un'officina libraria fiorentina 1476–1478, Roma 1977.

Lauts/Herzner (s.o., II).

Bert W. Meijer, Piero and the North, in: Lavin, Marilyn Aronberg, Piero della Francesca: The Flagellation, Chicago 1995, S. 143–159.

Charles M. Rosenberg, The Double Portrait of Federico and Guidobaldo da Montefeltro: Power, wisdom and dynasty, in: Cerboni Baiardi/Chittolini/Floriani (s.o., II), Le arti, S. 213–222.

Fert Sangiorgi, Iconografia federiciana, Urbino 1982.

Stephen K. Scher, The Currency of Fame. Portrait medals of the Renaissance, Ausstellungskatalog, New York 1994.

Cosimo Stornajolo, I ritratti e le gesta dei duchi d'Urbino nelle miniature dei codici vaticano-urbinati, Rom 1913.

Elvira Garbero Zorzi, Festa e spettacolo a corte, in: Cerboni Baiardi/Chittolini/Floriani (s.o., II), La cultura, S. 329–330.

XII. In Violantes Armen

Riccardo Fubini, Federico da Montefeltro e la congiura dei Pazzi: politica e propaganda alla luce di nuovi documenti, in: Cerboni Baiardi/Chittolini/Floriani (s.o., II), Lo stato, S. 355–470.

Marcello Simonetta, Federico da Montefeltro contro Firenze. Retroscena inediti della congiura dei Pazzi, in: Archivio Storico Italiano 596/2 (2003), S. 261–284.

Paolo Viti, Lettere familiari di Federico da Montefeltro ai Medici, in: Cerboni Baiardi/Chittolini/Floriani (s.o., II), Lo Stato, S. 471–486.

XIII. Epilog

Francesco Erspamer, Il ›lume della Italia‹. Alla ricerca del mito feltresco, in: Cerboni Baiardi/ Chittolini/ Floriani (s.o., II), La cultura, S. 464–484.

Wolfgang Hildesheimer, Marbot. Eine Biographie, Frankfurt a. M. 1981.

REGISTER

© Lothar Schmitt

ANDREAS TÖNNESMANN, links, geboren inDüsseldorf, habilitierte sich 1989 an der TU München. Nach Professuren in Bonn und Augsburg lehrt er seit 2002 Kunst- und Architekturgeschichte am Departement Architektur der ETH Zürich; daneben an der Universität Basel. Er publiziert zur Kunstgeschichte Italiens sowie zur Geschichte der modernen Architektur. Mitherausgeber der *Zeitschrift für Kunstgeschichte*.

BERND ROECK, geboren in Augsburg, war von 1986 bis 1990 Direktor des Deutschen Studienzentrums Venedig und von 1991 bis 1999 Professor für Geschichte an der Universität Bonn, 1996 bis 1999 auch Generalsekretär des italienisch-deutschen Zentrums Villa Vigoni. Seit 1999 ist er Professor für Allgemeine Geschichte der Neuzeit an der Universität Zürich. Zuletzt erschien: *Florenz 1900* (C. H. Beck).